Inspirações para a Nova Era

OLYVIA LIBÓRIO

INSPIRAÇÕES PARA A NOVA ERA

MADRAS®

© 2017, Madras Editora Ltda.

Editor:
Wagner Veneziani Costa

Produção e Capa:
Equipe Técnica Madras

Revisão:
Jerônimo Feitosa
Maria Cristina Scomparini
Silvia Massimini Felix

Ilustrações:
Nakim Nyama

Dados Internacionais de Catalogação na Publicação (CIP)
(Câmara Brasileira do Livro, SP, Brasil)

Libório, Olyvia
Inspirações para a nova era/Olyvia Libório. – São Paulo: Madras, 2017.

ISBN: 978-85-370-1089-1

1. Crescimento espiritual 2. Espiritualidade
3. Mediunidade 4. Mensagens 5. Perguntas e respostas I. Título.

17-07342 CDD-133.9

Índices para catálogo sistemático:
1. Ensinamentos: Mediunidade: Espiritismo 133.9

É proibida a reprodução total ou parcial desta obra, de qualquer forma ou por qualquer meio eletrônico, mecânico, inclusive por meio de processos xerográficos, incluindo ainda o uso da internet, sem a permissão expressa da Madras Editora, na pessoa de seu editor (Lei nº 9.610, de 19/2/1998).

Todos os direitos desta edição reservados pela

MADRAS EDITORA LTDA.
Rua Paulo Gonçalves, 88 – Santana
CEP: 02403-020 – São Paulo/SP
Caixa Postal: 12183 – CEP: 02013-970
Tel.: (11) 2281-5555 – Fax: (11) 2959-3090
www.madras.com.br

Dedico a primeira edição desta obra à inspiradora
Rosa Cristinna Campos,
que previu, por meio da sagrada numerologia,
que eu iria publicar livros.
Você é luz abundante, irmã,
agora luzindo no andar de cima!

Agradecimentos

Meu agradecimento primordial destina-se
Àquele que é a única razão de minha existência: Deus.
E ao seu infinito amor que me nutre com incontáveis
Presenças Divinas em meus dias,
especialmente ao grupo Universo de Luz
e ao meu companheiro essencial de jornada,
meu marido, André Candall.
Amar é o melhor exercício!

"O amor é a força mais sutil que existe."
Mahatma Gandhi

Índice

Prefácio 13
Introdução 15
Kuan Yin 17
Oxum 20
Jesus e os Anjos 29
Nossa Senhora, Virgem Maria 40
Grupo dos 11 Extraterrenos 50
Ísis 60
Seres de Luz 69
São Miguel Arcanjo 77
Oxóssi 83
Rowena e Seres do Raio Rosa 88
Saint Germain 96
Oxalá 106
Arcanjo Rafael e Seres do Comando Esmeralda 115
Arcanjo Gabriel e Anjo Esperança 127
Oxum e Ísis 137
Lakshimi 151
Rowena 163
Caboclo Sultão das Matas 173
Iansã 186
São Cosme e São Damião 202
São Francisco 215
Pleiadianos 229
Jesus 240

Prefácio

"Nunca se viu tanto anjo na Terra!" É o que tenho dito nestes tempos complexos, porém nunca tão auspiciosos. E, assim, eis aqui concretizado um pedaço desse auspício, com certeza mais um fruto da Providência Divina que em tudo nos ampara e provê. Em momentos como estes, das transições planetárias, quando as orbes se preparam para a esperada mudança de grau – tal qual a Terra, que, estando como um planeta da classe de Purga, passa para a classe de Planeta de Regeneração –, todos os olhos universais, próximos e distantes, voltam-se para esse tipo de parto/nascimento. É algo que poderia ser visto como aquilo que chamamos de mutirão, embora eu o veja mais como uma festa. Imaginem que alegria é ver e constatar o avanço de toda uma humanidade, que, pouco tempo faz, vivia quase no nível animal, selvagem mesmo. Entendemos ainda mais profundamente o significado desse câmbio, se pensarmos que fomos todos, habitantes deste planeta, um dia tocados pelo mal e hoje, qual fênix, ressurgimos das cinzas de nossos próprios erros, devidamente superados e transmutados.

Nessas empreitadas, além de anjos e seres divinos de várias ordens, são convocadas também pessoas locais, do planeta mesmo, desde que se encontrem em posição e nível apropriados. É assim que vejo minha amada amiga-irmã Olyvia Libório em seu abnegado trabalho do Senhor, o que exige de si, bem sei, imensos esforços, de maneira a poder sustentar as energias que se programam para aportar nos seus inúmeros requisitos. Não muitos médiuns se encontram em condição física, emocional, energética, moral, etc., para sustentar tão elevada guirlanda de Luminares. Estes, como holofotes, derramam suas luzes sobre nós, trazendo-nos alento espiritual, direção, conforto por intermédio de suas mensagens, guiamentos e ministrações de energias.

Nas páginas a seguir, veremos singelas expressões de amor, ofertadas por luminares como Kuan Yin, Oxum, Oxóssi, Maria, Jesus, entre outros. Imaginamos que para seres de tamanha magnitude apresentarem-se na Terra, alcançando-nos de forma tão doce, devem eles expressar-se com nada mais que fagulhas de si mesmos. Fagulhas de Amor Divino.

Interessante também saber que existe uma agenda superior por trás não apenas da escolha do Luminar naquela exata data, com hora de chegada e de saída, mas também do tema específico devidamente coordenado com os mandatos da elevação espiritual dos seres e, eventualmente, questões de foro pessoal ou grupal dos que estarão presentes ali ao evento. E, além disso, somos igualmente brindados com as respostas às perguntas feitas pela plateia, sempre plenas de sabedoria e amor.

Agradeço com todo o meu coração a Olyvia Libório, pela consecução desta singela obra, o primeiro tomo de muitos outros. Tenho absoluta certeza de que será um marco para nossa evolução espiritual tão desejada. Gratidão. Gratidão. Gratidão!

Carlos Cardoso
Membro do Universo de Luz

Introdução

GRATIDÃO!

Sentir-me gratificada por tudo o que já me ocorreu, o que me acontece agora e o que está por vir, é meu estado essencial diário. De alguma forma, após ter contato com uma bela e infinita Verdade Divina, meu Eu Superior passou a dizer sim a tudo que me acontece, seja no presente, no passado ou no futuro. Grata Eu Sou à infinita misericórdia de Deus que nunca desistiu de mim.

Neste livro, reunimos ensinamentos professados pelas Divindades através de mim, ao longo de 23 palestras denominadas **Happy Luz**, que são encontros amorosos entre Seres de pura luminosidade e pessoas dispostas a sentir tais Presenças e que aconteceram na Livraria Terceiro Milênio, um oásis de paz, conhecimento e luminosidade.

Se você está com este livro nas mãos, é porque disse sim ao convite que o Universo lhe faz neste momento para ampliar seus conceitos e, sobretudo, sua fé.

Seja bem-vindo!

Olyvia Libório

Kuan Yin

Na frequência violeta,[1] que é um dos tons em que transito, vamos falar um pouco dessa energia de transmutação e renascimento no mês que aí na Terra se consagra, em algumas crenças, ao aniversário e nascimento de Jesus. Para quem pergunta, sou conhecida como **Kuan Yin**.[2]

A presença de uma existência sagrada, que na Terra recebeu o nome de Jesus no idioma que vocês falam, nada mais é que um convite a viver o Estado Crístico em cada ser. Viver Cristo, nascer em Cristo.[3] Nascer, não crucificado, como foi morto aquele ser, mas Cristinificado, transformado, convertido, ungido. Essa frequência – e aí se explica por que em várias religiões, especialmente esta tão difundida na qual se comemora o Natal, seus sacerdotes de alto grau se utilizam do tom violeta em suas vestes – é a

---

1. Antecessora de Mestre Saint Germain no cargo de Maha Chohan do Raio Violeta, a doce Kuan Yin atua também no Raio Amarelo Dourado, Luz da Sabedoria. Integrante do Conselho Cármico, esse Ser de pura luz intervém por cada um de nós, derramando sábios conselhos fundamentados na misericórdia e compaixão divinas, pois para Ela todos podem se transformar em melhor.
2. Também identificada como Kuan Yin (na China), Kannon ou Kwannon-Sama (no Japão), Kwan Seum Bosal (na Coreia), Quan'Am (no Vietnã), Kanin (em Bali), Chenrezig (no Tibete), Tara (no Budismo tibetano). Quan Yin, Guan Yin, Kuan Tzû-Tzai e Kuanon é "o Buda da compaixão e da misericórdia, que nos livra do medo".
3. Cristo = aquele que é ungido, consagrado.

força da transmutação. O estado violeta, para quem ainda nunca teve a chance de se apropriar dessa força, é o estado de conversão energética de uma única fonte. Sabe-se que a Luz de Deus é a única fonte real que existe e, no entanto, ainda assim, energias podem ser utilizadas para mecanismos inapropriados de sentimentos, pensamentos e práticas.

Aí na Terra, quando vocês vão trabalhar com energia de Luz – em química e física –, existe um objeto chamado conversor, que altera uma potência energética de um grau para o outro. A força dessa cor, a força do clamor que vem dessa frequência de tom violáceo, é o conversor dessa energia de Luz que está, por alguns instantes ou em um tempo mais longo, invertida e, portanto, merece ser convertida. A conversão de um ser que esteja com atitude mental equivocada, que são os pensamentos fugidios, os pensamentos de abandono, os pensamentos de que se está sozinho e desamparado, como se Deus não o observasse, é necessária, pois estes precisam ser convertidos para a confiança de que Deus o olha, a confiança de que há uma força Superior orientando-o e permitindo que as coisas ocorram. Os maus pensamentos são como pequenos vermes assolando o grande celeiro com belas sementes e belos cereais. Esses vermes precisam ser convertidos pela Luz. E a Luz com a frequência perfeita para isso é a da cor **violeta**.

O sentimento magoado, o sentimento de que foi desrespeitado, violado, desconsiderado... também precisa da ação da chama violeta, do fogo violeta, para converter tudo isso em ensinamento. Observem na mente a conversão da sensação de abandono e tristeza pela percepção de que se está sendo guiado, amparado. E trato o cardíaco hoje como o lugar para corrigir uma atitude mental que é a sensação de rejeição. Observem que há uma diferença, nesta noite, entre o lugar de sentir-se aceito e o pensar com resignação. As vicissitudes da vida, as dificuldades e os opositores integram a trama divina.

E a grande prova diária, que vocês superam ou não, consiste em como lidar com essas situações: alguém que já amou e foi amado se sente rejeitado pelo abandono; alguém que teve posses e recursos, hoje se sente vitimado pela escassez. Então, como lidar diante da falta de amor, da falta de recursos materiais, da carência, seja ela de qualquer ordem – carência de inspiração, carência de amizade, carência de saudade? Pois bem, sob meus pés, em uma das representações que figuro na Terra, aparece-me um dragão com a boca aberta.[4] Na direção dele verto o que sempre porto,

---

4. Em uma das mais reproduzidas figuras de Kuan Yin, encontra-se, entre seus pés, um dragão com boca aberta, que recebe líquido vertido delicadamente de um jarro das mãos da Mestra. O dragão está calmo e passivo diante de tamanha compaixão expressada pela *bodhisattva*.

o jarro de água. Essa água não irá feri-lo e não está povoada de veneno ao dragão. Ao contrário, é água pura de compaixão e misericórdia para aplacar-lhe a sede e saciá-lo, porque ele também suplica e merece uma chance. Afinal, de quais dragões falo esta noite? Todos vocês possuem em seu íntimo alguma carência. Se esses dragões os afligem, cabe a cada um deitar neles água de compaixão e misericórdia para que eles se aplaquem. Naturalmente vocês saciarão o dragão e ele se acalmará. Se reagirem mal, agredindo, recrudescendo, desafiando, riscando-lhe o chão, contestando, ele virá com mais força e grau. Se fingir que ele não existe, ele sorrateiramente se esconderá, permanecerá sedento e tragará de vocês outra energia muito preciosa, denominada esperança.

A chama violeta, por mais incrível que possa parecer, não queima com dor, ela transmuta de maneira indolor, se a pessoa assim desejar. Mas, se aquele entende que para superar alguma dificuldade precisa sacrificar-se, essa chama poderá aquecê-lo de modo a feri-lo ou marcá-lo. Isso são escolhas.

Fiquem na paz de Deus e tenham um lindo ano. Que Vocês ingressem no próximo ano plenos, plenos, plenos de esperança, fé e força de vontade para reverter todo e qualquer grau negativo em conversão de luminosidade. E que a paz do Senhor esteja sempre com cada um de vocês.

Oxum

Que alegria! Que felicidade! Meu coração se expande em um rio doce e caudaloso no qual toda a ternura do mundo acolhe cada um de vocês. E não só vocês nestas existências que vocês se nominam, mas também desde o primeiro ato inicial de suas existências. É assim que acontece, é desse jeito. Todas as existências que povoam não só este planeta onde vocês se encontram, mas todos os outros[5] são frutos do milimétrico Amor de Deus. Um simples dedilhar e... pronto! Esse som nos encanta e nos leva para outros planos. O plano verdadeiro. O plano em que a realidade é Luz, Amor, Ternura, Sabedoria e Serenidade. Aí na Terra possuo vários nomes, assim como cada um de vocês também os tem. Há uma sequência de antepassados em vida única com vários nomes e várias sedimentações energéticas. Essa situação de multiplicidade de vidas faz com que cada pessoa seja um lindo mosaico de existências.[6] Daí, a primeira lição que se deve ter ao olhar o irmão é olhar a si mesmo de frente a um de meus reinos: o espelho. Olhar o outro é olhar a si, e olhar a si deve ser olhar o outro. Quando me representam com o espelho em minha mão, ali está o ensino: olhe-se primeiro. E o espelho não está próximo de maneira que a visão seja curta

---

5. Aqui fica demonstrado que a divindade se refere à existência de vida inteligente em outros planetas.
6. Confirmação dos ciclos encarnatórios.

e egoisticamente analisada! O espelho tem uma distância para que mais seres e mais números de energia possam ser vistos, contemplados, amados e acolhidos. O espelho de Oxum, como vocês, muitas vezes, aí na Terra, equivocadamente atribuem a mim a vaidade de estar a me olhar. Recuso essa observação. Não me olho quão bela seja. Olho-me para aprofundar os olhos e ver em mim de que maneira posso ser melhor, mais útil, mais plena e, assim, resplandecer a verdade de Deus que aqui habita. Assim também devem ser seus olhares diante de si mesmos. Olhando-se não com acidez, não com crítica. Ceder a esse tipo de convite é trazer o negativo em multiplicação. Seu olhar já é um espelho e, quando se projeta em um espelho (material), multiplica-se em várias dimensões. Portanto, prestem atenção: olhem-se com amorosidade. Olhem-se com afeição, ainda que não estejam na forma física que mais lhes agrada. Não importa. Aproveitem isso e busquem melhorar-se, mas nunca se tratem com desprezo. E nunca também voltem o espelho só para vocês. Aproveitem esse espelho e gire ao céu, de maneira que resplandeça a Luz de Deus para si e mostrem seus sorrisos para Deus também. O Deus de que falo, cito o céu como referência, tão somente porque vocês assim resolveram localizá-lo, mas Deus está em toda parte!

Pergunta 1
Sonhos repetitivos me incomodam muito. Sempre estou arrumando tranqueiras velhas. O que significa isso?

Resposta 1
Bom, eu gosto muito dos sonhos. Esses sonhos, quando vocês adormecem, podem ter várias frentes. Pode ter uma frente de aviso, de alerta, mas pode também ser pura divagação. Um sonho repetitivo, no entanto, vem com uma carga de alerta. Ora – "arrumando tranqueiras" –, a própria pessoa já reconhece que não são coisas valiosas, não é? Muitas perguntas já têm em si a própria resposta. Tranqueiras são coisas de pouco ou nenhum valor, pois são sem importância! Eu convido essa pessoa a rever o que realmente está organizado em sua vida. O que é que merece esse título de "tranqueira"? São relacionamentos? Observe que não digo pessoas, porque ninguém pode sê-la.[7]

Relacionamentos são construções entre humanos ou entre humanos e objetos, humanos e animais, humanos e reinos. Ninguém pode ser tratado como tranqueira. Se houver algum relacionamento em sua vida que você simplesmente guarda porque acha que um dia vai precisar; alguém

---

7. Nenhuma pessoa pode ser considerada sem importância.

que pode ser sua segunda opção, já que a primeira, que você idealiza, não chegou; algum objeto, algum pertence pessoal que já perdeu seu uso ou sua necessidade, quando poderia servir melhor em outra pessoa. Isso, sim, pode ter o nome de tranqueira. Então, aproveite a melhor estação do ano para tal tarefa: o outono. O outono é o tempo em que as árvores se entregam e largam as "tranqueiras" delas. As folhinhas secas fazem um lindo tapete ao chão. Mas somente as folhas que já não servem mais é que se jogam ao chão. O vento se encarrega disso. Porém, quando alguém tem consciência que algum objeto ou relacionamento está nessa qualificação, essa pessoa pode e deve ter autonomia de mover-lhe do lugar.

Muitas vezes, tem-se a sensação de que há uma condenação por meio da qual se deve estar atado ou submisso a um laço familiar. O laço familiar, nosso Pai concebeu de uma maneira natural e espontânea para criar experiências de amor sublime inicial, mas não significa uma condenação. E aí vocês podem me perguntar: "Bom, lá na Bíblia consta 'honrar Pai e Mãe'. Mas e aqueles que não os conhecem? E o órfão? E aquele que foi abandonado ao nascimento? Vai honrar pai e mãe?". Honrar Pai e Mãe. Deus Pai e Deus Mãe. É mais amplificado. A condição gestacional e a condição de fecundação de pai e mãe devem ser honradas no sentido mais *lato*, ser mais ampliadas. Agradecendo ao sêmen masculino e ao óvulo feminino, mas não significa submeter-se a todo e qualquer tipo de desmando porventura praticado por algum dos pais. Porque antes de ser seu pai ou sua mãe, ele é um ser que é seu irmão. Por que irmão? Porque são todos filhos de Deus Pai-Mãe. Não é à toa que em uma encarnação alguém pode nascer como filho, irmão do outro, mãe daquele terceiro. E os laços são oportunidades para se desfazerem os nós. Os laços são chances naturais para que as dificuldades e atritos se desfaçam em amor e compreensão. Afinal, o mais natural é que os pais amem seus filhos e que os filhos amem seus pais. Mas existem exceções e, aí na Terra, vemos que há pais que maltratam suas crianças e bebês e há filhos que maltratam seus pais. Significa que há algo mais profundo a ser trabalhado. Quando se entende que a condição de marido, mulher, pai, mãe, filho, é um desenho, mas não é o mosaico de todos, a naturalidade do perdão e compreensão da limitação daquele outro se amplia. Porque todas as crianças esperam de seu pai e de sua mãe o amor absoluto. O amor sem repreensões. Mas o pai e a mãe responsáveis criam seres humanos, e não "seus filhos". "Minha mãe", "meu pai" são referências de amor inicial da vida, mas não podem encarcerá-los. E assim os filhos, da mesma forma, não podem servir de cárcere para os pais. Para manter um casamento, por exemplo, como muitos que responsabilizam crianças inocentes como motivadores para manterem-se casados. Ampliem, ampliem a visão de pai e mãe. Entendam-se como irmãos e, naturalmente, o perdão e a compreensão serão maiores. Porque um filho diante do pai e da mãe tem uma cobrança mais elevada. Uma mãe e um pai, da mesma forma. E, quando se entendem como irmãos, filhos da mesma fonte,[8] são mais condescendentes um com o outro. Pelo menos esse é o Plano de Deus. E aí eu retorno à referência bíblica de Jesus, que se referia a Maria como "mulher". Nominou-a como a Mãe da Humanidade, mas não a chamava de tal. Ele se referia ao José não como pai. Percebem? A todo tempo e em todas as linguagens há muitos ensinos além da superfície. É só mergulhar, mergulhar sem receio.

Pergunta 2
Às vezes, sinto que Deus me coloca à prova. Quando eu penso que as coisas vão melhorar, acontece uma tragédia tão grande que eu sinto que não vou suportar.

Resposta 2
O limite do suportar tem a ver com a condição divina. A condição de super-humano. Essa é a condição real. A sensação de que não irá suportar é uma referência limitadora de si mesma. Ainda que a dor imposta seja bem grande, Deus não permite que sua cruz seja maior do que possa carregar. Vamos novamente lembrar a relação de Maria com Jesus: quando Maria recebeu a visita do Anjo e foi informada que uma espada de dor atravessaria seu coração, ela foi avisada do padecimento d'Aquele que iria conceber. Ela sabia e mesmo assim foi obediente, mansa e pacificamente aceitou. Jesus, de igual forma, foi cordeiro manso e pacífico. Não significa que se deva aceitar pacificamente os infortúnios da vida cotidiana. Mas devem-se examinar as razões e, sobretudo, buscar motivações para sair desse estado. O conceito de tragédia é bem amplo. O que às vezes pode ser uma tragédia no olhar de alguém, como a morte prematura de um jovem, é justamente tudo que ele precisava para ter aquela ruptura naquele estado de luz que se encontrava para não se corromper, por exemplo. Nada acontece fora dos desígnios divinos. Ainda que seja um terrível evento, ocorreu porque o Senhor assim permitiu. E não é porque Ele quer fazê-lo sofrer. É porque Ele acredita em sua força de superar essa adversidade, de vencer essa limitação, de suplantar esse obstáculo. Ele acredita em vocês, e muitos de vocês pouco

---
8. A fonte aqui referida é a Criação Divina.

acreditam n'Ele. A proporção da fé de Deus em vocês é infinitamente superior a que vocês dedicam a Ele. Se chegarem a um patamar mais aquilatado de fé, mais divinos vocês serão. Porque vocês tocarão em si a presença de Deus. Dispensarão templos, santos, imagens, projeções e até música. Quando vocês realmente sentirem a presença de Deus dentro de vocês e tocarem esse DNA Crístico, música ecoará em seus ouvidos, gotas de sabor agradável brotarão de seus lábios, palavras doces e olhar sereno... Esse é o estado de beatitude. Eu quero encorajar essa criatura que tem visto sua vida como trágica: receba o encorajamento. Receba seu encorajamento, não sou eu quem o traz. Ele existe dentro de você. Busque dentro de você a raiz da certeza de sua filiação divina e se torne um super-humano. Não se estagne no drama. Não cresça o drama. Uma técnica muito boa é o gracejo. Elogiar, brincar, trazer um pouco de leveza para o que está tão pesado. Assim as coisas começam a melhorar. Não dê tanta importância à tragédia. Faça pouco caso dela que ela vai emagrecendo e fica sem forças.

Pergunta 3
Se tiver algum espírito impedindo meu crescimento, o que fazer?

Resposta 3
O espírito altivo é o espírito que cada um de vocês recebeu. Esse é O espírito. Como pode um espírito intruso, que não seja o seu, influenciar a esse ponto de acanhar seu crescimento? Quando isso ocorre, significa que está havendo um vazamento de sua energia em direção a esse ser. Como se fosse um plugue ou uma tomada, você, ainda que de maneira inconsciente ou sem percepção, alimenta esse ser com sua energia, de maneira que ele recebe esse poder que lhe pertence. Porque não é permitido, de acordo com as leis dos mentores, guias e anjos de guarda individuais, que uma energia nefasta, imperfeita e inadequada oprima o ser sem que este ser contribua para essa opressão, ainda que de maneira inconsciente. Então, de que forma perceber que você está contribuindo para esse sistema? Atitudes, pensamentos e sentimentos. O primeiro movimento é pensar. Pensar mal do irmão, criticar, depreciar-se, desvalorizar-se diante do outro. O segundo movimento é sentir. A inveja, por exemplo, é uma prática nascida da comparação. Só se inveja porque se comparou e se sentiu inferior. Corta a comparação que a inveja não nasce. A inveja sem o solo fértil da comparação não brota! Aí na Terra, essa mania de comparar tudo é muito triste. E comparam principalmente símbolos de *status*, de beleza, de riqueza, de conhecimento. Ou seja, ninguém

quer estudar para conhecer, trabalhar para enriquecer e fazer ginástica para bela ser. Com a inveja e o despeito, a atitude vai ser agressiva, escarnecedora, buscando defeito na outra pessoa, buscando descrédito no outro. E isso já é um grande gerador de energia para que um espírito aturdido, desorientado da verdade de Deus, se alimente e vá pisando em você. Corta! Sentiu? Corta. Mas corta sem pena.

Pergunta 4
Por que o Brasil está vivendo em um colapso e até quando?

Resposta 4
Até quando? O Brasil nasceu quando mesmo? Todo nome é transitório. Tudo é um mosaico. Se cada um de vocês é um mosaico de várias existências, imagine essa terra em que vocês pisam. Ou vocês acham que ela nasceu quando os europeus pisaram aqui? Então, quando perguntam até quando, a resposta não está com o tempo. Não existe um tempo para dizer até quando. É um estado consciencial. É o estado de consciência predominante que trará essa ambiência mais elevada, purificada e salva. Aí tem uma missão para cada um de vocês. Parem de responsabilizar os políticos, os empresários, os dirigentes, ou seja, os outros. Vocês são o todo. Se somos o todo, e eu me incluo nisto, somos todos responsáveis por essa evolução. Relegar ao outro a tarefa é eximir-se do poder de Deus. Isso é muito sério e serve para as vidas pessoais de vocês. Ao simplesmente agirem de maneira passiva aos acontecimentos, vocês recebem o poder de Deus e dizem "não preciso, o outro faz por mim", perceberam? Em tudo. E, quando Deus semeia cada um de vocês com a partícula d'Ele, Ele acredita que vocês cuidarão dessa partícula da melhor maneira possível para ter um corpo de Deus saudável e em um estado mais elevado. O Brasil, ao contrário do que vocês veem aí na política, na economia, está vivendo o momento de desentupir a pia. Alguém que lida com as artes da cozinha sabe bem de que estou falando. Quando vem gordura, fio de cabelo, coisa que ninguém sabe de onde veio. O que quero dizer é que há muita sujeira nos encanamentos e tubos que estão vindo para a Luz. E isso não é ruim, isso é bom! Então, encorajem a continuar desentupindo essa pia até que o fluxo do cano, da água limpa seja saudável de maneira real. Porque, confesso a vocês, esse mundo de enganação já deu uma certa fadiga, não é? Então, que bom! Um dia estive com as criaturas que cuidam da geografia do planeta Terra para falar que eu ia ter de derramar um pouco de água em um lugar, esvaziar em outro, e então tivemos uma reunião.

Existem porções de terra que não têm mais condições de estar nessa situação. Porque a mudança estruturada do movimento físico de rotação, translação e inclinação do eixo da Terra me fez observar que haverá água em lugares inesperados e brotará terra em lugares inesperados. Diante disso, essa terra que hoje vocês ocupam vai ficar no mesmo estado? Não vai. Um país com o tamanho dessa costa vai ficar igualzinho? Não vai. Haverá uma mudança geográfica no atlas como vocês veem. Isso é real e não está distante. Podem chamar de fim do mundo. Mas não é. É o fim de uma era destrutiva.[9] Que bom que estamos desentupindo o ralo.

Pergunta 5
A primeira partícula que recebemos é a partícula de Deus, depois vamos recebendo fragmentos de outros seres por afinidade. É esse o processo que acontece na constituição do ser humano?

Resposta 5
Existe uma matriz original. Todo ser que vive tem uma matriz original e essa matriz vai, ao longo das encarnações, recebendo memórias e identidades afins. Por exemplo, alguém como irmã Dulce.[10] Ela, desde jovem, já tinha uma convocação espiritual, que não é só vocação, é convocação. Um grupo a convocou. Vocação é ação em voz. Toda ação vocalizada, empreendida, a palavra, o verbo encarnado. Quando essa singela criatura resolve virar noviça e modifica toda a estrutura do que é um convento, ela faz uma profunda reforma de conceitos muito antigos da Igreja Católica. Ora, será que essa alma realmente não tem uma afinidade com outras almas que foram revolucionárias na ordem eclesiástica? Claro que sim! Quando se percebe alguém com um espírito que age como guerreiro, como combatente, de onde vem essa origem? Memória espiritual. Os laços que cada um de vocês criou ao longo das vidas (amigos, amores, familiares) ficam como resíduos em cada alma. É chamado de registro *akáshico*.[11] É a caixa dos segredos. São suas histórias catalogadas. Absolutamente tudo a respeito de cada indivíduo. E ao longo de cada vida

---

9. Uma menção clara aos tempos atuais, em afirmativa apocalíptica, mas com o poder de Shiva (divindade hindu), que destrói o que não serve mais e reconstrói tudo novo e melhor.
10. Irmã Dulce, agora já beata em processo de santificação pelo Vaticano, baiana de Salvador que dedicou sua vida a cuidar dos pobres e doentes, pôs em prática a mensagem cristã de servir ao próximo.
11. *Akasha* = biblioteca de cada alma, onde estão contidos os registros pessoais de várias existências.

se pode vivenciar mais um aspecto de uma encarnação. Por exemplo, um escravo negro muito sofrido. Alguém que está mais habituado a sofrer já tem uma tendência a se submeter, a pouco crer em si. Ou pode ser aquele negro que apanhou e se revoltou, então ele tem uma dose de altivez exacerbada; como ele foi oprimido, agora ele quer oprimir. Esses traços precisam ser alinhados ao longo de suas vidas para vocês evoluírem. Caso contrário, você vai acumulando roupas e cascas tal como uma cebola que ao ser aberta fará o outro chorar. Quem é o outro? Deus. Ninguém quer fazer Deus chorar, não é?

Pergunta 6

A genialidade é fruto do acúmulo de conhecimentos adquiridos em outras vidas? Por exemplo: uma criança que, do nada, sabe tocar piano como ninguém.

Resposta 6

Sim. Deus é tão espetacular que fenômenos de genialidade chegaram a um grau de expansão tão grande que se multiplicaram em centelhas. Um espírito, quando chega a um grau pleno, pode se multiplicar e iluminar outro alguém, de maneira que não fique só um ser recebendo, por exemplo, a luz de Leonardo da Vinci. Da Vinci ilumina milhares de vidas aí na Terra. Fagulhas de sua luz. Assim também se explica como os Orixás têm suas qualidades: são fagulhas da *lux mater* – a luz maior. Por exemplo, uma criança que demonstra facilidade com línguas, música, arte, seja o que for, pode vir de uma memória de sua trajetória de vida em outras encarnações, mas pode ser também uma fagulha de um gênio que foi próximo a ele, muito amigo, parente, alguém chegado, alguém enlaçado, comprometido. Quantas vezes vocês humanos se comprometem uns com os outros? "Vamos nascer juntos, vamos morrer juntos de novo..." uma infinidade de compromissos. No entanto, para esses compromissos acontecerem de maneira natural e espontânea, é preciso merecer. Às vezes, a pessoa pede e não consegue, mas, quando consegue essa graça, deve aproveitar!

Ainda que sob instrução, sob orientação dos irmãos mais velhos, dos mestres, dos guias, dos orientadores, dos anjos de guarda, dos amigos encarnados que estão ao seu lado, é preciso experimentar a graça da vida. Eu amo e, sempre que desço à Terra, me alegro de maneira infinda porque é muito gracioso este estado de vida em vocês. Tudo em vocês é vida! Nada é estagnado. Os corpos vibram, as músicas que seus corpos produzem em sons... pena que nem todos podem ouvir. Os movimentos, que são danças, tanto me alegram... E até quando vocês choram também! Vocês produzem água, vocês produzem música, beleza, dança, pintura, amor, filhos! Imaginem! O que é fazer brotar uma vida? Confesso que esse é um de meus pontos mais doces, que sou a deusa da maternidade, mas olha que bênção dois corpos se encontrarem e dali vir o terceiro! Quanta esperança que o Pai tem em vocês. Apropriem-se da vida! Tomem posse de suas vidas. Não deleguem a ninguém ou, muito menos, a um evento a condição de serem felizes. Por favor, não condicionem a felicidade a um evento ou a quem quer que seja. A ninguém é dado o direito de impor ao terceiro seus planos de felicidade. Esse é um assunto que eu trago sempre, eu sei. Mas as pessoas querem fazer os outros felizes sem antes se fazerem felizes. O estado de feliz atrai alguém que quer estar feliz. Não é você que fará alguém feliz. Você será feliz e seu companheiro(a) será feliz também. E esse estado de felicidade é que fará uma felicidade maior.

Chega de transferir ao outro o poder que só lhe cabe. Isso vai acabar com a sensação de tragédia, com espíritos invasores, com a fragilidade interior; vai acabar com a comparação, com a crítica sobre si mesmo, com a autocomiseração. Esse é o antídoto a todas as perguntas que foram feitas de sofrimento, fragilidade ou abandono. Inclusive para o próprio país. A terra que vocês caminham, de tanto denominarem assim, adquire também uma força vital independente dos seres que caminham sobre o solo. O Brasil é uma deidade, é uma energia. Já é. Fortaleçam essa energia do Brasil. O Brasil deve ser amado, ordenado, cuidado, zelado, para que vocês dignifiquem a condição de serem brasileiros.

A condição divina é a condição primordial. Ao perguntarem seus nomes, não digam "me chamam" porque ninguém se chama, digam "eu sou" e falem seus nomes. EU SOU. Ao trazer essa força do EU SOU juntamente ao nome com o qual vocês são identificados na Terra, reverbera e fortalece a divindade absoluta e suprema dentro de cada um de vocês e canaliza Deus em ação na Terra!

Quem está em paz não agride o outro. Quem está em harmonia não pode desfazer do outro. E assim essa corrente vai se ampliando e se ampliando...

Jesus e os Anjos

Quando se passava o tempo de falar à Terra, aos homens de boa vontade, eu detinha mais tempo àqueles com pouco ânimo. Seguia adiante em passos largos e outros mais lentos, de modo a despertar em cada ser uma voz de alento e encorajamento. A estrutura da Terra, o Plano Divino, que inclui tão belo planeta, não ignora quem quer que seja. Não há dissidência nem separação entre escolhidos, eleitos, favorecidos ou apartados. Essa ilusão, que permeia a humanidade desde tempos remotos, cria a impressão de grupos em separação quando tudo é uno com Deus. A percepção clara de que o projeto de Deus para a Terra está muito acima de um plano político, mas, sim, é um plano de conexão divina, fez com que muitos, ao me ouvirem, achassem que eu tinha planos complexos de dominações de mentes e pessoas. Ledo engano. Nosso propósito não é outro além de convidar a relembrar-se da conexão divina que habita em cada existência. E digo, com toda a propriedade, que a existência não está localizada simplesmente na humanidade. Tudo é vivo. Tudo existe no plano do Pai. Convicções de política, poderes econômicos ou austeridades foram meandros, subterfúgios e mecanismos utilizados para engendrar a trama de distanciamento entre o pequenino e o supremo. A fala que ecoa e entoa os corações, arrebatando a certeza do amor do Pai por todo ser, é maior do que qualquer engenharia diversa disso. Essa consciência absoluta de que nada é menor, que nenhum pensamento é acanhado, que ninguém é desqualificado, precisa prevalecer. O estado divino de ser é a essência fundamental de cada existência. Religiões e grupos que se reúnem acreditando serem os eleitos, já assim se mantêm com olhos apartados de si mesmos. Olhar a si de forma especial em graduação, retendo aos outros menor carinho e afeto, está em desarmonia com a Lei Cósmica Universal do Amor de Deus. Eu suplico, humildemente: basta de exclusões!

Acolham os desamparados, os desassistidos, que assim vocês sentirem. Não falo só desassistidos de matéria, mas de uma palavra de conforto ou consolo e, sobretudo, de ânimo. Quão desanimados andam aqueles que têm coração puro e olham para o planeta e seus irmãos temendo o que virá... Não temam! Não há o que recear. O momento é de segurança em Deus e firmeza na certeza de que o momento próximo é pura Luz. É óbvio e vocês compreendem muito bem que aonde chega a Luz a treva se escoa. O mundo de dualidade no qual vocês estão impregnados, neste momento, requer esta medida. Mas, em breve, isso será plano. Um nível só. Luz absoluta. Esse é o Plano de Deus. Percebam em cada um de vocês essa força capaz de demolir, desconstruir ilusões de separação, de falsas pretensões de sociedades secretas, de mistérios. Não precisa mais ser assim. O momento de desvelar-se o véu, o momento de se mostrar, revelar-se a obra de Deus na Terra é agora e sempre. Os arautos estão chegando e estão avisando vocês. Palavras, sons, músicas, cantos, danças, artes, livros, ditos, chamados milagres, estão polvilhando a Terra e em profunda ebulição, de maneira que trazem, a cada momento, a efusão e o clamor aqui de cima. Estamos e vamos estar com vocês. Nunca estivemos separados. Percebam algo: o corpo unitário de vocês, que por algum momento sofre um corte, um talho, um machucado, requer remédio para se recompor. Esse é o estado do planeta. O planeta não está perdido ou desorientado. Os tempos serão difíceis para aqueles que estão fugindo da Luz. Ela está se instalando em maior número e desconfortáveis ficarão estes. Mas também receberão acalento e esperança em doses apropriadas ao que podem suportar.

Quando se fala em milagres, alguns, na Terra, têm registros. Vamos passear pelo milagre da multiplicação de alimentos: o planeta gasta seu solo fértil retendo energias outras, que não para alimentação, para nutrientes, para a respiração (primeira ingestão que se faz quando se nasce na Terra). Cuidar do solo, cuidar do ar, cuidar do alimento, cuidar da terra, cuidar da água, cuidar do mar é dever de todos. Não transfiram essas tarefas para governos ou sociedades. Assuma cada um sua parte. Amem, cuidem e zelem. Pois tudo é de vocês. O reino é de Deus. São todos príncipes e princesas do reino. Não há distinções. Ao multiplicar alimentos, nosso intento foi mostrar que a fome é ilusão. Pois, de fato, o sentir fome ainda na carne material é um estágio transitório. Não é perene. A plenitude do ser sacia-se e aplaca-se de alimento, de saber, de paz, de serenidade. E foi feito daquela forma o milagre mostrando vida onde nem parece existir tanta. Afinal, por que os peixes?[12] Muitas vezes nos mares, nos rios, nas águas, os homens só sabem se tem vida se a tirarem. Quantas vezes, para saber que existe um ser de certa espécie, o homem sacou-lhe a vida? Tirou-lhe de seu *habitat* natural para fora, sem um ambiente adequado à sua respiração e adveio sua morte? Assim o homem conheceu aquele ser. O que é desconhecido, o que está sob o mar, o que está sob as águas, o que está sob a terra, não significa que não existe por estar fora de seus olhos diários. Existem, sim, força e vida, semelhantes até, dentro e abaixo das águas, dentro e abaixo da terra. Isso é fato e, cada vez mais, a ciência mostrará a vocês.

Parem de se sentir mais especiais que os outros. Sintam-se especiais para o Pai. É essa a horizontalidade de comunhão, de louvor e de adoração ao Santo Nome do Senhor. Sem comparação entre os irmãos, em abraços fraternos na mesma direção. Convido vocês a fecharem os olhos e pedirem um milagre de multiplicação. Multiplicação de bênçãos para suas vidas. Os nomes de terceiros não tragam agora. Prosperidade e abundância são tudo de bom que se pode desejar. As formas como a prosperidade e abundância se apresentam variam de pessoa para pessoa. Mas Deus é prosperidade e abundância de amor, de saúde, de paz, de alegrias, de fecundidade, de conforto, de tudo que é maravilhoso e tudo que é divino. Em nome de Deus, agradeço a cada um de vocês. Seguirão aqui outras presenças que vêm me acompanhar, os anjos. Todos os seus pedidos foram recolhidos e serão tratados e elevados dignamente. Fiquem na Paz do Senhor!

---

12. No Novo Testamento, esse texto pode ser encontrado nos evangelhos de Marcos, capítulo 6, 30 a 34; Lucas 9: 10-17; João 6: 1 a 14.

Pergunta 1

Qual a importância de vivermos o presente?

Resposta 1

O estado de presente significa o estado do agora, do momento atual, este segundo. E este convite, que muitas vezes vocês têm ouvido: "viva o aqui e o agora!", "Viva o presente!", como vários sábios já disseram, nada mais é do que a percepção clara do convite: "Esteja atento!". O estado do presente é um estado de atenção, estado de observação, estado em que o momento que você respira, vive, caminha, come, fala, conversa, namora, é intenso. É pleno. Todos os seus sentidos estão voltados para essa atividade. Ao fazer isso, a atividade será mais bem executada. A atividade contará com todos os seus cinco sentidos físicos perceptíveis[13] e mais o sexto, a intuição. Viver o presente é perceber que "hoje, eu sou feliz", "hoje, eu sou saudável", "eu sou próspero", "eu sou inteligente", "eu sou capaz". Essas afirmações sempre do "Eu Sou".

O "eu estou" traz, ao contrário, a força do trânsito do momento. É um estado, não é uma essência. Afinal, quem vai preferir estar inteligente ou estar belo a ser inteligente e ser belo? Viver o momento presente é SER em vez de ESTAR. A importância é que, diante disso, todos os seus sentidos estarão embutidos, envolvidos, imbuídos com aquela atividade e essa atividade será mais bem executada e, consequentemente, o resultado será infinitamente melhor, seja qual for a atividade.

Pergunta 2

Qual a importância de conhecermos o conceito da unicidade?

Resposta 2

Penso que o Mestre Jesus falou melhor sobre isso, por isso qualquer palavra minha será acanhada. Mas o conceito diário de sermos **todos um** dá a medida da compaixão com o errante. Aquele agressor, aquele maledicente, aquele fraco dos pensamentos, vazio de pureza do sentir... Há de se ter compaixão por essas criaturas e, ao entender que elas são parte de todos nós, naturalmente a compaixão chega. Unicidade é preciosa para ter compaixão com aquele mais doente, em desequilíbrio. Afinal, ser uno com quem está em equilíbrio é o natural. Ser uno com aquele que dói, isso sim, é amar sem resistência.

---

13. Visão, olfato, paladar, tato e audição.

Pergunta 3
Qual a importância da mente no processo da cura das enfermidades?

Resposta 3
A mente... A mente é tal como motor de carro. O motor do carro dá a medida da cilindrada, voltagem, cavalos, potência. Uma mente potente leva cada um de vocês a uma evolução de estágio, seja ele na direção que for. Se vocês colocarem um carro potente na marcha a ré, para trás ele irá. Se colocarem em uma marcha adiante, para a frente irá. A mente nesse processo da enfermidade, que entendemos como sintoma, pode ter raízes diferenciadas. Pode ser por um coração machucado, como o câncer, que é uma resposta da mente tentando amenizar a dor do coração. A mente entende que precisa criar novas células, mas ela não está ordenada e aí surgem pólipos, verrugas, sinais volumosos, cistos, miomas, tumores, caroços... tudo isso vem com a tônica de um coração ferido. E o que fazer para tratar o coração? Chamar a força do amor por si mesmo. Lembrar que Deus gastou tão bom material em fazer vocês e vocês não podem desperdiçá-lo! Então, amem o presente de Deus que são vocês mesmos. O amor por si mesmo coloca remédio no coração. A existência do amor no coração é a fonte. Lembramos que o coração é o órgão responsável por bombear o sangue, que é o fluido que carrega todos os nutrientes e o oxigênio para vocês estarem vivos e saudáveis. Um coração saudável bombeia um sangue saudável.

Outra raiz das enfermidades são os pensamentos. Alguém que diz: "para que estou vivo?", "não sirvo para nada!", "nada dá certo na minha vida!", "oh meu Deus, por que sofro tanto?", já que ele afirma que sofre tanto, ele já definiu sua sentença: o sofrimento. Como podemos entregar algo diferente se ele já se condenou a tal? Está sofrendo? Vai sofrer mais um pouco então, até você se abastar do sofrimento. Aí, é nesse momento que a mente entra. A mente diz: "sofrimento, tu não és bem-vindo", "Senhor, dá conforto para esta dor", e a dor vai se envergonhando, se envergonhando, até sumir. A mente pode tirar a dor.

Aí, na Terra, vocês qualificam que estão utilizando apenas 10% do motor. De que adianta um mau motorista em uma Ferrari? Nada. Pouca coisa. Assumam as potências das mentes de vocês. Todas são mentes brilhantes, mas com pouco lustro. Vocês têm lustrado pouco suas mentes. Existem formas muito simples de lustrar a mente: jogar fora o que tem dentro dela, esvaziar a mente com meditação, silêncio, contemplação. Se tiverem dificuldade, ponham uma meditação conduzida, uma música sem letra. Com a mente esvaziada, basta visualizar sopros de luz nos canais de seu cérebro. Os canais são as "minhoquinhas" unidas do cérebro. Assoprem luz e a mente irá se limpando. A mente limpa receberá, daqui do Alto, a Luz de Deus, que nós compartilhamos com vocês. Ou seja, para enxotar bichinhos, como os do feijão, assoprem luz, distanciem o pensamento negativo e, aí sim, a mente sã faz um corpo são.

Pergunta 4

Como resolver as questões relacionadas com o medo?

Resposta 4

Todos os medos vêm de uma única razão. O medo baseia-se na falta de certeza do amparo. Por exemplo, uma criança, para atravessar a rua, dá a mão para o pai e sequer olha para os lados. Por quê? Porque ela crê que aquela mão é suficiente para poupar-lhe a vida. Quantos de vocês estão fazendo isso realmente? Bem menor número do que acham que estão. Não se trata de atravessar a rua de modo desembestado, pelo contrário, buscar a mão de Deus e ir. Como enfrentar o medo da insegurança e, sobretudo, da escassez? Será que o Pai, tão generoso, Senhor disso tudo, tem planos de deixar os filhos morrerem de fome, sede, frio ou calor? Não. Mas as escolhas individuais, o livre-arbítrio, o caminho mais tortuoso de alguns seres, levaram-no a esse destino. Não que o Pai quisesse. O Pai está ali aguardando que mudem a forma de pensar e o modo de sentir para agir de maneira diferente. Pensemos nos órfãos, nas crianças abandonadas na lixeira. Logo que se encontra uma criança na lixeira, aparecem vários "pais" para adotá-la. Ao passo que vários "futuros pais" não vão ao orfanato para buscar aqueles que já foram abandonados. Mas aquele que aparece na televisão é cobiçado e até disputado. O que faz o menor que apareceu na televisão ser escolhido, e outros demorarem anos aguardando "pais" que nunca chegam? Escolhas. Escolhas de almas, conscientes ou inconscientes, escolhas de pensamentos e escolhas de sentimentos. Em meio a várias crianças, os casais que chegam a esses orfanatos sempre se identificam com alguma e dizem: "ele é meu filho, só não o havia encontrado". Todas as histórias de adoção são dessa forma. Deus manda o recado que todos são filhos d'Ele, nenhum é sem Pai. Então, órfão mesmo ninguém é. Como explicar que uma criança é escolhida em detrimento de outras 30, 50? Afinidade de alma, afinidade de propósito, frequência de pensamento e sentimento emanada até mesmo por um bebê. Bebês também pensam. Eles pensam antes de vocês pensarem neles. E, quando o medo se assenhorear – e não os culpo que exista esse sentir, se os discípulos, que acompanharam o Mestre, temeram e renegaram-lhe o nome, quem são vocês para estar livres desse sentir? –, compreendemos. Mas, quando o medo se avizinhar, você diz: "Alto lá! Porque o Deus que me guia é maior do que você!". Não há espaço para Deus e o medo. Um dos dois sai. E nós sabemos quem ganha. A gente sabe quem vence! Fé absoluta, fé inquebrantável, a certeza de que não se está sozinho. Por que, em meio a uma queda de avião, um se salva? É uma fé diferente. É um propósito diferente. Sejam vocês assim. Resplandeçam o propósito diferente, não por serem mais que os outros, mas por cada um ser um individual. Deus é muito criativo, não para de povoar a Terra e outros planetas, e segue criando, e criando, e criando... nunca tem fim. Repertório vasto!

Pergunta 5
Qual a missão nesta vida para que possamos evoluir?

Resposta 5
Quando se fala de missão, já foi dito em outras ocasiões que a todos só existe uma: ser feliz. Se a felicidade de seu vizinho é ouvir música alta e dançar no final de semana, respeite-o. É do grau de pertencimento dele. Se sua felicidade é ir à igreja, ir à formatura, pintar ou dançar, a missão é a mesma: ser feliz, respeitando as individualidades e as potencialidades de cada um, amando aquele jeito diferente de ser. Ao julgar a felicidade do outro, você se coloca em um patamar de superioridade ilusória e cai nos degraus da verdade. Ser feliz é o plano de Deus. Sem julgamento do que lhe faz feliz. Não busque a felicidade ao atender um plano de seu pai, de sua mãe, uma expectativa de seu companheiro, de seu amigo ou de seu grupo. Só descubra o que o alegra e o que o faz rir sem motivo algum. Sabe aquele sorriso espontâneo que a pessoa tem comendo pipoca? Vendo um filme? Andando em um parque? Olhando o pôr do sol? É isso aí, está sendo feliz! Como alcançar isso? Identifique os momentos em que você sente uma alegria inesperada. E não ache também que esse estado de felicidade significa despesa ou falta dela. Na Terra há muitos que dizem que para amar e adorar a Deus há de se despojar de tudo. Não!

Deus quer todos os filhos vestidos, nutridos, alimentados, saudáveis, plenos, perfeitos, harmoniosos, belos... sim! Porque estarão em estado de paz! Não existe uma fórmula. Ter bens ou não tê-los? Cada um vai ser feliz à sua maneira, mas de forma alguma pode-se impor seu modo de ser feliz ao outro. Fazendo isso você fere dois seres: você e Deus.

Pergunta 6
Estou com um tumor no ovário, preciso fazer cirurgia física?

Resposta 6
Em muitas situações o corte do corpo físico é necessário para extirpar dores concentradas em um lugar. O aparelho reprodutor traz um princípio básico: criação. Cistos, tumores, miomas nas mamas ou nos órgãos sexuais convidam o paciente a uma reflexão: como está seu processo inventivo? Seu processo de criar? Tem sido tolhido ou você tem dado espaço e asas à imaginação? Muitas vezes a necessidade de adquirir sustento material para a vida faz com que muitos projetos e sonhos fiquem relegados. Esse âmbito é o âmbito do criativo. Se no encontro do feminino com o masculino se cria vida, dá-se a luz, imagine o que acontece com o processo criativo. Vocês usam a luz da lâmpada para simbolizar uma ideia, uma vida, uma solução. Busque em seu ventre a solução para isso, busque dentro de seu coração os sonhos e projetos lúdicos e leves que foram desprezados e os encontre. Seja dançar, pintar. Seja em sua casa, no chuveiro, onde for. Viva isso.

Pergunta 7
Estou preparada para a nova função que me espera?

Resposta 7
Se o serviço chega, o servidor está pronto. Assenhoreando-se de si e entendendo que isso é fruto do mérito, você realizará essa tarefa com mais êxito. E tenho percebido a falta de autoconfiança e a falta de percepção de amor por si mesmo. Não aquele amor que passa por cima dos defeitos e das falhas, mas aquele amor que compreende as falhas e busca melhorar. É um amor que acolhe e trata. Não é o amor que esconde. Isso é amar-se verdadeiramente. Quantas vezes vocês abraçaram a si mesmos? Tocaram-se? Não passaram só o sabão no corpo para limpar, mas um gesto de carinho como vocês fazem com

seu filho ou com um animal de estimação? É um momento bonito o de se amar. De olhar no espelho não para ver se está tudo em ordem, mas para reconhecer em si Deus em atividade. Deus caminha na Terra através de vocês! Sim! E como caminha! E como vive senão através de vocês, neste planeta? Sabendo que vocês portam uma joia tão preciosa, que é a Presença Divina dentro de vocês, como podem colocar poluentes, sujeiras, palavras feias, programas, músicas, roupas, apelos, alimentos e substâncias tóxicas em seus campos? A natureza de Deus respeita a si mesma. Quando vocês forem comer algum alimento que lhes faz mal, que prejudica sua saúde, ou estão em algum ambiente que tem energia pesada, mas vocês querem ficar lá, beber e compartilhar de outros prazeres em uma vibração que não é adequada – não estamos a falar de castidade nem nenhum tipo de limitação, vocês são livres para tudo isso, mas eu falo do ambiente dentro de vocês. Se não está bom, agradável, leve, para a Presença Divina... saiam do local. Respeitar o Deus que mora em vocês fará com que um respeite o outro porque Deus habita ali também. Dessa forma a agressão se torna rara, o desrespeito deixa de existir e a gentileza, a ternura e a delicadeza passam a ser condutas normais; afinal, vocês estão lidando diretamente com a Divina Presença de Deus.

Pergunta 8
Não sei se estou no caminho certo. Peço sua ajuda.[14]

Resposta 8
É o caminhante que faz o caminho. O que significa isso? Ninguém pode estar estático, pois senão não há caminho. Ao caminhar, o buscador, a exemplo de vocês que estão buscando uma conexão espiritual elevada, vai encontrar dificuldades, vai encontrar pedras, buracos; tropeçará e, mesmo assim, ajudará um irmão caído. São as provações da busca. Mas como perceber que esse caminho é mais adequado a mim? O caminho se amolda aos seus pés. Há pessoas que escolhem os mesmos caminhos. Vamos pensar em monges que estão unidos na mesma forma de louvar e adorar a energia sublime, mas eles têm de subir uma determinada colina. Um escolhe portar instrumentos para fincar a rocha, corda e estruturas de segurança. O outro escolhe

---

14. Apesar da instrução, para serem feitas perguntas genéricas de aproveitamento coletivo, tal espectador fez a pergunta voltada para si mesmo.

subir as colinas com as próprias mãos acreditando que Deus valorizará mais sua escalada. Não existe isso. Não precisa haver sacrifício em subir a colina. Quanto mais natural for essa subida, mais agradável. O monge que porta os instrumentos tem a intenção de chegar ao topo vivo, e isso não é demérito. Deus se agrada. O caminho não se mede pelo nível de esforço, mas, sim, pelo nível de leveza. Quanto mais leves vocês estiverem, mais natural, descontraído e divino. O tempo do sacrifício já foi superado com nosso amado Mestre Jesus. O sacrifício já foi realizado pelo Mestre do Amor. Por isso também não entendemos a razão do sacrifício de animais em alguns rituais religiosos. Não faz sentido. Já foi muito sangue derramado em nome de Deus. Ele não deseja isso. Ao contrário, se houver lágrimas, que sejam de êxtase, de regozijo e amor. Para saber se esse caminho está adequado, verifiquem se vocês estão confortáveis. Se estiverem confortáveis, é o caminho. Se não, parem e reflitam sobre a razão do desconforto. O caminho é o caminhar. Não existe uma trilha pronta. É bobagem uma trilha pronta. Deus está aí, está aqui, está em todo o lugar. Vão buscar caminho para estar n'Ele? Que caminho? O mais simples dos caminhos para encontrar Deus é a interiorização. Ele mora em vocês. Basta encostar o queixo no peito e dar de cara com Ele. Deus está sempre dentro e fora.

Pergunta 9
Vou conseguir emprego rápido?[15]

Resposta 9
Existem muitas vagas de emprego nesse lugar onde vocês estão. Mas os encaixes da comunicação não estão bem adequados. Quando se vai fazer uma oferta de trabalho, para um lugar que busca um trabalhador, imanta-se com uma prece como um fio condutor para que essa oferta chegue lá da melhor forma e seja recebida com amor. Orem e enviem. Tudo o que for de oferta ou de pedido sempre deve ser precedido de uma prece de encaminhamento. "Funciona como um telefone, para passar melhor o recado."

Pergunta 10
Tenho sérios problemas com minha nora, que não gosta de mim e não me permite ver meu neto.

---
15. Idem ao anterior.

Resposta 10

Onde está seu filho? Cuide de seu filho para cuidar da prole dele. O caminho é assim. O neto não brota, vem de um filho ou de uma filha. Se a nora, assim você sente, não lhe quer bem, não significa que, de fato, ela não lhe queira. Então inverta o caminho: em vez de dizer "ela não gosta de mim", passe você a gostar dela. Pode parecer difícil, mas não é. Ama o neto, não é? Metade dele pertence a ela. Fazendo contas: se você o ama por inteiro, você ama metade dela. Essa metade dela, quando recebe boas vibrações de você, contamina a outra metade. Porque o amor é a única força que existe. Não existe o contrário do amor. O contrário do amor teima em se fazer existir de tanto vocês falarem, mas, na realidade, ele não existe. É como os mágicos de circo, que fazem a ilusão parecer verdade. O oposto ao amor, que começa com a letra "O", é um engano do perturbador do amor. É uma fraqueza. Onde figura esse opositor do amor e aonde o amor chegue, o opositor diz: "Ai, como você demorou para chegar! Senti sua falta!". É o desamor, a saudade do amor. Então, amada, entregue a ela amor. Faça esse caminho. Mas o trajeto para seu neto é seu filho. Confie em seu ventre, que gerou essa existência. Quando eu falo "ventre", falo além do feminino, o "ventre" é o processo criativo. Confie nessa fecundidade, não importa se é mãe ou pai. Você gerou o ser que brotou um ser que ama e não vai reverenciar esse trajeto? E se o filho tiver falecido? Espiritualmente é o mesmo caminho, porque não existe morte. Quando se invoca alguém que já abandonou a carne e esse alguém ainda está em estado de sofrimento, ele também é amparado. Os guias, vendo esse amor maior, acolhem. Será que esse neto não veio para fazer a paz entre as duas criaturas? Provavelmente sim. Em vez de achar que a nora é a distância para ele, entenda-o como elo para ela. Tudo são pontos de vista, amados. São ângulos de visão. A forma como um vê o outro. Daqui, tem-se uma visão, de onde estou é muito maior. Ampliem a visão. Saiam desse sistema horizontal de intrigas, maledicências, conflitos. Ao olhar com um olhar benevolente, a candura, a ternura, a compaixão, a brandura fazem morada em sua existência e fica difícil alguém se opor a quem não impõe resistência. Temos o exemplo de nosso amado **Gandhi** para mostrar isso para vocês. Fez revolução sem uma arma. O princípio da não violência, da ausência de violência, faz o agressor envergonhar-se, ainda que tomemos umas pancadas. Uma hora ele se constrange.

Nossa Senhora, Virgem Maria

Hoje nosso tema será a força do amor. A força do amor vai muito além das canções que são executadas, dos poemas que o enobrecem e das dores de solidão daqueles que reclamam sua ausência. A força do amor é algo muito mais profundo e, ao mesmo tempo, sutil. Essa força existe em tudo que vive e, mesmo que pareça inanimado, ele vive. Um elemento que caminha sobre a Terra de forma aparentemente conduzida, como um veículo, uma cadeira, um objeto ou artefato, também tem a força do amor ali existente. A força do amor daquele que recolheu os materiais e insumos para sua construção, daquele senhor produtor que executou a tarefa e do comerciante que o fez chegar a seu destino final. Tudo isso possui a FORÇA DO AMOR.

Quando se compreende, de maneira mais simples, que o amor está presente em tudo, redimensionam-se as atitudes de amor para com aquilo que vive, respira, alimenta-se, caminha e produz. Falo detidamente sobre os seres vegetais, animais e humanos.

Partindo da percepção de que a força do amor existe em tudo que está parado aos olhos visíveis humanos, o que pensar? O que se aprofundar de afeto, carinho e, sobretudo, respeito ao ser que vive, respira, fecunda e se multiplica?

Pensemos no reino vegetal: há amor ali. Quantas vezes alguém de vocês já cuidou de uma planta, estabeleceu uma relação com uma árvore, fortaleceu-se no aroma de uma flor ou acalmou-se com um banho de rosas? É a força do amor no elemento vegetal que se entrega de maneira generosa e dadivosa a todo esse trajeto, até servir de enfeite, de adorno.

Pensemos sobre o reino animal: os seres que caminham, planam, voam, saltam, desde o pequeno inseto até o maior dos mamíferos. A força do amor está lá! Creio que alguns de vocês já ouviram dizer sobre uma inteligência superior que habita golfinhos, peixes e outros seres, denominados de Encantados. Essa força do amor no mundo encantado existe e deve ser nutrida e respeitada. Naturalmente advém daí uma célebre pergunta: ingerir animais e vegetais feriria a força e o comando de Deus?

Alimentar-se e nutrir-se na faixa vibracional em que este planeta ainda se encontra requer o alimento fisicamente visível. Por que fisicamente visível? Porque vocês se alimentam de luz até quando ela não aparece. Vocês se alimentam de água mesmo que não façam ingestão dela, quando chove. Vocês se alimentam do fogo, mesmo que não visitem uma fogueira ou sequer acendam uma vela. Tudo que aquece é fogo, a exemplo do Sol. A terra os alimenta, ainda que de maneira imperceptível, quando caminham em uma praia, passeiam sobre a grama ou tocam qualquer piso que seja natural. Ou seja, todos os elementos existem em alimentos vivos ao dispor de vocês.

A ingestão das forças vegetal e animal, se feitas em equilíbrio, é benéfica para aquele alimentado com consciência.

Aquele que opta por uma dieta exclusiva de vegetais, necessariamente não significa que está em um grau mais avançado que o outro que ainda ingere animais. A medida dessa ingestão vai ser a medida da consciência. Se houver uma ingestão de um animal que interagiu com o ser e se entregou em sacrifício, esse alimento é bem-vindo. O que dizer das tribos que caçam e dessa caça se alimentam? Que pescam e ingerem os peixes? Elas estão em harmonia com a natureza! Digo tudo isso para falar-lhes do alimento real e incessante que não requer despesa ou visita a qualquer ambiente de mercado. É o amor de Deus por toda criatura. Esse alimento divino, o amor de Deus, que está aí acessível, espera para ser ingerido por cada um de vocês. Essa ingestão amorosa se dá quando se percebe conscientemente o vento na face e recebe o acalento. O calor do Sol, o frescor da brisa, o toque da água, um abraço de um amigo, um afago, um aceno com a cabeça ou apenas uma palavra... Cada um desses gestos nutre e alimenta.

    Peço a cada um de vocês que feche os olhos e volte-se para os ambientes onde falta alimento: institutos, orfanatos, lugares em que falta abrigo, comida, água saudável, vestuário e alimento para a estrutura encarnada. Que esses ambientes, essas assistências, esses locais, casas carentes, pobres, humildes, desabonados da presença do pão e do amparo, recebam em dadivosa presença um socorro de energia. Que agora minhas tarefeiras[16] distribuam em cada lar faltoso um pão ampliado, um leite, um caldo, um café, um biscoito, ungidos. Que a água, o café, o pão ou simplesmente uma prece abasteçam cada uma dessas criaturas que dispostas estiverem a receber nosso alimento. Amadas tarefeiras multiplicadas por este planeta carente, mas também abastado, agradeço as dadivosas preces e deixo cada uma de vocês, amadas irmãs queridas, seguindo nessa multiplicação de conforto aos carentes. Agradecida estou por compartilhar este momento! Esse alimento, que ainda está sendo distribuído e permanecerá assim por mais alguns momentos na Terra, vem como uma mãe que derrama leite de seus seios plenos e fartos, ainda que tal pareça minguado, ralo ou pouco saboroso, pois o leite que a mãe entrega ao seu bebê carrega em si os nutrientes necessários àquela nova vida. Existem mães sobre a Terra que, generosas que são, multiplicam suas mamas para mais filhos que não são delas, reconhecendo todos como filhos da Grande Mãe, que de fato são, para receberem tal aleitamento.

    Como aplacar o choro de uma criança que tem fome além de dar-lhe algo para ingerir? Acarinhar a criança no colo, acomodá-la em esperança através de um seio quente. E partilhar o peito[17] é meu dever. É uma de minhas mais esplendorosas missões aleitar os seres ávidos, aturdidos, desamparados com frio, fome e sede. Ainda que não saibam de que sentem sede, fome ou a razão do frio.

    Todas são mães, ainda que venham em roupas de homens, ainda que não possuam mamas avantajadas ou projetadas para servir leite aos seus, seja em corpo de homem, de senhora, de anciã, de criança ou, até

---

16. Auxiliares de Maria, seres que atuam na obra de Deus sob essa força Mariana.
17. O peito é o seio dessa generosa Mãe exemplar.

mesmo, na forma de uma linda árvore ou um pedaço de chão acolhedor! Todas e todos são MÃES. Faço aqui um convite para que, durante este mês,[18] até o tardar do último dia, vocês devotem uma beatitude à maternidade sobre a Terra. Seja em qualquer esfera: Mãe Natureza, *Pachamama*,[19] Deusa Mãe, Mãe Maria, Mãe carnal, Mãe de Santo, Mãe dos Anjos... Multipliquem pétalas de amor nessa direção! Pois ao longo deste mês haverá um grande rodízio de energia em fluxo superior de troca e evolução. Coletaremos energias sublimes de outros planetas[20] para partilhar com a Terra em remédios denominados leite ou soro, e da Terra coletaremos unguentos para outros ambientes que precisam deles. Será um longo mês de tarefas. Empenhem-se. Integrem esse lindo e belo grupo de tarefeiros, sejam bem-vindos!

Pergunta 1

Gostaria de saber o motivo dos terremotos ocorridos no Nepal[21] e o que envolve essa catástrofe, energética e espiritualmente, já que se trata de um povo tão espiritualizado.

Resposta 1

Tudo que existe tem um propósito. O propósito existe ainda que venha com aparente ruína. Perceber algo em ruína, em declínio, em deteriorização, faz parte do ciclo de vida e morte. O congraçamento[22] da libertação da carne, das estruturas físicas que parecem esplendorosas e austeras desabadas ao chão é uma lição para o mundo. O propósito maior desse evento, em especial, é proceder a uma lição para o mundo e dar a compreensão para os veículos de comunicação de que existe um Deus Maior e que esse Deus não é punidor, mas Deus entrega para a humanidade idêntico fluxo da entrega da humanidade para Ele. Naturalmente, pode-se perguntar por que esse desastre não acontece em um país de guerra. Resposta simples: porque isso **já** acontece em um país de guerra! A guerra é uma catástrofe. Por que o espanto quando a Terra treme, se vocês

---

18. Mês de maio, consagrado às mães e também a Maria.
19. De origem inca, significa "Mãe de todos", mas muito usado como sinônimo de Mãe Terra.
20. Novamente uma menção a outros planetas de onde flui energia.
21. Em abril de 2015, houve um vasto terremoto no Nepal que culminou com 7,5 mil feridos, atingindo China e Índia. Mais de 4 mil mortos, além de perdas incalculáveis de registro histórico e devocional.
22. Congraçamento aqui tem a conotação de acordo, tratado.

homens sangram a Terra e a furam com o próprio sangue de seus irmãos? Qual das duas é a verdadeira catástrofe, meus amados? Impor ao Senhor a autoria dessa catástrofe é fugir de si a responsabilidade pela catástrofe diária. Vejo seres aturdidos envolvidos em maneios do dia a dia sem perceber o irmão faminto e ferido em uma estação de ônibus. Isso é catástrofe, meus amados. Só que para vocês é preciso um volume grande para arrebatar corações! Não deveria. Uma pétala não faz a rosa, mas, se todas as pétalas caírem, a rosa deixa de existir.

Pergunta 2
Se os animais são tão puros e amorosos, por que alguns sofrem tanto? Nós humanos buscamos tanto a pureza e o amor incondicional além de sermos considerados mais evoluídos, por que, então, existem os maus-tratos aos animais?

Resposta 2
Os animais também estão em processo de evolução. Não existe espírito do animal, existe energia do animal. E essa energia pode ser transmutada em energia de alimento.[23] Sagrado momento de entrega e comunhão. Mas o humano que maltrata o animal declina sua evolução terrivelmente, a exemplo dos humanos que têm o esporte de caçar, pois não há um objetivo puro, generoso ou justo, que seria sua própria alimentação. E, então, por que os animais passam por isso? Porque os seres humanos, considerados por si mesmos racionais, passam; as florestas passam; os rios passam; e até os ares passam por todas as agressões. Os animais não estariam isentos dessa situação.
A Terra é povoada por quatro reinos: o reino mineral, que é o reino rochoso que estrutura este planeta e é o primeiro habitante. Poucas pessoas respeitam as rochas, as pedras, a maioria as trata com descaso e, inclusive, a pedra é tratada como obstáculo. Eles são senhores do planeta, porém agredidos todo o tempo; são extraídos, retirados, mutilados, vendidos, açoitados sem sequer se pedir licença. O reino vegetal: quantas áreas imensas são colocadas abaixo para ser inundadas por água, que se transformam em grandes poças de dor e podridão para fazer energia elétrica? O vegetal é violado. A água é

---
23. Pode-se observar aqui a ressalva quanto à ingestão de animais, quando esse é o meio de sustento de quem caça ou pesca para consumo próprio.

violada por tantos agrotóxicos e os animais também. Essa cadeia de agressão perpetrada pelo homem, sem consciência, é uma perda de oportunidade porque no planeta Terra existem quatro reinos, e o homem se julga superior. Até o momento em que o primeiro dos reinos, o mineral, se abre, treme e diz: "Eu posso mais do que você, singela criatura!", e engole construções feitas por homens, destrói esculturas, destrói vegetais, animais e humanos. O plano de Deus para a Terra era que o homem entendesse e amasse cada um dos quatro reinos, porque existem planetas outros em que os seres superiores são os minerais, outros em que os seres superiores são os vegetais, outros planetas em que os superiores são os animais. O homem é inferior em outros planetas. Ampliem suas visões cósmicas, falo muito além desta galáxia tão modesta. Existem seres parte cristal, parte vegetal, parte animal. Existem seres com tronco animal, cabeça humana e braços de árvore. Essa situação de harmonia híbrida é o equilíbrio. O homem, arrogante dessa maneira, perde a oportunidade de ser mais bem aceito quando for a um planeta cujo reino não seja o dele.[24]

Pergunta 3

Por que o ser humano vive se boicotando? Gostaria de saber algo mais sobre a felicidade sem culpa.

Resposta 3

Autossabotagem – pouca crença de ser merecedor da vitória de Deus. Como já foi dito antes, a missão que Deus destinou a cada um de vocês não é outra diferente de **ser feliz**. Ser feliz, independentemente do padrão esperado pela sociedade, cultura, religião, família, companheiros ou grupo a que pertence. O ser humano que não está em busca de sua felicidade ou, ao contrário, quando a vê se avizinhar, foge ou cria um obstáculo, está ferindo sua missão divina. Existe um tratamento eficaz e muito simples que consiste em três afirmações: **"Eu quero, eu mereço, eu sou!"**, seguido do que se deseja: "Eu quero ser feliz, eu mereço ser feliz, eu sou feliz!"; medicamentosamente, essas afirmativas começarão um processo de percepção em nível profundo de memória celular,

---

24. Léon Denis definiu tais reinos em uma sequência poética e naturalista: *A alma dorme na pedra, sonha no vegetal, agita-se no animal e acorda no homem.* Havendo, portanto, o reino hominal.

para que o corpo não vá, pelo hábito de sentir-se infeliz ou desencorajado, promover o oposto. Muitas vezes, ouço dizer aí na Terra que não existe felicidade, existem momentos felizes. Não é verdade. A felicidade é uma essência, não é um estado, não é uma estação. EU SOU FELIZ. Essa afirmação é condição essencial. Esse empoderamento de SER é que trará as evidências da felicidade. Vocês clamam pelos sinais de ser feliz: se sorrir muito, se for amado, se estiver em determinado lugar, se alcançar tal meta, ou seja, uma infinidade de condicionantes. Todos esses são estados, são estações, contudo, a felicidade é uma essência!

Pergunta 4
Se soubéssemos como vivemos em vidas passadas, nós não poderíamos evoluir com mais facilidade? Assim usaríamos o livre-arbítrio com maior responsabilidade.

Resposta 4
Se você, que perguntou, pudesse voltar cinco anos atrás, adotaria as mesmas medidas do passado? Ora, é uma memória tão recente, por que buscar em outras vidas se você segue repetindo o padrão de cinco anos antes? Ou se você segue o padrão de seu pai ou de sua mãe? É lógico que, se qualquer informação de outra vida chegar até você e mesmo assim você não tiver uma percepção clara dessa informação para reformar sua conduta, pode voltar em milênios e nada irá se resolver. Não é percepção ou identidade de vidas passadas que trará a você a mudança de conduta. A mudança de conduta trará a você a sensação nítida de que está empreendendo um caminho melhor. Os trabalhos realizados por terapeutas, estudiosos e pessoas luminosas, que nos ajudam voltando às vidas passadas de vocês, só têm serventia se for para pinçar um episódio, um aspecto próprio, tratar e sair. Ficar preso a vidas passadas é um retrocesso. Se já é passado, não há evolução naquele momento. Voltar a outras vidas só é produtivo para tratar hábitos e memórias que prejudicam a vida atual. Não se pode estacionar e dizer que tudo é culpa do carma. Nenhuma verdade humana está fora da verdade de Deus, pois, se você passa enchendo seu dia a dia com verdades individuais, afasta-se da verdade divina, que é muito mais generosa. Parem de querer ter o controle de suas vidas, pois essa é a maior das ilusões. Vocês realmente acham que, se eu pudesse o que hoje

posso, teria permitido o que aconteceu no calvário? Pois saber de todo o poder, de toda a potência, de toda a capacidade e beatitude é também entender o sacrifício feito como uma bênção. Entender aquilo como o propósito superior. Não é estagnar-se na dificuldade, é encorajar-se para a benemerência que advirá. Buscar forças na aceitação, chamada resignação e ir adiante.

Minha mensagem para o dia de hoje não é outra que convidar vocês à percepção clara que o despetalar da rosa impõe, à rosa, sua morte. Mas cada pétala que cai se transforma em fertilizante para aquele solo árido. Ainda que a morte, a dor, a doença, a pobreza, a escassez ou a carência se avizinhem, se essa pessoa compreender essa ressequidão que impõe a pétala ao cair como a transmutação e fertilização do solo, o renascer dessa rosa será infinitamente melhor. Caso contrário, será só varrida pelo vento e não aprofundada na terra. Terra que é a mãe de vocês, Terra que os ama e chora pedindo para que ouçam os clamores, os choros e gemidos dela. Ao tomar um banho, abrace a porção da Terra na forma de água. Ao conversar com uma planta ou olhar uma paisagem, abrace-a e diga: "Terra, eu amo você!". E ela se animará porque só o amor existe e só o amor pode superar a dor daqueles prédios caídos, das famílias perdidas. O choro e o lamento pingado na Terra pedindo amor por ela.

Pergunta 5

Como buscar equilíbrio emocional para suportar o atual momento de desequilíbrio financeiro?

Resposta 5

É óbvio que, com essa condição de custos, de materialidade, de contas a pagar, o desequilíbrio ante a falta monetária é real. Seria insensatez de minha parte dizer que isso não existe. Mas como fazer as pazes com o dinheiro? Como entender essa energia monetária como algo vívido e merecedor de sua existência e da existência dela na sua? Fazer as pazes com o dinheiro é entendê-lo não como algo que se corre atrás, mas ao que se dá as mãos. Que se traz ao lado, companheiro, amigo, dadivoso, justo e honesto. O dinheiro advindo de manobras, de enganos, de chantagem, não é limpo, não é honrado e traz em si a penúria da doença. Muitos ricos que vocês veem aparecem com câncer e edemas, observem, por conta de dinheiro corroído por corrupção.

Ao estabelecer uma energia de amor com o dinheiro,[25] mas respeitando-o e entendendo que ele é tão somente o meio, e não o fim. Ter e reter não é bom. Ter, partilhar e multiplicar. Chamar a força da energia monetária, trazendo a afirmação: "Eu quero ser próspero. Eu mereço ser próspero. Eu sou próspero". Porque Deus é prosperidade em abundância. Em vez de perguntar "Por que não consigo um emprego?", peça a Deus para indicar o lugar ideal para você apresentar suas qualificações e merecer os recursos monetários daí advindos. Peça a Deus orientação para que trabalhe da melhor forma e que você se projete profissionalmente. Invoque Deus para o labor, que Ele abrirá o caminho do dinheiro. Invoque Deus para o amor, que ele trará o ser amado. Não se invoca Deus pedindo alguém, invoca-se pedindo para amar e ser amado.[26]

Pergunta 6
Como posso ajudar minha mãe, que está com suspeita de câncer na coluna?

Resposta 6
Esse sintoma chamado câncer traz uma instrução diferente dependendo do local em que for encontrado. Ao apresentar-se na coluna, base, ossos, significa que o portador desse sintoma está frágil na estrutura. Como ajudar? Dar a ela a sensação e o fortalecimento para estrutura pessoal. Muitas mães e pais padecem ao ver seus filhos sem estrutura e entregam, como faz uma mãe ao gerar um filho, seiva óssea para a formação dos ossos de seu bebê. Quando essa mãe de filhos já nascidos faz essa entrega de nutrientes, ela entrega também essa estrutura, sem perceber que não é mais necessário. Aqui está o ponto. Por isso se corta o cordão umbilical, caso contrário, todos estariam atados às suas mães. Minha filha, converse com sua mãe explicando a ela o que é a verdadeira estrutura: a estrutura de um lar amoroso, a estrutura de bondade,

---

25. Note-se que a abordagem trata "de amor com o dinheiro" e não pelo dinheiro. Isso traz em si uma grande distinção: o COM carrega em si a conotação de parceria com a energia, enquanto o PELO denota submissão ao monetário.
26. Aviso importante para os pedidos: devemos nos abster de pedir para ficar ou estar com alguém determinado, mas podemos pedir para sermos felizes no amor, sem determinações pessoais, evitando criar carma ou mesmo magia mental, ainda que inconsciente.

honestidade, retidão e dignidade que existe nesse lar. A estrutura real é esta. Não é a parede nem o teto, porque vejo em casebres, que nem paredes possuem, estruturas dessa qualidade de que muitas mansões carecem. E seu lar é pleno dessa estrutura. Diga a sua mãe que a estrutura que ela precisa buscar de volta para seus ossos virá da dadivosa presença da certeza do amor de Deus pelo lar dela, pela família que ela edificou no mundo. O que a acomete é apenas fragilidade óssea que será recomposta com suplementos. Será este o tratamento dela.

Ó potências do reino, generosos trabalhadores! Força absoluta das mentes inteligentes e corações bravos, que os braços, pernas, pensamentos, palavras, criações, escritas, manejos e contatos sejam ungidos com a Suprema Luz da Vitória! Que os empreendimentos em direção à honra, à verdade e ao fruto próspero e justo, sagrado pão que alimenta os lares, sejam derramados sobre cada criatura aqui presente e em favor daqueles que trazem em seus pensamentos. Que os ambientes profissionais dessas pessoas e, em especial, neste local, onde todos estão pisando e sentados, jorre fonte de abundância, de capacidades, de habilidades, talentos, vocações honestas e sinceras, ungidas pelo poder de Deus. Trabalhadores para a Luz. Que a força do reconhecimento em matéria, em recursos monetários, em recursos de prodígios, de aprendizagem e desenvolvimento sejam multiplicados em cinco pontas, em cada coronário, derramando do alto das cabeças que aqui se encontram, forrando e derretendo-se até a sola dos pés de maneira tal que esse banho de Luz dourada resplandeça em destaque e vitória de ouro, metal precioso na Terra, fonte de sábia riqueza. E assim é.

Absorvam essa energia. Sintam-na em suas mãos, retenham essa força de luz dourada, vocês merecem, vocês podem, vocês querem e é justo e bom para a glória e alegria do Senhor. Despeço-me de cada um encaminhando as preces que fizeram em silêncio e as perguntas que não fizeram. Tenham uma linda e abençoada existência. Não peço por vocês, peço por suas vidas. Fiquem na paz e com todo amor que existe em mim!

Grupo dos 11 Extraterrenos

A força do empenho. Muitas vezes vocês se deparam com a sensação de que, apesar do empenho de cada um de vocês ou de pessoas próximas, a realização não se efetiva. Muitas pessoas têm se sentido até desestimuladas, desoladas e desencorajadas. Com a nítida certeza de que suas preces não estão sendo ouvidas ou pouco acolhidas. E entendimento da força de vontade é o tema que trago. Quando se pensa em força, imediatamente pensamos em energia. Força em vários idiomas significa energia ou poder. Poder para acender uma luz, poder para mover, para transportar. Tudo isso é força. A força humana parte de uma força física, força intelectual e força sentimental. A força física, mais fácil e visível aos olhos. A força intelectual requer mais sutileza e percepção. Aqueles estudantes, trabalhadores que estão em busca de uma melhora de vida, em busca de progresso, em busca de um concurso – nunca em tanto tempo temos ouvido tantas súplicas e pedidos por aprovação em concursos. Sugiro aos estudantes o uso da força do Povo de Pedra – os Cristais, para que esses produzam uma emanação de absorção e retenção de conhecimento. O estudo que não é detido não vale de nada. Apreender – prender do lado interno. Reter a aprendizagem. Existem cristais próprios para esse intento. São as pedras de cor verde e de tons alaranjados. Se houver barulho no local de estudo, prepara-se um isolamento com cristais pretos e brancos – turmalina negra ou ônix e quartzo branco ou rutilado. Essas pedras pretas e brancas fazem uma importante muralha também no ambiente de trabalho. Bloqueiam as energias de inveja e de assédios porventura vindos do ambiente laboral.

O quartzo fumê tem papel muito importante na criação de energia de pouca visibilidade e deve ser usado na bolsa, no carro, na carteira, para que o portador não seja visto por energias negativas que possam acarretar furto ou roubo. As energias dos cristais estão à disposição de vocês todo o tempo. Temos vários espécimes neste ambiente e devem ser partilhados e amados com amor real. Pois cada fagulha de cristal reverbera na estrutura de cristal na qual vocês são compostos em harmonia. Reparem que os reis sempre usavam anéis, coroas e joias com pedras. Nunca os metais nobres estavam solitários e desacompanhados do poder das rochas. Todas as rochas têm seu poder específico para ampliar ou reduzir alguma energia. E, quando combinados, são fortalecidos.

Na Terra, a água é o maior condutor de energia. Tudo que vocês quiserem transmitir energeticamente, utilizem-se da água. Se na água forem aplicados cristais, tudo fica ampliado e reverbera em uma vibração mais elevada. Água, calor e cristais geram vapor e esse vapor emanado tem propriedades terapêuticas. Mas há um tempo para que o vapor não dissipe as propriedades. Iniciou o borbulho, desliga, abafa e ingere. Pode ser usado para lavar os cabelos, as mãos, os pés, etc.

As rochas têm muita força edificante para compartilhar com vocês, principalmente através dos pés. A água recebe a energia do cristal e torna-se um medicamento naturalmente. Quando se deita o corpo e sobre ele são colocados cristais aquecidos, há a atuação do calor com a água[27] e o reino mineral, pois o poder das pedras vai muito além dos adornos.

Falemos da força emocional. Força emocional vem do mais sublime poder de tudo que existe: a força do amor. Se a força amorosa estiver alinhada com os princípios de Deus, o objetivo a ser alcançado tem tudo para se realizar. O amor por alguém é suficiente para derrubar as barreiras entre esse alguém e si, e, mesmo que não nasça um amor no mesmo fluxo, haverá uma energia de ponte amorosa como todos os amigos, conhecidos e seres viventes devem nutrir uns pelos outros.

Como então reunir a fora braçal com a força intelectual e a força sentimental para que os três, abençoados pela força soberana de Deus,

---

27. Aqui, a água que integra o organismo.

materializem seu objetivo? De um jeito muito simples: aponte seu real objetivo na Terra (metamaterial) – pois temos recebido muitos pedidos terrenos –, por exemplo: tornar minha casa um lar, adquirir uma casa própria, viver em harmonia com as pessoas ao meu redor, etc. O lar é o repouso do coração. Contudo, há pessoas que consideram como lar seu local de trabalho, sendo sua casa meramente seu endereço. A casa precisa de seu coração para se tornar um lar! Reúna: mente + coração + a unção de Deus e coloque[28] seu pedido de maneira ordenada unindo as três forças: braçal, mental e emocional. Sobretudo, tenha fé em Deus e em si mesmo! Isso serve para qualquer intento – viagem, carro, concurso, projeto, casamento, sonho... Para materializar os sonhos que cada um carrega, basta sonhar ordenadamente. Favorece nossa colheita dos sonhos de vocês. Nós colhemos seus sonhos para amadurecê-los e realizá-los tal como uma planta que cresce. Quem muda de sonho com muita frequência não o realiza, pois, quando colhemos e plantamos, ele morre porque o sonhador desistiu e mudou de sonho. Os sonhos aos quais me refiro não são sonhos de verão, são sonhos longevos. Muitos sonham em ganhar na loteria. Sem dúvida o objetivo não é ganhar, mas receber o dinheiro advindo. Portanto, até esse pedido há de ser refeito. Obter recursos advindos de sorte, sorteio, amplia muito mais as chances de receber dinheiro dessa origem. Na Terra chamam de sorte, aqui chamamos de intervenção. Salientando-se que os sonhos coletivos empreendem maior vigor sempre que tiverem objetivos altruístas.

Pergunta 1

As cores de tinta também têm os efeitos dos cristais? Os tons aplicados nos ambientes mudam a vibração do local?

Resposta 1

As tintas nem sempre vêm dos minerais. Vêm das folhas, sementes, dos grãos, dos vegetais, e outras tecnologias que o homem já detém. Aí, onde vocês se encontram agora, seus olhos não alcançam todas as vibrações de cor. Mas a cor dispara mecanismos sensoriais ao longo de todo o corpo que estimula alguma reação. Assim como os aromas e as texturas, os tons das cores influenciam, sim, nas reações humanas. Não significa que todos reagirão da mesma forma. A cromoterapia é baseada nas reações gerais sobre as cores, a maioria reage dessa forma.

---

28. Verbalize, com voz audível; não mentalize apenas.

Convidar a cor para vibrar dentro da sintonia que você projeta, sim: ela se torna sua aliada dentro das vocações dela.

Pergunta 2
Gostaria que falasse um pouco sobre a pedra lápis-lazúli.

Resposta 2
É uma pedra muito delicada, porosa e pouco resistente. Deve ser usada, principalmente, até os 30 anos de idade e ajuda na formação do adulto. Soma e agrega uma edificação importante. Ela traz uma mistura entre azul e verde e traz uma invocação muito profunda de alguém que está em busca de encontrar-se com seu Eu Superior.

Há de observar que alguns cristais devem tocar a pele. Se vocês tiverem de escolher entre um anel ou pingente em que a pedra não toque a pele, ou um que toque a pele, escolha o que toca a pele. A pedra irradia e segue no fluxo sanguíneo levando suas boas energias e fluindo em harmonia com o corpo que a carrega. Nunca usem as pedras imediatamente após a aquisição. As pedras devem ser lavadas, purificadas e programadas. Apresente-se à pedra, convide-a a ser uma boa companhia e dê-lhe uma tarefa. Os cristais amam tarefas! Sempre programem os cristais. Convide-os a trazer luz, sabedoria e evolução à sua existência. Agora me vou, para o colega ingressar. Gratidão a todos, qualquer dúvida sobre cristais, eu voltarei para responder.

Eu quero que vocês digam um tema para eu falar. Escolham. Foi escolhido: **Serenidade.**
Muito bem, o estado de serenidade é o estado natural de ser. Vocês andam um pouco aturdidos e distantes dessa sensação. Buscando paz e quietude, mas envolvidos em muitas emoções e atribulações. A serenidade mora dentro de vocês, mas foi colocada do lado de fora como algo a ser atingido. A serenidade quer voltar de onde veio. Ela precisa que vocês a convidem para voltar ao seu lugar de origem. O estado de serenidade é o estado de calma. Ainda que a adversidade se aproxime e a dificuldade se apresente, a serenidade ajuda a entender a solução para aquela problemática. Afinal, quantas vezes aqueles que amamos nos trazem questões de dúvida, dificuldade, reatividade? Quantas vezes vocês são convidados a mostrar seu lado agressivo? Provocações, palavras, gracejos, desprezos querem tirar sua calma. Mas é nesse momento que a serenidade os convida a respirar profundamente. Respirar! Essa é a forma de relembrar o estado sereno de ser. O ser humano tem três partes de pulmão: curta,

mediana e profunda. Os pulmões são órgãos grandes. Poucos de vocês retiram realmente o ar do fundo dos pulmões. Esse ar fica antigo e precisa sair. Uma respiração curta não expulsa o ar velho. A serenidade exige que todo o ar velho carregado de pensamentos velhos, emoções antigas, memórias represadas, sejam extirpados de seu campo para o ingresso do novo. Por isso, quando uma mulher está dando à luz, o médico diz: respire! Em uma luta se escuta: respire! Ao meditar: respire! Respirar é o primeiro ato do ser humano. Serenar sozinho, ilhado, em um lugar vazio, é simples. Serenar no combate, no desafio, no ambiente difícil, em um lar conturbado, é mais delicado. Ironia não é serenidade. Muitas vezes as pessoas respondem ao outro com ironia, achando que estão sendo serenas. Não. O irônico está sendo ácido com o outro e consigo mesmo. A ironia bate no outro e volta com o nome de revolta.

Pergunta 3

Como podemos interpretar os sonhos por meio da espiritualidade?

Resposta 3

Existem sonhos que são dilações mentais de um corpo cansado, de uma mente exaurida, de um dia puxado, de alguma memória, que não podem ser confundidos com mensagens do mundo superior. As mensagens do mundo superior carregam uma nota diferente. O sonho de natureza espiritual tem uma relação com a memória confortável de seu ser. Ainda que você se visualize fazendo alguma atividade que nada tem a ver com seu dia a dia, mas, se você se vê ambientado naquela situação, esse é um sonho de cunho espiritual e energético. Se, no sonho, você está distante e não se vê integrado ao ambiente, é apenas uma limpeza e descarrego mental. A interpretação varia de sonho para sonho. Um copo de vidro com água, ao lado da cama ao dormir, é um ótimo filtro de sono. Essa água não é para beber. Apenas coloque o copo ao lado da cama e durma. Ao acordar, se a água estiver com pequenas bolhinhas, como se estivesse gaseificada, o sonho foi de cunho espiritual. Se não formar bolhas, não houve cunho espiritual. Essa água, na manhã seguinte, deve ser jogada na pia, com a torneira aberta.

Pergunta 4

Existem sonhos nos quais a gente cai de prédio, tem uma morte repentina. Esses sonhos querem dizer o quê?

Resposta 4
Sonho com morte repentina, na maioria das vezes, é a morte de um eu inferior galgando o Eu Superior.

Pergunta 5
O que significa quando a gente não se lembra dos sonhos?

Resposta 5
Não significa que eles não foram sonhados. Todas as noites há sonhos. Existem muitos tipos de sonhos, alguns são até lembranças das elevações. Muitas vezes as pessoas são levadas às faculdades e escolas espirituais. Vocês estudam à noite. Vocês não têm repouso. O repouso é muito raro. Vocês que acham que têm repouso, mas não têm. Até dormindo vocês estão estudando e aprendendo aqui do outro lado. Vocês visitam outros planetas, outras dimensões, outras órbitas para aprenderem. Nunca se para de aprender. Mesmo contra vontade, o processo de evolução exige aprendizagem.

Pergunta 6
O que a espiritualidade relata sobre vida extraterrestre?

Resposta 6
Eu amo esta expressão: "vida extraterrestre". (Risos.) Há uma prepotência nessa palavra, como se a Terra fosse tudo e o que fosse fora daqui fosse "extra". Vocês são "extraordinários"!! (Risos.) Esse assunto muito me alegra, pois denota que as pessoas têm vontade de saber, de fato, quantos universos habitados existem, quantas possibilidades, etc. Mas, ao contrário de responder, pois não teria como, o tempo na Terra não permite e também não sou eu o detentor de todo conhecimento do Universo, convido-os a pensar um pouco: se a Terra é extraordinária e especialmente avantajada de vida, fonte de vida, formas de vida e energias sublimes, o jardim do Éden, que nosso Pai tanto ama, será que ele deteria seu amor somente a este espaço? Certamente não. Existem, sim, várias vidas em várias formas inanimadas, animadas, alegres, rastejantes, elevadas, sublimadas, vaporizadas, iluminadas, coloridas, aladas... Enfim, existem várias formas de vida além da Terra. E alguns representantes desses ambientes circulam entre vocês e vocês sequer percebem. Muitos interagem com vocês e vocês não sabem quem eles são. Existem vidas acontecendo paralelamente ao momento em que vocês se encontram

agora. Contudo, é importante perceber se a energia em que se está em contato é amistosa ou agressora. Inúmeras vezes chegamos até ambientes de passes, igrejas, templos, natureza, e vemos vários ETs ao redor emanando luz e amor. Só ETs! Portanto, estejam abertos. O contato é real!

Pergunta 7
Como o emocional influencia no espiritual?

Resposta 7
Vocês são formados de água, reino das emoções. Por quê? Água é meio condutor de energia. E a energia cósmica é o amor. Só o amor existe. A grande raiz de todas as emoções é o amor. Todas as emoções derivam do amor. Alegria, felicidade, tristeza – por falta do amor –, a dor, a doença também. Tudo nasce do amor e da falsa impressão de ausência dele, pois todos são plenos do amor de Deus. O estado emocional saudável traz uma vida saudável, pensamentos puros, atitudes limpas e, logicamente, um campo energético ideal. A emoção cura o sintoma de alguma doença ou cria a doença. A emoção de alegria transforma alguém mais jovem, mais ágil, com mais ânimo, ao passo que a energia resultante da tristeza é desânimo, preguiça, vontade de ficar parado, para estagnar a energia – água –, que é a emoção. A água parada apodrece. Os pântanos, que contêm água represada e parada, exalam mau odor. O mundo da emoção é água corrente. Daí a importância de se respirar, para oxigenar o rio, que é o sangue de cada um de vocês.

Pergunta 8
A depressão é a falta de amor?

Resposta 8
A depressão é uma ilusão. Eu desafio qualquer um. A depressão é a sensação de abandono. Quem tem Deus é abandonado? Nunca. A pessoa em estado depressivo está se colocando longe do Pai, pois dentro e perto do aconchego d'Ele não há vazio.

Pergunta 9
Do ponto de vista espiritual, o que significa o mal de Alzheimer?

Resposta 9
Cada dia que passa, as mentes humanas estão mais fragilizadas e suscetíveis a esse assédio. O Alzheimer, a debilidade e a fragilidade de memória decorrem da vontade e necessidade de voltar à condição da infância. De uma infância onde não havia responsabilidade, compromisso, cobrança. Necessidade de apagar o quadro da existência daquele estágio de vida e renovar. O paciente diagnosticado com esse sintoma esquece, confunde, seleciona frases e momentos aparentemente desconexos. Mas convida o interlocutor a fazer uma avaliação de si e de sua relação com aquele paciente. Como foi a construção desse vínculo? Afinal, as células familiares não são acaso. Os laços sanguíneos são oportunidade de amor e afeto. Nascer na família é escolha do nascente. Vocês pediram para nascer. Rogaram e até suplicaram. Pediram e ajustaram as condições de nascimento e acreditaram em vocês mesmos como pessoas capazes de suportar e superar as adversidades que estavam por vir. Quando um paciente se entrega a um mal como esse, ele aperta o botão e diz: "Não suportei". Pede a Deus para voltar, mas Deus recusa. "Seu aluguel ainda não venceu." Os acompanhantes de pessoas com esses sintomas devem falar sobre Deus de uma maneira singela. Coloque canções infantis, livros como a bíblia da criança, desenhos e histórias que tragam a memória de Jesus ou o seu líder espiritual. Trate essa pessoa como uma criança. E será mais fácil para ela se adaptar, pois essa alma se sentirá como no jardim de infância do astral superior. Amenizará os sintomas desse mal.

Pergunta 10
Como se dá o processo de seleção para reencarnação?

Resposta 10
Há um programa. Um programa divino. O Pai que rascunhou esse programa. Esse programa, cada um de vocês tem condição de preenchê-lo com conteúdos. Como diferenciar se é uma necessidade da alma, uma possibilidade da alma ou um merecimento da alma, reencarnar? Como julgar isso? Por isso Ele é juiz. Só Ele decide. Não cabe a nós, executores da lei, julgar ou selecionar. Nós sequer sabemos os critérios. Não nos é dado o direito de sequer avaliar isso. Essa é uma tarefa somente d'Ele, o Pai Redentor, que aguarda todos. Se um espírito é mais necessitado, é mais necessitado por quê? Sua penitência

é grande? E aquele que teve uma vida dedicada de méritos vai se deter em evolução em prol daquele que gastou sua existência em vão? Percebem a razão de os critérios serem exclusivos d'Ele? Não nos cabe julgar. E o processo de encarnação evolutiva se dá em muitos e muitos outros lugares do Universo, não apenas na Terra. Somos a prova disso.

Pergunta 11
Por que tanta violência e maldade com as crianças? Estupros e espancamentos?

Resposta 11
Isso existe desde que a Terra foi habitada. Não é novidade. A dominação do mais forte sobre o mais fraco. Subjugação. Força física, força intelectual (dominação das massas), força emocional (chantagem emocional). Quase todos praticam. Dominação e subjugação. Quantas vezes uma criança faz chantagem com a mãe para obter um brinquedo? É dominação. Contudo, quando há violência física é mais nítido aos olhos. Centenas de milhares de pessoas são iludidas e agredidas por mentiras e fantasias. Dominação intelectual em massa. Dominação emocional em massa. Dominação espiritual em massa. Isso existe. O grau no qual a humanidade se encontra permite isso. Mas vocês que estão aqui esta noite, que têm o objetivo de crescer, de elevar-se como ser pleno, precisam cessar as atitudes de compensação, troca, dominação, subjugação e chantagem com os seus. Só assim essa cadeia se quebra. Parece pouco, mas não é. Não julguem os atos embrutecidos como distantes, pois aquele também, tanto a vítima quanto o algoz, integra a condição do todo. A condição de Deus. Um corpo perfeito pode ter o dedão machucado, quebrado, mas mesmo assim o dedão ainda pertence ao corpo. Este irmão agressivo e doente integra o corpo de todos nós. Ele também é filho de Deus. Peça a Deus condição para perdoar o lado com dor naquele ser. Emane amor. É necessária a conversão da agressão para o acolhimento. Sei que é difícil. Difícil amar alguém que tem esse tipo de prática. Mas a serenidade compreende que é um ser doente e dá o remédio. Chutá-lo ou extinguir-lhe a vida não impede que ele viva como energia perturbada. Ele precisa equalizar sua energia e irmanar-se em uma energia pacificada. Chegará o tempo para que isso aconteça, mas é preciso dar o primeiro passo.

Reagir de maneira violenta não traz vida à vítima, mas apenas torna vivo o ato violento.

Pergunta 12
Até que ponto problemas de relacionamentos de vidas passadas podem interferir em nossos relacionamentos atuais?

Resposta 12
É o processo do samsara. A grande roda da vida. Lei do carma. Imaginem uma roda gigante onde cada um de vocês ocupa uma cadeira; pode-se trocar de cadeira, mas não é possível sair da roda. Naquela cadeira, quem era seu pai é seu pai, dali a pouco é seu irmão, é seu marido, mas ainda é a mesma roda. Círculo da ilusão. Há a impressão de que não se pode sair da roda. Mas não, a roda de samsara chega ao fim quando você diz: "Basta! Não preciso mais, aprendi o necessário". E, então, peça a seus guias para que permitam sua saída daquele círculo. Eles responderão se sim ou não, conforme o caso. A roda de samsara é a roda cármica que segue vida e morte. As pessoas seguem dizendo: "fulano é meu carma", "estou pagando carma"... Quando a pessoa diz isso e mantém a mesma atitude, como se o pai ou mãe, por exemplo, fosse um peso a ser entregue, uma cruz, isso não se desfaz. Quando a pessoa entende que veio nessa condição para aprender e se dispõe a isso, deixa de ser peso e passa a ser papel e lápis, escrevendo uma nova história. Assim, a cadeira se abre e você sai da roda de samsara. Ou seja, a roda cármica precisa que você tenha consciência de que já aprendeu o que precisa e mudou de atitudes para não ter o mesmo resultado. O livre-arbítrio está aí para vocês se servirem dele. Escolham ser felizes. Cada um de nós agradece essa preciosa audiência. Agradecemos e temos plena convicção de que este planeta se encontra em processo de evolução e, na luz soberana da bondade absoluta de Deus, prosperará em êxito, abundância, paz e harmonia. O que é justo e bom personificará a presença de Deus na Terra. Fiquem em paz hoje em sempre!

Ísis

Boa vida a todos! Digo vida, pois só ela existe. Nada fora da vida existe. Até aqueles que pensam estar fora dela existem vivos. A vida divina existe em tudo que perece, mas apenas "parece morto", não é real. Desejo-lhes boa vida porque esse é o tema desta noite. Como viver bem? Como estabelecer de fato uma vida glorificada pelas alegrias benfazejas do Pai?

Peço que cada um de vocês perceba dentro de si as possibilidades de viver uma vida plena. As condicionantes da plenitude de uma vida se referem basicamente, na condição terrena em que vocês se encontram, a: alimento, sustento, teto, acolhimento, saúde, recursos materiais. Quantas vezes alguém pergunta: "Como vai fulano ou sicrano?". E a resposta é: "Está bem, trabalha em tal emprego, recebe tanto dinheiro, mora em tal lugar...". Referências apenas de ordem material, quando, em verdade, isso são apenas sinais e sintomas físicos de uma aparente boa vida. Estar em uma vida boa é muito mais que isso. Estar em uma vida boa exige a consciência de estar vivo com Deus divino em si. Exercitar a presença divina em seu dia e noite e nos intervalos entre esses dois momentos. Existem intervalos, que são os momentos cósmicos transcendentais do tempo, que se localizam entre a luz solar e a luz lunar. Nesses momentos em que não se está na luz do dia nem na luz da noite, vocês estão em outra atmosfera. Esse estado divino de ser, esse estado perfeito de estar, é o convite desta noite.

O que fazer para viver realmente bem? Inicialmente há de se entender que, na condição material em que se encontram, vocês precisam suprir as necessidades de ordem material, como: alimento, transporte e saúde. Mas existem relações e nutrientes que também se acomodam em maneira superior a essas necessidades: laços de amizade, elos de união, fraternidade, solidariedade. São nutrientes tão valiosos quanto alimento. Se faltar-lhes o pão, e o irmão, que só tem um pão, partilhá-lo com vocês, aquela metade virará uma grande bisnaga. Todo afeto e todo amor do compartilhar solidário que multiplica à mesa – singelo pão, farto banquete.

Vemos, daqui de onde estamos, lugares simples e com pouco aparato, plenos de solidariedade e afeto, ao contrário de suntuosas mansões vazias e inóspitas da energia amorosa e do calor humano. Portanto, viver bem não é, nunca foi nem será, dizer onde alguém mora, o emprego que detém ou o *status* que ocupa. Sabendo disso, há que se buscar outros horizontes além dos laços que cada um de vocês constrói. Os laços extrassensoriais no mundo físico, como os estabelecidos nesta noite, por exemplo, em que nós, irmanados pelo Amor Supremo do Pai, que compartilhamos, estamos com vocês deleitando-os e, sobretudo, enaltecendo nossas grandes presenças divinas. O estado divino exige partilhar amor. Essa exigência não tem um senhor que a faça. O amor se entrega. O amor se entrega absoluta e livremente sem qualquer ordem ou comando superior. O Amor de Deus por cada um de vocês os nutre, alimenta e já é o combustível natural, precioso, único e individual para sua jornada de bem viver. Ainda que lhe pareça um ou outro sozinho, solitário, carente ou ausente de amantes, amigos, maridos, mulheres, filhos ou pais, o Amor de Deus representado em cada existência já lhe garante a vida boa. Quando as vicissitudes, dificuldades ou obstáculos se apresentarem diante de vocês, olhem para dentro de si, inalem a presença do Amor de Deus, que gerou a possibilidade de estarem vivos, nutram-se e vivam bem. E, quando alguém lhe perguntar se falta marido, companheiro ou emprego, vocês respondem: "Eu os tenho em um só nome: Pai".

Aquele interlocutor que lhes fez a pergunta saciará e, diante do silêncio, pensará: "Também quero beber deste Pai. Também quero aplacar minha fome, minha sede e minha solidão".

Naturalmente, haverá dois caminhos para esse interlocutor desavisado: perguntar-lhes onde encontrar esse alimentador e nutridor ou virar-lhes as costas e dizer-lhes "perdeu o juízo". Ao dizer "perdeu o juízo", não se chateiem ou se magoem, a esperança ainda existe nele, pois ele ainda coloca a expectativa do bem viver em algo chamado juízo, e juízo[29] também é reino de Deus. Isso mostra, mais uma vez, que não lhes cabe julgar nem mesmo aquele que lhes virar as costas, pois se é juízo aquilo que falta, Deus o dará. E assim o julgamento cessa.

Viver é muito mais que um estado corporal. Viver bem é muito menos do que vocês exigem de si mesmos. Parece contraditório, mas a vida neste planeta estimula elementos alheios e externos para saciar-lhes desejos efêmeros e fugazes convertendo-os em felicidade ilusória que não corresponde à verdade. Vocês podem olhar para esta criança[30] da qual sai o som e o movimento de minha presença e dizer que não é verdade. É direito de vocês. Mas vocês deveriam também, ao verem os estímulos de compras e ilusão, seduções e enganos, agir de igual forma. Pois a partir da dúvida do que é verdade e, humildemente convocando a Deus para que a luz da verdade se acenda sobre seus pensamentos, ela chegará. Seja diante desta criança, seja diante da TV, do rádio, das imagens, dos amigos falseados ou das abordagens imperfeitas. A verdade de Deus é o plano d'Ele de viver bem. E viver não só com seus nomes que ora se reconhecem em documentos, viver bem é viver eternamente. Não avaliem suas vidas nesta existência. Avaliem suas vidas como etapa para a vivência absoluta do eterno. Viver com seus nomes atuais é viver uma pequena fração da jornada eterna. Diante disso, sabendo que se tem o compromisso em seu nome atual e uma eternidade para responder pelos atos praticados e omissões realizadas enquanto carrega esse nome, o cuidado e a atenção devem ser redobrados e, assim, evitar comprometer a eternidade. Trago assunto comum e corriqueiro em todos que aqui estão: vida além desta. Tudo vive. Parentes, amigos, amores, desafetos seguem vivos de igual forma, só não tão aparentes como vocês veem. Qual a intenção de explicar-lhes isso? Ao vir à mente qualquer pessoa que já tenha saído da aparência carnal, que vocês identificam pela morte física, emanem os melhores pensamentos para essas pessoas. Meus colegas, companheiros e amigos de viagem recolherão seus pensamentos para encaminhá-los aos necessitados de seu perdão, compreensão, amor, gratidão, libertação de memórias negativas. Pensem e visualizem os falecidos. Apenas pensem. Ainda que não tenham se lembrado de todos que gostariam ao longo de toda essa

---

29. Aqui a expressão "juízo" se amplia para local do julgamento, além do sentido de equilíbrio mental.
30. Forma carinhosa com o qual as entidades se referem à médium Olyvia.

jornada, seguirão outros tarefeiros buscando esses nomes e entregando aos seus destinatários seus melhores sentimentos. É importante também enviar para aqueles que, em vida, lhes desagradaram, magoaram ou fizeram algo negativo, pois assim a evolução deles será melhor e o grau de luminosidade avançará.

Ser generoso é o oposto de ser vingativo. Temos visto muitas pessoas sendo vingativas, desejando devolver o mal em frequência idêntica, e eu lhes digo que, assim, vocês estabelecem um campo nefasto ao seu derredor que atrai negativações que comprometem os estados mentais, físicos, emocionais e energéticos. Ira, raiva, revolta, irritabilidade, negativação, ainda que motivadas por razão justa, não é bom. Ao ver alguém agredindo o outro injustamente, pode-se pedir a intervenção e apartar. Mas ao reagir agressivamente, da mesma forma, vocês estarão contaminados. Sejam neutros. O país onde vocês vivem está em situação dramática em que as sombras estão saindo por trás das origens. Compreendam que elas sempre estiveram lá. Agora há luz sobre elas e, a partir do momento em que a luz é projetada, a sombra vai aumentar ou diminuir de porte de acordo com a posição do facho luminoso. É muito simples. A luz que está descendo sobre este planeta é grande e, por isso, a sombra está evidente. Qual o convite individual para este momento? Encandeiem, incensem, acendam, exaltem a luz de Deus sobre vocês mesmos.

Neste momento, a equipe que compõe meu grupo apontará um facho de luz sobre o terceiro olho de cada um de vocês para acender a luz absoluta de Deus para ser dedicada à intuição. Terceiro olho, percepção de luminosidade orientando seus caminhos da guiança luminosa do único caminho da salvação: Luz. Ativado. Evitem produtos, maquiagem, pinturas nessa região, de hoje a 24 horas, pois a área ficará muito sensível. Terceiro olho, ampla visão. Vocês dispõem de dois olhos aparentes; o terceiro, entre as sobrancelhas, permitirá que vocês, de olhos fechados, vejam além. De que forma? O primeiro movimento do terceiro olho é voltá-lo para dentro de si. Usem-no para observar amorosamente o que precisa ser reformado, reprogramado, extinto e liberado. Vocês terão sete dias, a partir de amanhã, para empreender essa jornada de olhar para dentro humildemente e amparados pelo absoluto poder de Deus para aferir: aquilo que não lhes agrada e extirpar; aquilo que é hábito e pode ser modificado e reformar; aquilo que lhes agrade e lhes favorece, iluminar. Extraindo, reformando e iluminando, naturalmente o percentual de luz de cada um de vocês se ampliará em um grau bastante elevado e, somente após o sétimo dia, vocês poderão reverter o olhar do terceiro olho para o mundo exterior e aplicar esse olhar para prever situações de suas vidas como possíveis negócios, parcerias, uniões, celebrações, contratos, ajustes, viagens, caminhos, veículos, trajetos. O terceiro olho estará ativado para sua proteção. Esclarecimento e compreensão do que os olhos encarnados ainda não conseguem perceber.

Pergunta 1
Como identificar a forma de servir na espiritualidade?

Resposta 1
A forma que melhor lhe aprouver. Encanta-me a presença dessas pessoas que identificaram o trabalho espiritual como alegria espiritual.[31] Esse é o propósito. Servir pelo serviço remete à condição de servo. Esse é um tempo passado. Vocês são como eu, filhos e filhas de Deus, não servos. Serviço amoroso e alegre, mas que tal alegria espiritual? Se, para você, será uma alegria espiritual executar obras de pintura, gravuras, poemas, que tais sejam. Nenhum trabalho espiritual pode ser compreendido apenas em determinado lugar com natureza física e caráter espiritual. Na verdade, tudo é espiritual, vocês que acham que não. Até o que vocês comem é espiritual.

Pergunta 2
Sendo já conscientes vindos de um lugar de amor e luz, por que ainda temos dificuldade de manifestá-los? Qual a missão de ser humano?

Resposta 2
Todo o ser que existe e vive foi criado, gerado e gestado na mesma fonte: amor. O estado de luz é o estado natural de ser. O estado de amor é o estado natural de sentir. O que houve neste planeta, e em alguns outros, foi a decadência desses estados. Seres que saíram do estado de amor puro abandonaram o estado de luz absoluta e decaíram. Por que isso acontece? Porque há uma fragilidade na certeza de que são prodigiosamente destinados a viver bem, ser o bem e praticar o bem. A partir do momento em que julgam as situações como más, as pessoas como más, cenários como maus, o mal se aproxima, a luz se esvai, e assim sucessivamente. Como corrigir

---

31. Referindo-se ao grupo Universo de Luz, cujas atividades têm a expressão *Happy* (feliz) à frente dos nomes: Happy Luz, Happy Santo e Happy Daime.

isso? Tendo certeza de que o projeto de Deus para vocês é o projeto de viver bem. É seu próprio viver bem.

Pergunta 3
Como evitar ficar triste e desanimado quando nos esforçamos para fazer algo e sempre dá errado ou fica inviável?

Resposta 3
Provavelmente a roda de Deus não está alinhada com tal propósito. Se você teima em um assunto que não é o melhor – plano de Deus para você –, não é falta de esforço ou desânimo, é livramento. Nem tudo que vocês desejam é o ideal para vocês, ideal para seu crescimento ou trajetória. Quantas crianças pedem para os pais para se alimentar de alimentos mortíferos e os pais, desejosos de aplacar a ira ou o choro da criança, cedem ao apelo e concedem aquele mortífero pedido? Observem a qualidade de seus desejos e objetivos, pois deverá acontecer de maneira natural o que estiver naturalmente previsto por Deus. Nada, nem o que parece equivocado, está fora do plano divino. Isso é um princípio básico para aprender algo que é o plano maior do Pai. Quantas vezes se erra o caminho, no trajeto de um veículo, para evitar uma batida ou uma abordagem agressora? Mas lamentar-se todo o tempo porque errou o caminho poderá expô-lo a outra esquina para sofrer aquilo que havia evitado antes. Sugiro aceitar quando perceber que sua insistência não rende bons frutos, pois tais frutos não eram tão bons.

Pergunta 4
Por que as pessoas, mesmo conhecendo o caminho certo, preferem o caminho errado?

Resposta 4
O presente de Deus para a humanidade: livre-arbítrio; livre escolha. O que faz esses seres escolherem essa senda tortuosa é o grau de afinidade com a tortuosidade. Cada ser possui dentro de si um percentual de luz e de sombra. Ainda falando da Terra. Volto a lhes dizer: trato hoje somente dos seres que moram neste planeta. Não estou atingindo outros seres, de outras esferas, porque não se aplicam. Estando nas condições de encarnados na Terra como seres

terrestres, há luz e sombra no interior de cada um de vocês. A sombra deve ser aplacada e iluminada pela luz. Porém, se o ser se agarra na sombra por preguiça de projetar a luz e reformar o que precisa, naturalmente na sombra ficará.

Pergunta 5
Fale um pouco sobre a importância do autoamor, para que possamos amar verdadeiramente os outros.

Resposta 5
Existe o "alto" com "L" e o "auto" com "U". Falarei do alto amor, no sentido mais elevado. O amor divino. Para amar o outro, reconheça-se primeiro amado pelo Altíssimo. Se não fosse amado pelo Altíssimo, não estaria aqui. Esse alto amor que permite sua existência, em medida reduzida ainda na Terra, é uma fagulha do amor, que você pode expressar ao próximo. Recebendo amor do alto por si, e reconhecendo a paternidade de Deus sobre você, sua condição de filho d'Ele, naturalmente, reconhece o outro filho d'Ele como seu irmão. O amor irmanado é o amor abençoado.

Pergunta 6
Diante do momento de transformação planetária pelo qual a Terra está passando, qual a relação da aproximação de Hercólubus/Nibiru com a continuidade da humanidade como seres com a possibilidade de viver em consciência e afinidade com a divindade?

Resposta 6
O estado de evolução planetária vai muito além deste planeta. O projeto divino abarca uma legião de microcosmos e macrocosmos. Esse estado de evolução acontece em movimentos e ciclos alinhados e perfeitamente orquestrados pelo grande maestro do Universo, o Senhor. Nesse estado de evolução, estão todos convidados a participar dessa linda orquestra. O projeto de Deus inclui a todos indistintamente. O Senhor sopra vida em cada existência na esperança de vivificar a presença do Amor Absoluto. Sendo assim, não se trata de esperança humana, mas de certeza humana. A diferença será o veículo que cada um de vocês estará na hora chegada. Estarão dentro de um veículo de qual potência? O peso de cada um de vocês será levado em conta para ser conduzido em um veículo

mais veloz para chegar ao centro do Universo, morada de Deus. Eu lhes digo, em segurança de onde venho, que o destino de cada um de vocês será definido por suas escolhas, respeitando a ordem absoluta do divino. O livre-arbítrio faz com que vocês tenham o direito de selecionar alimentos, companhias, destinos, orientações, práticas diárias e práticas longevas. Escolham tendo consciência de que o estado desta vida é transitório e bastante breve. Escolham, ajam, pensem, sintam, pratiquem tendo compromisso com a eternidade. Se alguma escolha pode lhes trazer uma alegria furtiva, um prazer transitório somente para esta vida e comprometer sua eternidade, não ajam assim. Pois esse peso será medido para o ingresso nos transportes para mundos superiores e os mais pesados não estarão nos veículos mais avançados. Quanto mais leves, mais desapegados da condição terrena e mais livres das condições materiais que aprisionam, mais fácil será a mudança. Falo mudança, pois vocês na Terra mudam de moradia e carregam malas. Malas que carregam objetos e vestuário. Aqui são tratadas como escolhas, ações, omissões. Portanto, para viver bem há que se entender e ser mais leve, mais desprendido e utilizar todas as maravilhas terrenas como pertences, objetos, imagens, sons, sabores, cores, experiências afetivas, simplesmente como algo a viver naquele momento. Transcender e não se submeter ou escravizar por relacionamentos, objetos, pertences ou estruturas. Deus é liberdade. Deus é a liberdade de vivê-lo. Vivam livres. Viemos em grande número, estamos bem próximos do planeta e trazemos a verdade de que vocês podem e serão libertados. Aqueles que assim quiserem. Os que não quiserem receberão a misericórdia de Deus, porque ela nunca cessa. Sou tão somente portadora de chave[32] para abrir algemas. Libertadora de almas e consciências. Temos planos amplos, generosos e prósperos de paz, harmonia, união e igualdade interplanetárias e cosmopolitas de frequências diversas. Portanto, abstenham-se de julgar quem é feio, quem é bonito, alto, baixo, diferente, igual. O mundo que lhes será aberto prescinde de todas essas situações e todos são belos porque são todos filhos e filhas de Deus.

---

32. Alusão ao *ank*, chave da vida que Ísis porta à mão.

Pergunta 7
Existem seres de várias dimensões encarnados na Terra. Necessariamente, cada um retornará para sua dimensão de origem? Fale um pouco sobre a relação de dimensão e planetas.

Resposta 7
Não necessariamente. De acordo com a jornada terrestre, ele vai galgar pontos para evoluir e buscar uma moradia mais aquilatada com seu padrão atual. Dimensões são tema simples. Vocês que estão na frente dela[33] não veem atrás, debaixo ou acima dela. São ângulos de visão, dimensões da mesma forma. Nós podemos ver dentro de vocês, atrás, acima, abaixo, em várias camadas. São dimensões de perspectivas. Essas dimensões são faixas e significam que existem os corpos em várias faixas, como a pele que são faixas sobre faixas, camadas sobre camadas, tecidos sobre tecidos e que trago como exemplo de dimensões. Um ser multidimensional é um ser conectado em várias dimensões ao mesmo tempo, como meu caso. Para chegar a esse estágio, há que se ter muita alegria espiritual.[34]

Agradeço a todos e assim me vou, pois a chuva chegou para brindar-lhes.[35] Fiquem na paz que existe no cosmo, para onde, em breve, levarei todos.

---

33. Referindo-se a Olyvia.
34. Menção ao Happy Luz.
35. Naquele exato momento, iniciou-se uma breve chuva sobre o local, como uma forma segura de a nave, onde estava Ísis, deixar o lugar.

Seres de Luz

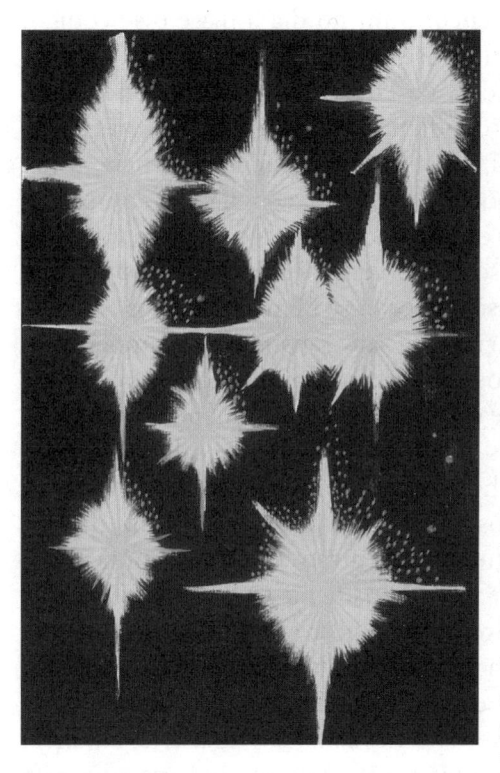

Ser de Luz (1) – Cada um é único. Vocês já ouviram falar isso centenas de milhares de vezes. E temos referências concretas que são as linhas de polegar, DNA e muitas outras que fortalecem essa afirmativa. Eu lhes digo: o estado de unicidade e particularidade é o que faz cada um de vocês precioso ao Senhor. Uma folha, um galho, uma semente, uma pétala de rosa, tudo é especialmente único, ímpar e, por isso, conhecido de Deus. Qual o estado de ser conhecido por Deus? O estado de intimidade. Observem se vocês estão estabelecendo uma relação íntima com o Pai. Ser íntimo do Rei faz com que vocês se sintam à vontade para pedir, rogar, perdoar e ser perdoado, sucumbir e ser acolhido, prantear e ser consolado. Ser íntimo de Deus pressupõe abandonar as máscaras que muitos convívios sociais exigem de vocês. Não raras vezes, momentos de dor e angústia são disfarçados em sorrisos frios e acenos superficiais. Estar íntimo com Deus compreende essa limitação, ainda humana, mas pressupõe que sabe abrir-se diante do Pai sem receio, jugo ou medo. O Pai compreende quando o filho está a encenar. O Pai compreende quando o filho só quer disfarçar a dor para proteger seu amigo ou parente amado. Ele compreende e consola, mas convida a viver a verdade. A verdade significa abandonar o estado teatral que é a ilusão do bem-estar pessoal. Para o Supremo, desnudar-se é o mais inteligente caminho para receber o remédio necessário para reparar essa dor. Ainda que se diga que possui casca, sentimentos, armaduras, a condição humana diante de Deus é de filhote, uma pequena criança que mal balbucia. O convite desta noite é desvelar-se.

Ser de Luz (2) – Venho abordar o DNA. Muitas pessoas têm feito tratamentos, limpezas e reconstituição no nível do DNA. O DNA é um código como tantos que vocês encontram no dia a dia e esse código, de fato, vem de cruzamentos anteriores a essa existência com o nome que vocês carregam hoje. A cadeia de DNA tem esse nome porque é formada de ciclos e anéis que circundam e estruturam a base, mas pode, sim, ser revista, modificada, alterada e aprimorada. A ciência ainda pode dizer que, uma vez tido no DNA aquele traço, não há como mudar. Para Deus, que é vivo, um organismo vivo em constante mutação e evolução, como vocês são, isso não é verdade. Tratamentos de cura em processos de DNA podem ser feitos e, se bem executados, são eficazes. Falo até sobre dependências que são transmitidas, como álcool, cigarro, obesidade, traços de doença e assim por diante. Tudo que for de hábito externo também pode ser mudado no tratamento no nível do DNA, buscando vidas passadas e repaginando aquele salto do cruzamento entre os pais. Esse trabalho requer, contudo, alguém habilitado a acessar vidas passadas para, após acessar a ferida, tratar na raiz, que foi uma vida anterior. Observem que muitos mestres, tutores, conhecedores e pessoas habilitadas já estão em atividade na Terra. Busquem. Mas antes de qualquer atividade percebam se houve um chamado ou se é somente um impulso. A distinção é que o impulso tem pouca base, pouca solidez e pouca sustentação dos compartilhamentos que são feitos aqui. O chamado significa que seus nomes estão em uma lista. No nível mais profundo existe também a convocação. A convocação para a tarefa do bem para sustentar este planeta, neste momento, é real. Em algum momento da vida, se não o estão vivendo agora, responderão sim ou não para essa convocação. Assim como um tabuleiro de jogo de damas, yin-yang, preto e branco, claro e escuro. Os opostos existem e a Terra clama para que vocês escolham a quem irão servir. Ainda que digam que servem a Deus, vocês escolherão de que forma servir ao Mestre. É preciso mais que oração. É preciso atitude. Vocês têm múltiplos talentos que pouco são utilizados. Despertar esses talentos em prol da ordem superior de Deus para um mundo mais harmônico além deste plano terreno. O exercício há de ser diuturno. Não existe horário marcado para viver o estado espiritual. O estado espiritual é o verdadeiro estado. Todas as outras atividades decorrem de ser espírito. Comer, amar, viver, andar são consequências da atividade espiritual. Portanto, vocês têm de blindar seus pensamentos entendendo que toda ação, omissão, reação e fala têm repercussão no estado de espírito e, principalmente, do Grande Espírito. Assim meu povo chama Deus: O Grande Espírito. Venho de longe, sou um caboclo das estrelas e assim reconhecemos o Senhor que vocês denominam de Deus: O Grande Espírito. E todos nós, inclusive eu, somos partículas d'Ele. Cada pensamento, atitude de um espírito singelo e diminuto, reverbera no Grande Espírito. Tendo essa consciência, certamente serão mais zelosos. Zelem por si, zelem por Deus!

Oxum:

Pergunta 1
Como fazer para conviver com a negatividade da população em geral?

Resposta 1
Aqui na Terra o sinal de negativo é um pequeno traço (-), mas, se um negativo se junta a outro, formam um positivo (+) desde que um deles mude de posição. Qual o convite? Ainda que estejam enevoados, negativos, aplainados, haverá sempre um que, por rebeldia, se levantará. E ao se levantar se tornará positivo e convidará os outros a se erguerem na mesma posição. Portanto, se o ambiente que vocês frequentam, o lugar ou a amizade estiver nesse padrão horizontal, dormente, inerte, negativo, sem ação, levantem-se! Façam uma graça, brinquem de forma leve, pois de alguma forma essa energia estagnada começa a se mexer e, aí, tudo vai mudar.

Pergunta 2
Como permanecer e sustentar a observação em meio a tantos desafios?

Resposta 2
Existem na Terra grandes desafios. O primeiro é que já há na Terra grandes espíritos de potência apequenados em corpos frágeis como vocês. Espíritos com potências, dons e habilidades que o corpo físico ainda não permite exercitar. Este é o primeiro desafio: grande espírito em pequeno corpo. Na mesma proporção é o dia a dia. O estado de observação e contemplação é um grande desafio. Contemplar e observar a si mesmo. Como estou agindo e como estou reagindo? Muitas vezes vocês são provocados e desafiados pelos

que amam, pelos que desamam, pelas dificuldades e pelas adversidades, e a medida da evolução é a forma de reagir a esses desafios. Respire. Conte até três, até dez ou não pare de contar, mas busque sua paz interior. A paz interior verdadeira foi entregue por Jesus. Ele deu para vocês, crianças, mas vocês servem-se pouco do que Jesus deixou. Citam Jesus, cantam para Ele, dançam para Ele, mas se servem pouco d'Ele. Digo servir no sentido de nutrir-se. Por que será que Jesus escolheu uma ceia para ser sua despedida? Poderia ser um passeio, uma meditação, mas por que uma ceia? Porque ele colocou em tudo que havia sobre aquela mesa vários nutrientes. Não eram simples pão, líquidos, frutas... tudo ali estava encantado pelas luzes divinas. Sirvam-se desse banquete que é a Paz do Senhor. Muitos preferem explicações mais mirabolantes, mas, como sou simples água, essa é minha forma. Simples.

Pergunta 3
Como tomar coragem para tomar decisões em nossas vidas?

Resposta 3
Coragem é vida! A coragem não é de aço. A coragem é água. Observem a força da coragem que a água tem: ela pode ser flexível para banhar; pode ser rígida como um lago congelado; pode ser delicada como a neve; pode ser vaporizada. Coragem para moldar-se em todas as formas e submeter-se a todo tipo de temperatura. Tomar coragem. Sirva uma taça com água e encante-a. Encantar é cantar para ela. Peça a coragem para tomar as decisões necessárias em sua vida e beba-a conscientemente.

Pergunta 4
É sabido que as próximas gerações virão com mais pares de cromossomos e nós seremos adaptados para viver em uma frequência mais elevada. O que fazer para melhor se adaptar?

Resposta 4
Nunca se ouviu tanto falar sobre alimentação orgânica e atividade física. Acredito que os pais de vocês ou avós nem se lembrem disso. Nem comiam tantas verduras. Isso já faz parte da preparação corporal que vocês necessitam para tanto. Atividade física e alimentação mais próxima ao natural é um caminho para adaptar os corpos que já povoam a Terra a esse novo estado.

Pergunta 5

Qual a importância de não comer carne vermelha em relação ao processo espiritual?

Resposta 5

O reino animal é um reino e ele deve ser respeitado. De onde vejo, é vandalismo a ingestão de animais, seja carne vermelha, branca, cinza, rosa ou qualquer outra. Não se justifica se alimentar de animais com o grande manancial de alimentos existentes na Terra. Naquele tempo em que se admitiu comer animais, a humanidade não sabia cultivar. Muitos morreram comendo sementes e grãos tóxicos. Depois veio o fogo e, em vez de aprenderem a cozinhar, resolveram assar. Houve uma deturpação da convivência pacífica e harmônica entre o reino animal do qual, lembrem-se, vocês fazem parte. Vocês são animais também. Não conheço o reino humano. O reino animal integra vocês como animais também. É grotesca a forma que são feitos os sacrifícios, que nem são sacrifícios, são liquidações de morte e sofrimento das aves, peixes, crustáceos e todos os outros. Não estou aqui para convencer alguém, ao contrário, quando se sente parte de um reino, deixa-se a ideia de separação e compreende-se que vocês não devem comer seu irmão. Por que vocês, neste país que estão, se assustam com países que comem grilos, baratas e até cães? Não são animais? Sentem-se melhor comendo frango ou peixe? Muitos dizem que é uma questão cultural. Para mim é acultural. É pura ignorância. Na matança não há cultura. Eu só acredito na agri**cultura**.

Pergunta 6

Minha dúvida maior é em relação ao evangelho de Jesus, quando ele fez multiplicar peixes. Por que peixe?

Resposta 6

Jesus explicou exatamente isso. Dentro de minha singela capacidade, explicarei. Imagine aquele cenário desértico. As mulheres ou tinham marido para sustentá-las ou viravam mulheres de rua, prostitutas abandonadas à própria sorte. A vida era muito difícil e uma das atividades de sustento era a pesca. Por que ele fez brotar peixe e por que o símbolo de Jesus até hoje é um peixe? A Era de Peixes. Até o ano 2000. A partir daí, entrou-se na Era de Aquário e houve um salto quântico evolutivo inclusive. Até aquele período ainda era compreendida a ingestão de seres aquáticos. Na terra árida que se tinha, ou se ingeriam peixes ou se morreria de fome, entende?

Pergunta 7

Gostaria de saber um pouco mais sobre o suicídio.

Resposta 7

Na história da humanidade existiram muitas epidemias que acometeram populações inteiras. A depressão, juntamente com o câncer, tem sido pestilência do tempo atual. Existem duas origens: na depressão os médicos diagnosticam a falta de uma substância química que o organismo para de produzir, daí eles prescrevem um remédio para repor essa substância e resolvem o problema. Mas todos são seres espirituais e as consequências físicas advêm do espírito. Temos de sempre verificar e perceber do que esse espírito carece. A substância química é meramente um símbolo da carência desse ser. Alguém que tinha tudo: casa; emprego; família. Aí vem outra causa: assédio espiritual. Todo o tempo vocês estão expostos às influências espirituais elevadas, como nossas presenças, ou trevosas. O que faz com que vocês se canalizem ou sintonizem com a luz maior ou menor, e até a treva é a frequência individual, é a emanação que você exala.

Todos têm um aroma que exala. É mais difícil de perceber nos dias de hoje, pois os desodorantes, cremes e perfumes suplantam o aroma natural. Se você exala cheiros agradáveis, seres agradáveis se aproximarão. Se você exala dor, sofrimento, tristeza, rancor, palavras de baixo calão, seres da mesma vibração se acoplarão. Portanto, muitos seres que têm praticado suicídio foram acometidos por assédio espiritual. Como se proteger desse tipo de assédio? Mente limpa. Havendo pensamento negativo, expurgue-o com afirmações da divindade que habita em vocês. Por exemplo: "Eu sou a presença de Deus manifestada na Terra. Eu sou Deus em ação na Terra. Eu ordeno que se retirem as energias imperfeitas de meu campo físico e energético".

Acabo de ouvir uma pergunta: "Mas então o suicida, fraco, vai ser condenado à treva?". Nem sempre. Na verdade, quase nunca. Existem doutrinas na Terra que dizem que os suicidas já estão condenados ao ambiente hostil (inferno). Será mesmo que o Pai deixaria um pobre fraco aturdido e enevoado das ideias servir de banquete para o opositor? Definitivamente não. Deus tem piedade e misericórdia incessante e se alguém chega a esse cúmulo de descaso com o presente divino, Deus não ignora, Deus se apieda. Solicito que revejam essas formas de ensinar as criaturas. Há um estado de averiguação de toda trajetória daquele ser não só naquela fração de vida.

Pergunta 8

Como a gente pode trabalhar para que nossa herança genética não determine padrões em comportamentos que a gente até conscientemente não percebe?

Resposta 8

Exatamente por isso que veio aquele caboclo estelar. Ele carrega consigo uma poeira cósmica que foi colocada em cada um de vocês para proceder a esse tratamento. Se você identifica, por exemplo, que sua mãe sempre fez escolhas equivocadas para o lugar de seu companheiro, então, dê uma varridinha nessa memória. Perca a suposta vergonha diante de Deus e peça para resolver esse problema. Ninguém precisa ter aprovação do outro. Todos precisam da aprovação de Deus! Quando a pessoa sequer para a fim de pensar em seus atos, Deus estala os dedos e seus operadores dão solavancos para despertá-la.

Vou contar uma história sobre São Miguel Arcanjo. Nenhuma imagem, seja pintura ou escultura, aproxima-se da incandescente beleza desse ser. Incandescente, pois dele sai um calor, uma energia térmica, e eu brinco que não há como não se derreter ao calor que sai dele! Ele ri muito comigo, e ele não é dado a sorrisos. Certa feita, Mestra Rowenna, que cuida do amor incondicional, tinha passado pela Terra e levou um monte de seres. Sob o vestido dela estavam milhões de seres humanos. Os humanos têm cheiro próprio quando vêm para esses ambientes. Miguel não podia saber que Rowena estava escondendo, debaixo da saia, seres que deveriam ser executados. Miguel, arrastando a espada, sentiu o cheiro e perguntou para Rowena: "Tem alguma coisa estranha aí?". E Rowena responde: "Hum, hum!" – maneando a cabeça, pois ela não pode proferir mentiras. Os seres humanos, trepidantes de medo, penduravam-se para esconder-se sob a saia de Rowena. Miguel, ao se afastar, pisca o olho para Rowena. Ou seja, havia ali de modo sutil um pacto entre os dois do tipo: "Permite eu tentar consertar estes aqui?". Pois Miguel sabia que existiam humanos ali, mas que o amor incondicional poderia reformá-los. A guilhotina ou a espada é sempre a última alternativa. Rowena tem a chance de amparar, cuidar, reprogramar e socorrer para que Miguel não tenha de proceder à segunda morte. Existe uma morte física, do corpo. E existe a segunda morte, que é a morte do espírito. A morte do espírito é quando fulmina mesmo. Só os grandes comandantes detêm essa chancela de Deus para executar a segunda morte. Quando o espírito tem muito potencial de corromper um grande número de outros seres e provoca um mal muito grande, a ordem é ceifar. Por isto a balança. A balança faz a justiça, pois Deus dá a medida. Miguel, dentre outros seres poucos conhecidos na Terra, tem essa autorização para proceder à segunda morte.

São Miguel Arcanjo

O tempo do eterno tempo anunciado inicia-se com luz e força, fruto da esperança do Senhor sobre cada ser que vive. Os arautos entoam cânticos, versos e danças, percorrendo por todos os cosmos, anunciando a vitória do BEM aqui na Terra. A força do combate, que vem empunhada em meu símbolo, demonstra o raio de luz e poder que é a fé de Deus em vocês. A potência do reino terrestre é a potência do reino da vitória, é a potência do reino da certeza e confiança do Senhor no tempo previsto de Luz. Arautos em livros, evangelhos, bíblias, discos e vozes, interpretações e cânticos previram e anunciaram. Muitos acreditaram, muitos mais duvidaram. Muitos ainda duvidam. Mas, com uma plateia como esta, e tantas que acontecem ao derredor deste planeta, a firmeza e força com que chegamos aqui voltam redobradas a cada retorno nosso, ao nosso lugar de origem. O que quer dizer isso? Muitos de vocês ecoam meu nome pedindo auxílio contra agressões, riscos, violências e todo tipo de negatividade. Quando o Senhor, nosso Pai, me incumbiu da tarefa dadivosa de comandar as milícias, Ele já sabia que de mim a espada reluziria e o mal eu cortaria. Cortar o mal é descerrar a luz sobre aquele aturdido que ainda não vive nela. Não há mal, especificamente, um objeto, um pertence, um ser que seja maligno. Não há. Há partículas contaminadas pela luz obscura. Neste momento, com a espada reduzida milimetricamente na medida dessa imperfeição, atuo, extraio e dissipo. Tal como na Terra os médicos fazem cirurgia, como aquela da modalidade identificada por vocês como câncer. Os médicos fazem uma varredura ao derredor daquele ambiente onde existe aquela célula desnorteada, pois o câncer é uma célula multiplicada fora do alinhamento. O que vocês entendem por mal, neste planeta, é de igual forma. São células desalinhadas da Luz. Portanto, amados, ao pensar em proteger a si mesmos ou a quem lhes é caro, vocês podem e devem pedir que o aspecto negativo, nebuloso, tortuoso daquele evento, pessoa, cenário ou situação seja extirpado, elevado, purificado e salvo – que é outro departamento que não é exatamente de minha competência. Eu vim, venho e virei quantas vezes forem necessárias até extrair essas nuanças nebulosas. Nunca, nunca, nunca, no registro deste planeta, ouviu-se falar da energia pela qual vocês me nominam com tanta frequência. Qual a razão de tantos invocarem, em diversas correntes de pensamento religioso, práticas e ritualísticas, o nome de Miguel? Necessidade imperiosa de o poder luminoso se fazer presente. Não que o planeta esteja com mais sombra do que em outras épocas. Nao. Mas porque hoje temos mais luzes acesas para nossas aterrissagens. Muitas vezes vim com meu grupamento em meio a um mar de escuridão muito maior do que vemos hoje. Apesar de vocês entenderem que as notícias são mais dramáticas atualmente. Significa que vocês, que se aterrorizam com coisas que séculos atrás não causavam terror algum, estão mais alinhados com a bondade de Deus.

Quando a violência não causar espanto, o lugar está completamente infectado.

Regozijo a presença dos infantes. As crianças que, desde o início, os pais mais atentos ensinam a rezar para o anjo de guarda. Eu amo essa expressão porque dá a sensação de que todos estão comigo, afinal somos guardas, e todos de fato estão. Ainda que seu anjo de guarda apareça com uma aparência não tão combativa quanto a minha, existe nele partícula de combate vinda de mim, pois o papel de guarda pertence à minha linhagem.

Pergunta 1

O planeta está próximo da ascensão. O que podemos fazer para aguardar Deus?

Resposta 1

Aguardar Deus é se vestir para Deus. Vista-se para Deus que Deus coloca, naqueles que têm o coração pronto para Ele, o nome de

Igreja. A noiva de Deus. A pura. Não é igreja como estrutura que vocês veem na Terra. A Igreja interna é o templo onde Deus mora. Aguardar Deus é abraçar Deus. Abraçando a si, abraça-se o outro porque os braços vão ficando maiores, mais gentis e mais pródigos. Como aguardar? Festejar, cantar, entoar e multiplicar como esta noite aqui está. A chegada da divindade suprema em vocês, não fora. De dentro para fora, aflorando a divindade.

Pergunta 2
Tenho uma ligação com o mundo espiritual. Sempre tenho uma intenção, que se confirma, mas ainda fico em dúvida. Sinto que tem alguém que me protege, mas a dúvida continua.

Resposta 2
Espero que os meus, que aqui estão atuando em vocês enquanto falo, retirem essa dúvida. Se este que duvidava está hoje presente, 90% da descrença já se foi. Sensação espiritual? Não. Vocês vivem a sensação material. É sensação. Tanto que vocês, quando anestesiados, dizem: "não estou sentindo". Mas o espírito está percebendo. A sensação que é material. A essência é espiritual.

Pergunta 3
Podemos prosseguir na espiritualidade sem seguir alguma corrente filosófica? A intenção é um desenvolvimento espiritual?

Resposta 3
Não. A intenção é apenas o primeiro passo. Mas todo passo abre um caminho. Não existe um caminho ou uma morada. Há várias moradas. Há também estalagens para se passar um tempo. O ser espiritual, como vocês, pode passar um tempo frequentando um ambiente, outro tempo em outro e repousar em um terceiro. Ou habitar sob o céu. Tem de haver mais que uma intenção. Não necessariamente uma corrente. Aqui não falamos em correntes. Destruímos correntes. Destruímos amarras. Não reconhecemos qualquer tipo de prisão.

Pergunta 4
A violência tem sido assustadora em Salvador. Como se manter desconectado dessas vibrações que podem chegar até nós no dia a dia?

Resposta 4
Ao ligar um equipamento na tomada, a energia flui pelo fio até o equipamento. Se vocês não souberem onde conectar suas tomadas, estarão com problemas. É impossível não conectar em algum lugar. Daí a importância de selecionar bem o que se vê, ouve, lê, o ambiente que frequenta, e assim por diante. Uma pessoa que anda em ambientes inóspitos com falas agressivas, palavras de baixo calão, pensamentos e atitudes pouco elevados está se conectando a essa energia. Como imantar-se? Vou ensinar algo que muitos já sabem. Minha cor é azul, azul-profundo, azul da energia cósmica. Nessa cor eu circulo tal como em uma pista, em vários planetas. Esse azul pode, naturalmente, imantar cada um de vocês. Basta visualizá-lo como um tubo do alto da cabeça às solas dos pés. Sintam esse tom de azul-profundo ao derredor de sua capa física. Pode invocar a mim ou qualquer outro de minha guarnição, que são os Michelinos, para lhes acompanhar e proteger. Será de grande valia.

Pergunta 5
Como podemos identificar o anjo de guarda?

Resposta 5
O anjo de guarda se acopla e se conecta por canais vibracionais no momento da concepção. Há grupamentos religiosos que dizem que não, que tal conexão se daria apenas após a criança respirar. Será mesmo, de fato, que, ao longo dos meses que uma gestação dura, aquele ser estava apenas tendo espasmos físicos e movimentos? Aquele ser percebe e identifica a voz da mãe, o canto do pai. E o anjo de guarda também está ali, zelando-o. Muitos pais não são cuidadosos com seus bebês. Outros até repudiam. E o anjo de guarda também acompanha quando há interrupção do ciclo gravídico. O ser que vem não é descartado da vida na Terra sem um Ser alado ao seu lado. Que Deus seria esse para abandonar, como simplesmente fosse, um multiplicado de células? Muitas coisas estão escritas e tidas como certas. Nós estamos vindo para reacender uma nova forma de entender o que foi dito.

Pergunta 6
Seria egoísmo querer que uma colega de trabalho saia do cargo para eu ocupar o lugar dela? Ela iria se mudar para outro estado, pois vai se casar.

Resposta 6
Se a pessoa vai para o progresso, e o matrimônio é sempre um progresso, pois é um encontro de almas que assim escolheram estar juntas, não precisa fazer oração para pedir isso. Deus do Universo já uniu dois corações. Se essa pessoa valorizar mais o amor, assim creio e assim espero, do que o trabalho, isso será natural. Ninguém precisa rezar por lugar algum de quem quer que seja. Na Terra há lugares bastantes, apesar de eu não acreditar em lugar, acredito só em movimento. Nada é estático. Tudo é momentâneo. Instantâneo. Se um ser fica aprisionado ou habituado a algum lugar, ele não evolui. Portanto, pouco recomendado. Pensar sempre na evolução para o bem dela e de si mesmo. O progresso. Deus cuida de todo o resto.

Pergunta 7
A vontade da realização de um sonho de cunho romântico/emocional faz parte de um merecimento espiritual? Como fazer para alcançar esse sonho?

Resposta 7
Todo sonho é realizável. Qualquer pessoa que busque destruir ou destituir o outro de seu estado de sonho não é gentil. Contudo, há que se observar o que é sonho e separá-lo da ilusão. No aspecto romântico, há pares, mais que um, pois o mundo é bem vasto neste planeta para viver amores e não precisa ser um. Vocês comumente dizem: "Você é o meu amor da minha vida". Eu tenho dificuldade para falar essas coisas porque não é meu ambiente, mas "Meu amor" já é posse; "Da minha vida", pensa pequeno. Essa vida é uma fração de segundo! Pensem no eterno! Pensem grandemente! Sejam audaciosos em seus sonhos de amor! Convido vocês a serem ambiciosos na força do amor! E não precisa dizer que tem de ser alguém com emprego estável, carro na porta ou algo do tipo. Pois, com o amor chegando, a estabilidade vem atrás. O veículo de transporte pode ser o ônibus, mas as mãos estarão enlaçadas. Ao contrário de tantos carros em que um vai à frente e a outra pessoa atrás dormindo. Vivam sonhos de amor e realizem-nos, porque Deus opera e toda a trajetória e todo o combustível não são outros além do amor.

Pergunta 8
O mal nos serve?

Resposta 8
A mim, sim. Faz parte de minha constituição submeter o mal. É meu dever. É minha fibra. É minha autoridade. Subjugar o mal para, a ponto de destruí-lo, em situações adversas, também o posso. Pois tenho autorização do Altíssimo para tanto.

Mas a humanidade, muitas vezes, quer fazer o que entende por justiça com as próprias mãos. Isso não lhe cabe. Não lhe cabe. Vocês não foram formados com a mesma fibra estrutural que eu. Só o Julgador convoca energéticas com essa fibra para tal tarefa. Humanos não. Não nesse estado em que se encontram, aturdidos por emoções egoísticas, interesses pérfidos; poderiam, sob a emboscada de estar suprimindo ou subjugando o mal, praticar insanidades contra a humanidade.

Oxóssi

Sou Oxóssi. Vim hoje, como muita gente já vinha me chamando. Bem-vindos vocês, bem-vindo eu e toda minha tribo que está comigo. A força da prosperidade e abundância. A força do alimento. A força da projeção dos sonhos realizados na matéria terrena. Eu vim trazer para vocês partilhas de sustento, de força para todo alimento que vocês consomem, seja música, pessoas, amizades, convívios, comida, bebida e saúde. Tudo que penetra no campo de vocês será convertido e revertido para a vitória. Nós aprenderemos juntos. Nós aprendemos com vocês, vocês aprendem conosco e depois nós festejamos no final. Qual o gosto da vitória se não há uma festa no final? Eu gosto de todo mundo bonito, pintado, arrumado, vestido ou pelado, que é meu caso, para alegrar e louvar nosso Senhor.

Eu digo, com a propriedade que me foi concedida, que não há vitória se não houver luta. Se há um vitorioso é porque houve combate. Nesse mundo de guerra, de conflito, de competição, seja no trabalho, por amor, seja por atenção do pai ou da mãe que uma criança disputa, observa-se dentro do ser um possível veneno. Se a competição for fundamental para você se projetar em sua vida, você está envenenado. Todo mundo deve vencer a si mesmo, não o outro. Ao disputar um bom emprego, há uma seleção, estudo, avaliação, mas, se o candidato achar que ele está disputando com alguém de fora, ele está envenenado.

O candidato disputa com a impressão de limite próprio. Não está no alheio.

Eu venho, inicialmente, dizer que o alimento fundamental para a vitória é superação das ilusões dos limites impostos pelo alheio a você ou a você por si mesmo. Ao se dizer "não posso", "não consigo", "tenho dificuldade", você já constrói a muralha. Depois vem chamar "o Santo" para derrubar. Mas foi você quem fez! Essa muralha foi feita dentro de você por seu substrato e nós precisamos respeitar seu substrato. Primeiro você se conscientiza para depois desmancharmos a muralha. Porque, senão, podemos machucar o filho que a gente ama.

Hoje em dia tudo são metas, números, competições ilusórias. O parâmetro não deve ser externo, é interno. Primeiramente, deve-se zerar a cabeça que diz que não consegue, não pode, tem pouco talento, pouco dom, pouca inteligência. Nós fazemos nascer. Por que em um campo que só tem mangueira às vezes nasce um abacate? Ninguém entende. Foram os passarinhos que levaram. E quem são os passarinhos? Meu povo, que sementa. No meio de uma pedreira, como é que brota uma flor? A gente que semeou. No lugar mais árido, no inesperado, até no asfalto pode brotar uma planta. Aquele asfalto não sabia que não podia brotar uma planta, aí brotou. Com vocês vai ser a mesma coisa. Vocês têm de limpar as cabeças para eu poder plantar os remédios e retirar as ervas daninhas que criam em vocês a ilusão de incapacidade, falta de talento e limitação intelectual. A mente pura, o campo limpo, aceita uma plantação saudável.

Primeira dificuldade transposta: ilusão de limite pessoal. Segunda: não competir com o outro. Sua disputa é com as falsas crenças de si mesmo. O que você anda julgando a seu respeito que lhe impede de ter um amor pleno? De ter uma casa? Um sustento digno? A saúde perfeita? Pensem um pouco e joguem fora. Podem ser palavras de pai e mãe, cuidadores, babás, família, parente, colegas, professores, ex-companheiros, ex-amigos, ex-namorados, ex-amantes. São os julgamentos que vocês fazem a respeito de vocês mesmos que formam o adubo da terra que eu acabei de limpar. Quais são os adubos que vamos colocar agora nesses terrenos férteis que foram limpos? 1. Fé no Deus que mora em vocês – Deus não está fora, está dentro. Ora, dorme, come, deita-se, chora e ri dentro de vocês. 2. Certeza do amparo. 3. Água da criatividade – atividade da criação, atividade do Criador através de vocês. Portando esses três adubos, essa vasta extensão territorial, que é a mente de vocês, estará fértil e pronta para que vocês criem suas realidades. Criatividade é a água que vai regar seus planos na terra. Com ela, vocês criam o que quiserem. Se nascer um pé de laranja, mas o desejo é limão, plantem o limão. Agradeçam a generosidade da laranja e dispensem. Vocês são os responsáveis pela plantação. Daí a importância de pensamentos puros e elevados.

Pergunta 1

Como compreender melhor a morte e diminuir a dor da perda?

Resposta 1

Quem perdeu alguma coisa quando alguém morreu? Quem perdeu, me diga. Porque eu não conheço. Quem acha que perdeu algum amigo ou ente querido pelo abandono da cápsula carnal está enganado. Não perdeu nada. Viveu a chance de compartilhar com aquele ser. Deve-se viver, louvar, agradecer, emanar beijos, abraços, ternura, perdão e gratidão, pois tudo isso chega a eles. Então não usem essa expressão "perdi". Não existe perda. Nenhum filho de Deus se perde. Não há alma perdida, pois Deus tem conta de tudo. Ele sabe onde está cada um, mesmo que pareça que não. Deus, o Senhor Absoluto e Supremo, sabe. Muitos não sabem, uns sabem mais, outros sabem menos, pois nós temos a sabedoria partilhada em níveis. Mas Deus sabe.

Pergunta 2

A violência tem sido a tônica da Terra. Como devemos não nos deixar influenciar negativamente com tantas tragédias?

Resposta 2

Eu discordo totalmente do que está sendo perguntado. Vão ler o que Mãe Maria falou sobre isso (páginas 40 a 49 desta obra). A violência não tem sido a tônica na Terra. Já foi muito pior. O que acontece é que hoje vocês estão tendo conhecimento muito maior do que está acontecendo. Antes acontecia em um grau muito pior, mas era tudo escondido. Primeira coisa: afirmem "Eu sou a paz", "Eu sou a paz de Deus caminhando sobre a Terra". Quando se emana esse tipo de vibração, o ladrão olha e não tem coragem de tocar um dedo em você. Não há discórdia em um ser que está em paz. Ainda que haja o risco, ele se esvai. O estado de medo chama o algoz. O estado de paz espanta o algoz.

Pergunta 3
Com a crise no nosso Brasil, quais as perspectivas para nossas vidas?

Resposta 3
A torre. Quando a princesa cai da torre, ela se salva. O que eu quero dizer? A crise mostra que o sistema está falido. Esse sistema de comer, dormir, acordar, viciados em televisão com aquelas propagandas todas, vendo aquelas novelas ilusórias, vestindo roupas enganadoras, comendo alimentos apodrecidos, tudo é mentira. Tem de cair. Para o que é natural e divino prosperar. Foi por isso que eu vim para limpar e capinar as mentes de vocês. Essas são as ervas daninhas que eu retirei. A geração atual que povoa a Terra deve ser limpa para que as próximas gerações façam essa mudança.

Pergunta 4
O planeta está perto da ascensão? Como está a evolução do planeta?

Resposta 4
Tanto está em evolução que nós estamos aqui todos juntos de igual para igual, sem besteira. Porque antigamente o povo dizia que para estar com Oxóssi tinha de ser assim, tinha de estar raspado, tinha de ter comida, aí eu pensei: "vem falar comigo aqui no pé de pau", mas "não, não pode ser assim não" e aí calaram as bocas dos orixás. Eu, logo que vi essa arapuca de algumas religiões querendo calar nossas bocas, "dei no pé". Aqui mesmo não! Fui para outro lugar onde eu posso falar, cantar e dançar com meu povo sem ter de passar pelo comércio. Eu não preciso de comércio porque nada que tem na Terra me interessa; interessa-me é o coração de vocês que é de Deus. O coração de vocês é que é o presente para o Sagrado. Cultivando o coração de vocês é que a gente ganha pontos com Deus. Isso mostra que a Terra está, sim, em evolução. Todos esses sinais e contatos que a espiritualidade está realizando mostram a evolução do ser chamado Terra. A Terra é um ser. Não é uma massa comprimida, florida e enfeitada. O planeta tem vida, tem nome, tem alma. Tem de ser amado, respeitado, acolhido, nutrido e afagado. A Terra chora quando se verte sangue e fura a terra. E ela ri quando se canta e se bate palma para ela.

E é assim, louvando, agradecendo, parabenizando e amando, declarando o amor de onde eu vim, que é a seiva da árvore que brotou na Terra, eu reverencio esse solo sagrado deste planeta unificado em amor, paz e pela misericórdia de Deus.

Rowena e Seres do Raio Rosa

Ser de Luz do Raio Rosa – Bom dia de luz! Dizemos "dia" somente para manter a clareza e o estado de evidência com que os temas serão discutidos esta noite. Venho representando um cortejo singelo e delicado de energias femininas.

Com essa energia feminina, falaremos e trataremos de aspectos da dualidade do sistema físico, mental e amoroso que envolve este planeta e tudo o que se refere ao princípio feminino de Deus. Estou segura que muitos de vocês já ouviram falar da Mãe Divina. Este princípio, Mãe Divina, traz em tudo que existe a certeza e a segurança da verdadeira divindade amorosa e maternal. Por que, então, se diz que nada é tão bom quanto um colo de mãe? Por que sempre a primeira referência de um ser, ainda que um animal, é o ser que lhe colocou à luz? Por isso, bom dia de luz!

Trazer a luz significa trazer a verdade de Deus para sua realidade. Mãe Divina vem nos contar da estrutura da verdade. Afinal, o que se trata pela verdade? A verdade tem várias vertentes, também chamadas de versões, mas a verdade plena é única. Ela é estanque. Ela não se flexibiliza com as versões humanas. Mas é preciso entender que essa verdade plena vista por uma posição é diferente da mesma verdade vista de outra posição. Isso faz com que cada um de vocês respeite as versões da mesma verdade. Isso serve como um remédio, um antídoto para livrá-los da mágoa. Se alguém faz algum desacato ou desfeita ao seu coração, verifique se essa pessoa está estagnada por uma versão que não, necessariamente, espelha a verdade.

Viemos, pois percebemos a necessidade de os seres humanos limparem seus corações e seus pensamentos de memórias dolorosas e sofridas advindas das pseudoinjustiças, versões equivocadas, entendimentos maléficos. Ou será que vocês não se recordam de quantas vezes um simples mal-entendido rompeu uma amizade? Quantas vezes uma palavra mal colocada em um momento inoportuno afastou corações? Nosso convite é que vocês pensem um pouco sobre isso.

Trabalho com Rowena, venho do raio rosa – Amor Incondicional. O Amor Incondicional é o leito da Mãe Divina. É onde Ela existe, repousa e emana para tudo o que É seu mais sublime afeto. O Amor Incondicional, como o próprio nome já diz, abdica de avaliar as versões. Simplesmente ama só porque existe. Compreender o outro, entender que os pontos de vista e versões não devem servir de condenação, fará com que vocês amem mais e não se culpem.

A Mãe Divina, supostamente representada, pode ter um aspecto da terra, Pacha Mama, Mãe Natureza, Mãe Divinal, em algumas culturas a Mãe de Jesus, e assim por diante. Observa-se que a humanidade a todo tempo busca o princípio feminino para qualificá-lo de Mãe. Quando se nomina alguém com esse qualitativo, transfere-se a esse ser as qualidades vindas e esperadas da maternidade. Mas existem pais que são mães – zelosos, amorosos, cuidadosos, tais como se fossem mães. E mães que só deram à luz e não possuem tais princípios. A essas mães, entregaremos o perdão do puro Amor Incondicional, sem critérios, sem justificativas, sem contexto. Partindo desse princípio, além do perdão, revestiremos a entrega com gratidão. A energia da gratidão é dourada bem clara, quase branca. Agradecendo, cada um de vocês tem a chance de estar vestido de gente humana e experimentar as formas de viver o Amor de Deus àquela mulher que emprestou o corpo para gerar suas vidas. Além de perdoada, estará gratificada pela oportunidade.

O princípio da vida que a Mãe Divina vem compartilhar baseia-se notadamente na certeza de que Deus Pai-Mãe acolhe e recolhe a todos. Deus recolhe, pois Ele puxa todos de volta para perto d'Ele. Esse momento é o mesmo em que o pastor recolhe as ovelhas do pasto e as guarda em um lugar adequado e protegido. Isso é o que Deus faz com as pessoas que moram na Terra. Como Deus está fazendo isso? Existem convocações pelo nome – a pessoa se sente convocada a dedicar mais de seu tempo a Deus, aos estudos espirituais, à caridade e compreensão. Existe convocação outra que vem pela necessidade de preenchimento de um vazio, que muitas pessoas chamam de depressão. A depressão é tal como buracos na estrada, chamados depressões. Esses buraquinhos que o coração sente e que os médicos diagnosticam como depressão não são nada mais que a distância do colo de Deus, da Mãe Divina. Depressão se cura quando se preenchem os buracos do coração para reintegrá-lo ao mesmo nível.

Vemos muitas pessoas inchadas de medicamentos químicos antidepressivos e pouco amor sincero. Ninguém abaixo de Deus, o Absoluto, vai amar você tanto quanto você mesmo. A referência de amor por si mesmo tem de ser maior do que o amor pelo filho, pelo irmão, pela mãe, pelo marido. Esses amores são contingências de um cenário encarnatório, não definitivo. Ao passo que a condição de filho e filha de Deus, Mãe Divina, é eterna. Quem diz "meu filho, minha vida" acanha o amor por si mesmo. Contudo, ao dizer "meu filho alegra minha vida", fortalece-se a presença da criança dentro de sua jornada encarnatória.

O Amor Incondicional tem um elemento fundamental, ele cura da ilusão. Mas como? Se o Amor Incondicional ignora os erros e falhas dos outros, não alimentaria a ilusão? Em uma mente rasa, sim. Pois parece que há uma maquiagem da realidade. No olhar profundo, não. Pois, quando se ama incondicionalmente, não se colocam pré-exigências e pré-requisitos, pois exigências e requisitos para amar são ilusões. Para amar não precisa ser amado. Não. Cumpram sua missão. Amem primeiro, amem sem limite, sem medo, sem receio. Só o amor cura.

Cigana do Raio Rosa – O bom ânimo é energia vital, energia que faz tudo arrebatar. Afinal, quem não quer um amor arrebatador? Um amor arrebatador também pode ser incondicional. Ser arrebatado pelo amor é aquele estado em que se olha para o céu, e as nuvens desenham formas e a música toca e nos recorda daquela pessoa que amamos. Eu adoro isso! Amo também perceber quando alguém olha uma foto antiga de seu amado ou amada e diz: "você está melhor agora!" – mesmo que não seja tão verdade. Isso é o amor arrebatador! O amor que faz alguém que está do lado de fora vendo um casal dançando se envergonhar porque não dançou, pois aquele que baila ignora os demais. O amor arrebatador é cheio de cor, pleno de alegria e risadas, e até quando há uma coisa errada ele se envergonha e diz: "Fazer o quê? É o amor!". Tantas canções, músicas, danças, filmes! E alguns dizem: "Não sei amar sem chorar!". Tudo bem! O choro vale a pena, afinal estou falando do amor arrebatador! Que, por sinal, arrebata a dor! Despacha a dor. E, às vezes, temos um machucadinho aqui ou acolá, vamos arrebatá-lo! O estado do arrebatamento é musical, animado, alegre e festivo. Venho do povo cigano e nós amamos música, estalar de dedos, palmas e sorrisos! A energia do povo cigano traz limpeza, alegria e riqueza. Abram-se e expandam-se com a certeza de que Deus não quer sofrimento. Ele quer alegria e contentamento. Por isso que Ele inunda a vida de vocês com a vontade de amar e ser amado. Mas um aviso: não amem esperando ser retribuídos. Amem, e Deus lhes inundará de tudo que há de bom e mais bonito! Já me vou e agradeço por essa linda festa de amor!

Mestra Rowena – Que maravilha! Que felicidade me trazem nossas companheiras desta noite. Eu Sou Rowena, do raio cor-de-rosa do Amor Incondicional. Nossas queridas auxiliares prepararam um lindo terreno para florir corações, que é minha maior vocação. Estou com cada um de vocês sempre que desejarem amar de verdade. Quando dizem que amam alguém do fundo do coração, vocês estão me chamando pelo nome e chamam-me também de "fundo do coração", ao lado de minhas irmãs, chama azul e amarela. Contudo, com mais profundidade, sou eu que me despetalo nas outras. Com essa missão que me foi confiada, dado o grau de afeto desmedido, percebi que amar sem limites é um caminho sem volta. Quando se decide, verdadeiramente, amar, sem colocar obstáculos ao caminho do amor, Deus se fará presente e aquele amor será bendito. Assim, eu lhes convido a amar a si, abaixo de Deus, e ao outro, que são vocês também.

Pergunta 1

Por que tantos medos que nos impedem de vivenciar o amor?

Resposta 1

Bom, espero mesmo que o temor tenha se dissipado. Mas o temor a que ela se refere é o da rejeição. A maioria das pessoas teme entregar seu amor, pois acha que é um jogo, no qual aquele que se entrega pode ser desprezado, tratado com menos respeito por aquele ser amado. Esse é um sistema que muitas pessoas adotaram que são jogos de ego. Não são jogos de amor. São jogos egoicos no qual os egos duelam, para saber quem é o mais astuto, e espezinham o amor sincero. Pois, nesse duelo, o vencedor será o mais hábil em esconder o que sente. E ficará doente. Quem se sente rejeitado é o ego em confusão. Ame sem explicação. Entregue o amor para o Universo, que ele acolhe e abraça, pois não há desperdício do amor emanado. Ainda que se diga: "Passei anos ao lado de alguém. Perdi tempo". O tempo se serviu de seu amor. Nunca rejeitem o amor, ainda que lhes traga aparente sofrimento, pois quem sofre está iludido com o autojulgamento.

Pergunta 2
Qual a melhor forma de nos conectarmos com nosso Eu Superior para ficarmos sempre alertas quanto à nossa missão na Terra?

Resposta 2
A base da chama trina – energia vital que mantém tudo vivo – é feita do amor incondicional. Fortalecer a conexão com o Eu Superior é conectar-se com o amor sem condições por Deus, em primeiro lugar, pois cada um de vocês está no lugar certo, no momento exato, passando pela situação adequada. Não há sorte ou falta dela, pois não há acaso. Ao se conectar com seu Eu Superior, que é Deus agindo em vocês, estarão irmanados com o projeto d'Ele. Tal como se dá a mão para a mãe ao atravessar a rua. É a mãe que decide se atravessa agora ou espera outro veículo passar. O julgamento pertence a Ele. A confiança, vocês depositam n'Ele e seguem. A missão é entregar-se ao comando divino. "Como me entregar ao comando de Deus se eu não ouvi o chamado d'Ele?" Ouviram, senão não estariam aqui. Não só ouviram. Ouviram, aceitaram e sabem qual é. A primeira missão é amar ao Senhor sobre tudo o que existe. Ao conectar-se de maneira verdadeira e sublime com esse amor divino, ele se apossará de suas vidas, definirá o rumo profissional, afetivo e laços familiares. Para se conectar, abandonem os laços que os retêm. Sejam novos, tal como uma criança, que Ele os levará ao melhor lugar.

Pergunta 3
O que Deus espera de nós neste momento em que o planeta se prepara para a ascensão?

Resposta 3
Sou compelida a dizer que não tenho acesso aos pensamentos do grande Rei. Não tenho como lhe vasculhar a grande mente para saber o que Ele pensa. Mas, dada minha formação de puro amor, consigo sentir o que Ele espera. Sinto que "esperança" é a palavra que permeia o globo terrestre. Ele possui esperança no resgate.

Pergunta 4
Qual a importância da contemplação? Tem a ver com a gratidão?

Resposta 4
O estado contemplativo é uma das formas mais sublimes de praticar o amor incondicional. Ao simplesmente contemplar uma paisagem ou ambiente natural, imediatamente você se deslumbra com a perfeição do traço de Deus naquela obra. Após o primeiro momento de encantamento com aquela vida externa, girando os olhos para dentro de si, o ser se vê como traço de Deus. Ao se perceber como traço de Deus, o ser se sente gratificado, pois o Senhor investiu tempo e boa matéria para prepará-los. Assim como fez com a Lua, o céu, o mar. Portanto, sim, contemplação é um dos degraus que se ilumina. Deus sequer exige que se cuide do amor que lhes entrega, Ele lhes entrega. Porém, quando vocês se encantam pelo amor, dançam com amor e querem fazer jus a esse amor, Ele se alegra demais. Essa é a etapa que vocês estão vivendo.

Pergunta 5
Qual a importância de ser vegetariano? Existe a possibilidade de viver de luz?

Resposta 5
Já houve uma evolução nessa pergunta! Sim! Existe a possibilidade de viver sem coisa alguma. Só existir. Viver de luz é uma expressão. A luz de que se fala é a luz interior. Acesa uma vez, ela se expande e fica tão grande que o ser desnecessita de outra fonte de energia, pois, dentro de seu ser mais íntimo, tudo possui. Ser vegetariano já é um passo para se nutrir de luz, já que o vegetal a carrega por fazer fotossíntese. Ao ingerir o vegetal, há um primor, uma elevação ao fator dínamo de potencialização da luz. Complementando tantos outros seres que já falaram sobre a não ingestão animal, trago essa informação.

Pergunta 6
As bruxas e bruxos do passado representaram algo para o desenvolvimento dos seres espirituais encarnados na Terra?

Resposta 6
Nós não classificamos, pois viemos de um lugar sem cordas, sem condições, não os entendemos como bruxas, magos ou assaltantes. Conosco, não há julgamento. Mas darei um passo atrás em minha natureza para tentar explicar. Um ser que domine as artes alquímicas, mentais ou instrumentalize-se de poderes não é diferente de ninguém. Então, não significa, necessariamente, que bruxas ou magos fizeram algo a mais ou a menos. Toda existência que caminha faz parte do processo evolucionário. Não precisa ser bruxo ou bruxa. Basta ser filho de Deus e já está no processo de desenvolvimento.

Pergunta 7
Existem substâncias-chave que alteram nosso estado de consciência. Qual a importância delas no processo evolutivo? Como saber se a porta aberta é maléfica ou benéfica?

Resposta 7
Existem várias substâncias alheias ao corpo, como óleos essenciais, aromas, cristais e há elementos produzidos dentro do corpo humano, e de outros seres também, que são amplificados por algumas ingestões, como um limão, que é antioxidante, ou até uma beberagem, específica para um estado alterado e amplificado de percepção sensorial. O nome adequado, em meu modesto critério, seria esse, alterar a percepção das coisas. Sendo de maneira direta, estamos falando sobre bebidas ritualísticas, cachimbos, rapé, dentre outros. Como isso seria um meio para acessar mais rapidamente os conhecimentos espirituais? É verdade? Sim. Como saber se a porta é digna? O ambiente. Se vocês forem a uma igreja, primeiro vão olhar a aparência da igreja e ver em seu coração se a pessoa que está à frente é alguém que lhes passa segurança, confiabilidade, que tem uma vida digna fora do *status* sacerdotal. Um dirigente, um líder espiritual, deve ser avaliado em sua vida como um todo, pois só existe uma vida íntegra. Se um dirigente mente, engana ou esconde, ele não é digno. Pois, se ele fosse imantado pelo amor incondicional, ele exporia, colocaria à prova, confiaria no amor de Deus, expurgaria seus pecados

e não temeria o julgamento humano. Ao temer o julgamento, ele apoia o disfarce, o engano, tudo contra o amor de Deus. Para saber sobre a porta, há que se ver o portador da chave. Como é essa pessoa? Vejam a verdade. Não a fachada da igreja. Entrem, depois vocês comungam.

Uma das mais importantes observações que eu tenho a fazer diz respeito ao julgamento. O amor sem condições, assim o é, pois ele não faz julgamentos, não dispõe de critérios e não exclui quem quer que seja. Como então amar sem julgar? Primeiro ama. Deixe o julgamento para quem de direito, que é o Senhor. Julgar é tarefa divina. E a porção divina de vocês não tem substrato suficiente para tal tarefa. Portanto, eu vos aconselho que vivam o amor incondicionalmente exercendo o não julgamento. Não falo de escolhas de amizades, companheiros, ambientes. Escolha é um critério filho do livre-arbítrio, com a mente forte e intuição guarnecida. Isso vocês devem fazer. Julgar, no sentido de apontar falhas, de atirar pedras, não. Não gostaram daquela companhia pela atitude, ação ou omissão, prática daquele ser, abstenham-se do convívio, mas não o ataquem. Não o julguem. Muito menos o condenem. Só assim o verdadeiro amor incondicional frutificará em seus corações no patamar que Deus espera. Perceberam o julgamento, recuem, invoquem o fogo cor-de-rosa, dissipem, peçam perdão, liberem e emanem amor. Quantas vezes for preciso. Não julgar não é uma frase feita. É uma atitude, uma prática diuturna para livrá-los do grande julgamento. Ter esse peso no coração é trazer-lhe sofrimento. Amem uns aos outros sabendo, desde já, que não existem "outros". Todos são um. E, ao amar, abraçar e tocar alguém, esse carinho reflete em vocês e suas células vibram em harmonia e regozijo.

Lembrando que todos, abraçados, compõem o corpo da Mãe Divina. A Mãe Divina não abdica de nenhuma célula da ponta de seu dedo. Todas lhe são caras, por isso Jesus vem pescando de volta os peixinhos e as ovelhas que Deus lançou ao mar e ao pastoreio. Vivam o amor curador de nossa primeira colega e o amor arrebatador de nossa segunda e amada presença que aqui esteve conosco. Agradeço a cada um de vocês e renovo minha certeza na requalificação da forma de amar e fazer amor!

Saint Germain

Saint Germain, como José – Muito se fala na maternidade de Jesus. Muito se fala da energia daquela que eu escolhi – Maria. A presença de Deus, naquela santa existência, sempre deu sinais de tal luz desde que a vi. Ao perceber a magnitude da sobriedade alegre daquela garota, meu coração rejubilou-se em felicidade plena. Mas, então, o Senhor propôs desafios profundos às nossas existências. Ciente e consciente de que havia um importante desafio a transpor: o julgamento alheio. Havia muitos motivos para me avaliarem e acreditarem não ser eu digno de manter casamento com Maria, bem mais moça, jovem, fruto ainda por amadurecer. Pois bem, eu, viúvo, um tanto sofrido e marcado pelas ações do tempo e das dificuldades da época, sentia em mim um apelo profundo e delicado de, simplesmente, dar amparo a ela. Não pensem que olhava aquela singela moça com olhos de desejo. Não. Fitava-a com olhar de brandura. Sentia em meu peito o livre e forte apelo de ir em sua direção como que para acolhê-la e guardá-la. Até então que, passados uns dias, volta-me carregando o ventre avantajado. Qual não foi meu susto ao perceber que ali outro ser crescia, apesar de que não havia eu ainda a desposado? Aturdido pelas emoções e costumes da época, vi-me em turbilhão de questionamentos e perguntas, posto que agraciado fui pela confiança e certeza de que o Senhor Altíssimo me guardava grande galardão. Repousar sob o teto construído por minhas frágeis mãos, que foi o suporte necessário para acolher aquela luz que se preparava para brilhar. Pois então, todos os riscos, fugas, evasões, sustos e surpresas pelas quais passamos até repousar então em ambiente singelo e nascer aquele que todos celebramos – Jesus.

Conto-lhes um pouco dessa história para trazer-lhes um assunto importante: inicialmente, como homem, perceber que nenhum julgador é justo quanto Deus. Nenhum parente, amigo ou conselheiro poderia me dar sugestão outra diversa do que a certeza do que o Senhor havia me confiado: a guarda e zelo da portadora daquela luz. Portanto, homens, cessem tantos julgamentos para com suas partes femininas. Sejam menos ácidos com critérios hostis de desconfiança. Celebrem a segurança de um relacionamento abençoado. Hoje vim em primeiro momento como a presença de José, para trazer-lhes a consciência de que o ser divino é gestado, gerado, nutrido em seus ventres, não importa se é corpo de homem ou de mulher, pois eu, despossuído de útero, gestei Jesus. Gestei em amor, em confiança, em alegria e esperança. Encarnado não estava para acompanhar seus passos largos e suntuosos em direção à trajetória luminosa que percorreu até o calvário, mas, de outro plano, acompanhava, sim, o progresso incessante daquele Ser que me confiou, generosamente, dar-lhe de comer e vestir-lhe. Honra da qual nunca esqueço. Passados os tempos não quantificados em anos da Terra, ressurgi em outra aparência, que finalizará o encontro desta noite.

Mas antes quero que se lembrem: José, do alto de sua idade madura, aceitou em segurança máxima a confiança de Deus em acolher, salvar e prover uma grande luz na Terra e eu, ainda não era, nem me avaliava como tal, belo aos olhos de Deus, como, de fato, me vi após tudo acontecer. Se cada um de vocês, por algum momento, pessoa ou situação, se sente fraquejante, combalido de aparência, de vigor, de capacidade ou habilitação, como se aquele que está ao seu lado, aquela que o acompanha ou aquele que lhe paga salário fosse acima de seu patamar, digo-lhes: não se julguem. Nem aquém, nem além. Humildemente, reflitam sobre a oportunidade de receber sem contestar. Resignação e resiliência. Confiar que tudo que vem, virá, está por vir e foi, pertenceu ao Projeto Maior, do Alto, e, diante dessa confiança, não temam, pois seus julgamentos serão sempre imperfeitos diante dos olhos do Pai, que nos olha com amor e também com fervor.

Saint Germain, como Merlin – Aqui ingressamos em outra etapa de minha existência que hoje será apresentada, o fulgor do fogo transmutador. O fogo que, em processo alquímico, altera as estruturas físicas e extrafísicas para outro patamar, mais elevado, sublimado e dignificado.

Assim sendo, eu convido vocês a fecharem os olhos. Pensem naquelas impurezas, maus hábitos, más qualificações de si mesmos, imperfeições que vocês já reconhecem, para que a força da magia, trazida em nome de Merlin, possa processar, alquimicamente, essas situações. Uma fogueira santa que, em algumas religiões, é reconhecida como fogueira santa de Israel, que recolhe o choro calado ou o choro gritado, reconverte em ondas para fora daqui. Irei seguir nessa força, realizar o processo alquímico e deixarei com vocês uma energia de trânsito, após a qual retornarei trazendo uma nova torrente, aparência, fala e conteúdo.

Angélica, Maga do Caio Violeta:

– O mundo da magia é um mundo acessível a tudo que existe. Não é necessário agir, pensar ou vestir-se como mago, bruxa, fada. Decerto que não. Para ser reconhecido como tal, basta sentir e viver a magia. E é sobre isso que Merlin me pediu para falar com vocês. Ser mago é deter em si conhecimentos profundos sobre a trajetória do cosmo. Os magos carregam em si conhecimento, vestes impregnadas de inteligência, percepção e registros estelares, ao passo que os bruxos e bruxas vivem apenas intuição. Pois bem, seria um mago, ou uma maga, mais sábio ou capaz que um bruxo ou bruxa? Não. A diferença entre ambos é que um repousa em livros e pesquisa, ao passo que o outro repousa apenas na voz do coração. Qual o caminho ideal? Os dois. A magia que existe está em tudo que há. As pedras, as madeiras, os elementos, os sais, os alimentos, as vestes, cabelos, músicas, danças, pinturas, artes. Dentro de vocês, quais são os instrumentos de magia que possuem dispostos ao seu favor? Poucos. Pequenos. Acanhados. Isso se deve à memória da caça às bruxas. No país onde vocês vivem, no planeta onde vocês repousam agora, há um contágio ilusório de que bruxas são más, feias, praticam o que não serve e os magos são sempre dominadores e lhes tiram o livre-arbítrio para atender seu próprio desejo. Pode haver, de fato, quem o faça. Mas não precisa ser mago nem bruxa para assim agir. Um mago ou uma bruxa pode e deve se servir dos elementais e de todos seres que vivem, mesmo que não pareçam vivos, para, juntos em harmonia, servir à obra de Deus. Qual é a obra de Deus? Paz, amor, reunião, unir-se novamente, com cantos, danças, pássaros. Onde vocês moram quase não há praças. Onde vocês vivem não existem bosques. Isso lhes faz falta. É fundamental que se visite ambientes que tenham flores, folhas, água, árvores, de maneira desmedida, não um jardim feito por um paisagista. A natureza, quando eclode de maneira insensata, é pura, nata. Visitem lugares sagrados assim. Pequenos espaços onde a natureza não está dominada pelo homem. Nem que seja uma árvore em um pequeno jardim. De preferência, tirem as sandálias. Reconheçam o solo e convidem os minerais que ali estão para que procedam encantamentos mágicos para sua saúde. Que tal pensarmos que existe magia quando se caminha na praia? Sim! Várias irmãs minhas estão lá. Elas atuam nos ventos, nas ondas do mar, na espuma. Tudo é magia. Essa magia deve estar desperta em vocês, de maneira que se tornem magos de suas existências. Qual a consequência imediata disso? Não ser dominado por outro mago ou bruxa. Pois, já que somos bruxas e magos, passaremos a dialogar em pé de igualdade.

"Eu Sou" é o primeiro nome de Deus. Ao pronunciarem seus nomes, precedam desta expressão: "Eu Sou". Nunca, "meu nome é", ou "me chamo". Assumam o "Eu sou" e vai ficando mais ativa essa presença divina em suas relações interpessoais. Por que relações? Porque Deus está em vocês, mesmo que mudo fosse. Em amor a Deus, nominem-se como Ele e apresentem seu nome atual.

Merlin é o verdadeiro Papai Noel. Com barba alongada e gorro. Só que ele nunca foi gordo, isso foi estímulo do comércio e do consumo. Merlin foi reconhecido como alguém que realizava os desejos, por isso os presentes de Natal.

Já me vou, agradecendo e convidando todos os magos e bruxas a serem Merlins e vivam a grande magia do amor divino! Gratidão!

Saint Germain, como Merlin – Tão auspiciosa presença como essa Angélica sempre traz alegria, regozijo e, sobretudo, a juventude esquecida pela infância de um Natal alegre.

Quando optei por encarnar e transcendido trazer a memória da pobreza e dificuldade material, recebi de Deus a confiança de segredos alquímicos na conversão de metais. A alquimia sagrada de converter metais de pouco valor no mais nobre ouro veio às minhas mãos fruto de estudos e, sobretudo, fruto de confiança divina. Mas como eu podia converter ferro em ouro? Vocês podem. Qual o ferro? Vocês mesmos. Qual a forja? Fogo do amor de Deus dentro de vocês mesmos! Transformar-se, um ser de reduzido valor, como muitos se dão, em algo precioso, raro, único e valioso para o Senhor, é a alquimia que sempre fiz. Muitos iam me procurar buscando, simplesmente, converter uma taça de ferro em ouro. Eu convidava o visitante a permanecer comigo e, durante aquele período, mostrava-lhe qual era a conversão que nele era necessária ser feita. Ao final da jornada, fazíamos juntos a conversão da taça. Esse é o propósito da minha presença esta noite. Convido vocês a converterem essas taças, que são seus corpos, firmadas em estanho, no mais sublime ouro. O ouro mais puro praticado, reconhecido e ungido neste planeta, para que, formados em taças de metal precioso, o Espírito de Deus repouse em cada um de vocês.

Pergunta 1

Como abrir caminho para um amor novo e verdadeiro?

Resposta 1

Um amor? Pouco. Modesta esta pessoa. Eu a convido a viver O AMOR. Que pode ter várias faces e nomes de pessoas. Como abrir-se para O AMOR? Tire as trancas do coração. Essa pessoa está com o coração repleto de chaves com segredos, mas ela não se dispõe a abri-los! Então, seria o amor verdadeiro um invasor? Não. O amor verdadeiro convida que essa pessoa destranque seu coração. Esse é o caminho. Destrave o coração. Muitas joias que fiz eram símbolos do coração com chaves. O coração nunca deveria estar trancado, mas, sim, sempre aberto para as maravilhas e a plenitude, porém as pessoas, com medo, o trancam. Para abrir-se para o amor, use as chaves. Não precisa entregar as chaves. Aliás, "chaves" é um de meus reinos. Existe em meu espaço sagrado um baú com várias chaves, o coração também tem, mas só quem deve abri-lo é o dono dele.

Pergunta 2

Como devemos proceder ao gostar de alguém comprometido?

Resposta 2

Comprometido. Com promessa. Essa pessoa tem cumprido, para com quem ele se relaciona, as promessas? Se a resposta é não, como sei que é, não é alguém que valha o risco, pois ele é um descumpridor de promessas.

Pergunta 3

Como se tornar uma pessoa mais livre e feliz com segurança e amor próprio?

Resposta 3

Soltem-se! Angélica, que esteve aqui antes, é *expert* nesse assunto. Soltar! O que é o apego? Impressão. Impressão é pressão sobre algo, como nossa amada Rowena falou. Impressão é mentira. Quem tem uma impressão está contaminado pela ilusão. Tudo que existe, que é comprado, negociado, comercializado, posto à venda, é fruto de impressão. Então, uma mente inteligente consegue se libertar mais facilmente da roupa, do *status*, do nome de casada, do carro do ano, da beleza, da juventude. Há que se desapegar, pois, quando se mantém apegado, mantém-se preso, pressionado. Saiam da caixa, vocês não são bonecos. Como fazer isso? Pensem: se baixasse um veículo de transporte para ir para o espaço sideral, ou qualquer outro destino especial, o que vocês levariam? Não pode haver mala. São só vocês. Ísis já falou sobre isso (páginas 66 e 67). Os pesados, os cheios de si, ocuparão os veículos mais lentos, e os leves e desprendidos ocuparão as naves mais velozes e os destinos mais sublimes. Não tem jeito. É remédio. Comecem se desprendendo da impressão do que se é. Vocês têm a impressão de que possuem cor de cabelo, olhos, altura, estrutura de corpo, roupa, marido, irmão, mas saibam que isso não é eterno. É apenas trânsito. É só um caminho, uma paisagem como se vê de um carro passando. Se vocês se fixarem naquela imagem, não chegarão ao destino.

Pergunta 4

Para que servem as oferendas?[36]

Resposta 4

Todos os presentes para louvar[37] existiam antes de o mundo ter escrita. Os homens, querendo se comunicar, recortavam pedras e furavam as paredes das grutas e cavernas querendo homenagear o sol, a água, o mar, o vento, o fogo. Eles, simplesmente, calcavam suas mãos fazendo rústicos desenhos. Eram oferendas. Dentro do quase nada que tinham, que nem roupas vestiam, aquilo era o máximo que eles podiam entregar. Como no Rio Nilo, ao longo de

---

36. São presentes como alimentos, flores, perfumes, enfeites...
37. Louvar divindades, através de ofertas, presentes.

toda a história do Egito, em que parte da colheita era entregue a Ísis, uma oferenda, como um reconhecimento: "Eu a conheço, ou seja, eu sei que tais frutos vieram de ti. Sou grato. Estou gratificado". Por isso, sinônimo de bônus é gratificação. Quantas senhoras de casa dizem: "Darei uma gratificação à minha auxiliar por reconhecer seu empenho". Não há mal nisto. O equívoco se dá quando há sacrifício. Sacrifício não é só de animais. Se alguém, que só tem um pouco de dinheiro, atende ao apelo daquele líder religioso e dá mais do que poderia dentro de seu orçamento, ele se sacrifica. E Deus não fica feliz. Quantos lugares pedem até o vale-transporte e os fiéis voltam a pé para suas casas expostos aos malfeitores? Deus não quer isso. As divindades, as entidades, não comem, não bebem, nada disso. Nós desnecessitamos desse estado. Contudo, ver o carinho de alguém que escolhe uma fruta, amarra uma fita em uma flor, seleciona um perfume e verte-o na água, alegra-nos, pois isso é uma voz dizendo: "Eu me lembro de ti". Afinal, nós só somos partículas de Deus. Não somos Deus. Somos pedacinhos d'Ele. E qualquer pedacinho d'Ele, que são vocês, quando se lembram de que nós existimos, todos nos conectamos. Só por isso. Não há barganha. Uma entidade luminosa não exige nada. Fazer novena para santo? O santo já está santificado! Vela? Aqui só é luz! Qual potência de vela se achega por onde ando? Mas se o homem sente necessidade de ter um vislumbre da luz com a vela, nós respeitamos, amamos e acolhemos, mas não que esta nos falte.

Pergunta 5
Como explicar a natureza de homens e mulheres que, voluntariamente, se explodem e matam em nome de Deus?

Resposta 5
Graças a Deus que Ele não se ressente! Apesar de seu nome estar banalizado e ser usado em vão, quando alguém vê uma figura estranha e diz: "Meu Deus!". Tem uma notícia ruim: "Meu Deus!". Sempre invocando Deus em vão. Quando os homens começaram com esse ato, Deus foi diminuindo o valor dado a esse clamor. Como aquela criança que fica: "ô mãe, ô mãe, ô mãe, ô mãe..." E não há problema algum. Até a hora que houver problema e a mãe não lhe der ouvidos. Deus entendeu a ignorância humana e disse:

"Eles clamam por hábito e não por necessidade". Então, eu convido vocês a reduzirem o clamor vazio a Deus. Existem seres entre Ele e vocês, que somos nós, que somos servidores do Todo-Poderoso. Lógico que não estou aqui a dizer que para falar com Deus há que se passar por qualquer um. Quem concede é Deus. Jesus, Maria, eu e todos os outros somos obreiros da grande Ordem Universal de Amor e Fraternidade Interplanetária Cósmica. É muito maior do que uma nação. Quem opta por se mutilar chamando o nome de Deus está clamando pelo falso deus. O deus da ilusão. Aquele que ilude, engana, faz a mentira parecer verdade, tal como produtos falsificados que são comprados para se ter a ilusão da marca. As pessoas investem e, no caso de alguém assim, investem a vida para comprar uma ilusão de ser premiado com a pseudomarca de Deus. O comércio também. Por isso, Jesus zangou-se, naquele momento em Jerusalém, e destruiu todo o entorno do templo.[38] Templos de comércio espiritual não devem prosperar. Estejam atentos e alerta.

Pergunta 6
Algumas linhas espirituais falam que alguns temperos como alho e cebola baixam nossa vibração. Até que ponto isso é verdade?

Resposta 6
Temperos manufaturados, fabricados, dissecados e cultivados com processos de danos físicos são cancerígenos. Frutas, verduras e legumes podem estar maculados pelos agrotóxicos, mas não existem na Terra frutas, verduras e legumes venenosos que já não estejam identificados como tais. Se esses alimentos não estiverem catalogados como tal, não o são. Muitas doutrinas criam sistemas para escravizar, alimentar e manter suas crenças professadas para aprisionar suas ovelhas no mesmo pasto. Há vários pastos e várias espécies para vocês degustarem da obra de Deus. Não se acanhem com uma corrente. Não se limitem a uma doutrina. Não se viciem só naquele sistema. Ampliem. Pois só ampliando suas visões é que vocês estarão mais próximos do cosmo. Ante a Nova Era, em que recebi de Jesus a responsabilidade a partir do ano 2000 de cuidar

---

38. Passagem bíblica que retrata a revolta do Mestre Jesus ao destruir as barracas em Jerusalém e se exalta contra o comércio na casa de Deus.

deste planeta, dentre outros, personificado como Saint Germain, digo-lhes: ampliem seus conceitos de casa, de família, de amor, de saúde, de violência, porque é tudo macro. O tempo do micro já cessou. O microscópio está no limite, mas o telescópio cada dia aumenta mais de potência, por que será? Olhem além da fronteira.

Pergunta 7
O senhor já teve alguma encarnação no Brasil?

Resposta 7
Não. Não tive essa oportunidade. Pelo visto nem terei. Mas é um espaço sagrado em constante evolução e um terreno fértil para luzes mediúnicas de alta potência. Estamos trabalhando muito forte em toda a América. Os Estados Unidos estão enevoados pelo grande duelo de luz e sombra.

Pergunta 8
Chico Xavier disse em 1969 que teríamos 50 anos para que alcançássemos a convivência harmônica e em paz, a partir disso não se garantiria a sociedade sem a eclosão de uma Terceira Guerra Mundial. A respeito disso, há algo a ser ouvido?

Resposta 8
Sim. Já existem equipes específicas na Síria. A Síria está como um pavio, e todas as pólvoras estão se aglutinando para ali explodir. Vocês, aqui neste país onde vivem, ouviram pouco sobre a Síria antes de tudo isso. Quem aqui já foi à Síria? Ninguém. Por quê? O inimigo, o negativo escolheu um território pouco amado pelos demais. Eles escolhem os ambientes que não tenham tanto apelo da completude terrena. Todos teriam compaixão pela Índia, pela França, etc. Você entendem? Eles escolhem um lugar menos amado para servir de solo para o sangue. A Terceira Guerra Mundial não é plano de Deus. Quando seres como nosso amado Francisco Xavier identificam o tempo, significa que é urgente. Mudem. Mas a maioria de vocês credita a mudança aos líderes do governo e pouco fazem dentro de si, dentro de seus lares, dentro de seus ambientes profissionais. A mudança em direção à paz começa no lar. Por isso fui José, para trazer a paz a um lar nômade, levando um cristal de ouro que era Jesus. A paz do ambiente profissional só acontece

quando vem das casas pacificadas das pessoas que ali trabalham. Quantas mães e pais aqui estão? Assumam a paz mundial nos lares de vocês!!!

Assim eu agradeço e despeço-me. Tenham um lindo e maravilhoso nascimento de Cristo renascido em vocês. Fiquem na paz!

Oxalá

O estado de paz é o estado que transcende os pensamentos, sentimentos, impressões de carências. Quem sente carência, quem sente falta não goza da plenitude da paz, e aí está a chave do grande mistério: como viver em paz se me sinto carente? Carente de amor, de afeto, de amparo, de alimento, de sustento, de sossego... Seriam esses elementos contrários à presença da paz dentro de um ser? Eu assevero que não. O estado de paz é o estado em que a turbulência do cenário em que se encontra o ser não abala sua serenidade. Como Jesus, no momento em que estava no barco em meio a tempestade, disse: "Por que temem? Ainda que as águas do mar sejam caudalosas e levantem o prumo, proa e tudo do barco, nada os atingirá". Essa mensagem de nosso amado e eterno Jesus ensina todos a compreenderem que, ainda que o mar bravio se aproxime de seu ser, sustentem-se na certeza de que algo maior lhes proverá. Falo de águas caudalosas, pois comigo está Yemanjá. O mar, que nem sempre é sereno, trará tsunamis em maior número, pois o planeta Terra está necessitando dessas presenças movimentadoras do mundo marinho. Mas é de Deus, algo que movimenta mares e causa tantos danos? Sim. Resposta aos seus. Quando perguntam à Grande Consciência por que algum tipo de situação ocorre, a resposta é: resposta aos seus. Quais são esses seus? Certa feita, perguntei-lhes. Seus pedidos, seus clamores, suas práticas. Causa e efeito. Trazendo para o mundo particular, será que cada um de vocês tem gerado motivos para haver tsunamis em suas existências? Ou vocês estão, de fato, construindo um ambiente tranquilo e sereno para que o mar só venha pôr sua delicadeza, suavidade e frescor ao seu derredor? Outra referência: um homem não é uma ilha. Por que será? Primeiro, não se deve estar só, sem a troca e convívio dos irmãos iguais, para polir, crescer, transpor e transcender as adversidades, pois juntos se consegue edificar até uma muralha. Coisa que, sozinhos, levaria décadas para se fazer. Conviver = viver com. Conviver com o outro, que parece outro mas não é. É parte de si que quer ser acolhida, abraçada, compreendida. Conviver sem alguém para dividir suas alegrias e tristezas é chance de conviver consigo mesmo, vibrando alegremente ou chorando compulsivamente abraçado a si mesmo. Nunca nada é só. O convívio em grupo requer compreensão, entrega, abandono dos hábitos exclusivistas com a sensação de que meu poder, minha palavra, meu *status* podem supor um nível maior do que o do outro. Humildade. Muitos me reconhecem como uma referência desse estado de humildade. Ser humilde, muitas vezes, associa-se, aos olhos de vocês, a poucas vestes, pequenos valores monetários ou aparência menos cuidada. Humildade nada tem a ver com o que se aparenta. Humildade é a essência do propósito absoluto de que nada é importante. Só o Eu Divino, estado puro de ser, Consciência Cósmica, alinhada com a divindade. Uma pessoa que, de fato, entende que nenhum problema, propósito, dificuldade ou obstáculo é importante também pode tratar da mesma maneira uma alegria excessiva, um *status*, um aparente enlaço... São tão somente instrumentos para perfazer um grande colar universal. São pontos de elo entre o temor e a segurança, a dor e o amor, a paz e a aflição, a saúde e a imperfeição, que, torcidos e unidos, formam elos de uma grande corrente luminosa. Porque nesse planeta-escola, onde todos vocês estudam, é necessária essa dualidade. É importante, é relevante, para que vocês empreendam a percepção e valorizem mesmo quando nada de bom ocorrer. Contudo, vocês dividem os dias, meses e anos como bons e não bons, esquecendo que, durante uma semana, não é possível que os sete dias tenham sido ruins. Ou todos os sete dias tenham sido perfeitos. Ou seja, nada é estático. Mas, se vocês decidem realmente celebrar a paz, viver em paz, não alimentem futricas, diz-que-diz-que, comentários maldosos ou perniciosos, tons irônicos, tons negativos a respeito de si e do outro, visto que esses pequenos atos servem de materializações negativas ao redor de seus campos. Lembrem-se do poder da palavra. Quando se diz algo negativo de alguém ou para alguém, essa fala sai da boca como um floco enegrecido e gruda no campo da pessoa que a proferiu. O emissor é o primeiro receptador da negativação professada. Aquele que diz, que projeta, que verbaliza pensamentos impuros, sentimentos de dor, mágoa ou sofrimento em direção a alguém recebe, primeiramente, o efeito nefasto de sua fala. O estado de paz deve se iniciar dentro de vocês. Estou realmente pacificado com meus ancestrais, pai, mãe, irmãos, parentes, sobrinhos, avós, colegas, companheiros, pares? Ou não? Se perceberem que alguém lhes impõe alguma dor, mesmo que não saiba a razão, parem, olhem, percebam a razão do espinho e, se não puderem tirar o espinho, evitem o veneno. Como? Compreendendo. Pois o porco-espinho, aquele que professa palavras negativas e pesadas, entende que a única arma dele para não ser comido é ejetar, jogar, soltar suas pequenas lanças em direção ao seu possível algoz. Se vocês não atuarem como algozes perante esse porcos-espinho, o veneno não lhes chegará. O que significa não atuar como algoz perante aquele enraveicido, entorpecido, agressor, com corpo mole e frágil por baixo daquela casca espinhosa? Afastar-se deixando um rastro de paz! Para que aquele, aturdido pelo receio, embaratado na busca, com medo da fuga, saiba que, um dia, ele poderá seguir manso nesse caminho em sua direção. Outra opção é compreender, perdoar e libertar. Por que compreender? Porque o porco-espinho tem uma casca espinhosa, mas seu corpo é frágil. Essa pessoa esconde a dor, exteriorizando a possibilidade de causar dor, pois chega tremendo, causando pavor. Perdoem... por ora é só a natureza dela. Não significa que seja ela toda, mas só uma parte. Faça as pazes com todo o resto que não é essa parte. Pois dessa parte Deus cuida, como um machucado em que a mãe põe o remédio na ferida. Libertem! Vão em paz! Muita gente pergunta se é obrigado a conviver com aquele familiar que lhe causa sofrimento. Não. Não existe exigência alguma da Grande Mente, de sofrimento ou sacrifício de seus filhos. Por isso o livre-arbítrio. Mas há que se fazer com consciência e, se for dissolver esse convívio, deve haver compreensão, perdão e libertação. Sem esses três degraus, o desenlace entre essas energias não fica puro, leve, e, aí sim, pode criar uma condição cármica que talvez, antes, nem existisse. O estado de paz nas relações, o estado de afeto, de ternura passa por um primeiro nível essencial: respeito. Respeitar um ao outro, as diferenças, as particularidades, a forma como aquela pessoa foi educada, de onde veio, ao que está habituada fará dela uma pessoa diferente de você. E quantas vezes irmãos criados igualmente são tão diferentes? Afinal, são todos irmãos! Essa sensação de saudade da família cósmica, sensação de melancolia que muitos têm sentido ultimamente, principalmente porque o planeta de vocês está doente, sofrido e chorando, faz com que vocês pensem: "Afinal, de onde eu vim? Para onde irei?". Sempre buscando as estrelas, o céu. Que bom! Estão olhando para algo que, hoje, vocês não têm memória de conhecer. Pouca gente diz: "Estou com saudade de onde vim". E olha para o mar. O mar espelha o céu, o céu espelha o mar. Dia e noite, infinito, em uma crosta coberta de cristais, terras, plantas, seres, vida. Esse organismo pleno chamado Terra clama e convida vocês a sentirem nostalgia de onde vieram com a sensação de que algo lhes falta. E é verdade. Estão como crianças esperando o momento das férias para estar com seus pais. Pais estes representados pelos seres de onde vocês realmente receberam a primeira chama de vida nos planetas correspondentes. Afinal, muitos já sabem que ninguém nasceu na Terra. A Terra não é ocupada por terráqueos. A Terra é ocupada por seres estelares, de frequências diferentes, de origens diversas, hábitos, formas e instrumentos pessoais variadíssimos. Contudo, observa-se que, dentro do padrão humano, duas pernas, braços, olhos e orelhas são muito diferentes da forma verdadeira de muitos que aqui estão. Como então, vestidos de humanos, todos se estranham com essa aparência tão similar? Imaginem se fossem todos aparentemente como eu vejo? Iriam se apavorar uns com os outros, enquanto outros se inebriariam de beleza.

Diversidade. Cultuem a diversidade dentro de vocês. O mundo vasto dentro de cada um de vocês que está pronto para eclodir de vocações, talentos, capacidades. A coragem não é um talento. Coragem é hábito. Ser corajoso é tal como músculo, que precisa ser fortalecido. O talento é exercitado, a coragem é fortalecida. Qual a diferença? O talento é prática. A coragem é fé. Praticar seus talentos vai fazer com que um cantor fique melhor. Praticar a coragem significa ter tanta certeza e fé de que seu ato é justo, bom e está alinhado com o Divino, que só apresentará a necessidade da prática diante de um obstáculo grande. Obstáculos pequenos não demandam tanta coragem. A coragem só é necessária quando a fé exige além do normal.

Pergunta 1
Como descobrir nosso propósito de vida e saber que estamos no caminho da evolução por meio do trabalho/profissão escolhido?

Resposta 1
Essa pessoa entende que o trabalho executado por ela é um meio de evolução espiritual. Perfeito. Entende o trabalho não só como meio

de sustento, mas de progresso na senda espiritual. Esse deve ser o pensamento para quem trabalha. Não só prover-se, mas também evoluir. E evoluir nunca é de forma solitária. Um ser que evolui, evolui com todos ao redor. Mantendo firme sempre esse propósito de que o trabalho nunca é só para si, mas serve ao coletivo, ainda que não visto, estará no caminho certo para o progresso.

Pergunta 2
De que forma podemos contribuir para que tenhamos harmonia na família e como melhorar nossa espiritualidade?

Resposta 2
Que bom que essa pessoa ouviu tudo o que eu disse. Pois, ao ensinar-lhes a viver em um estado de harmonia e paz, já apresento que os primeiros desafios são as primeiras fontes de amor. Quando um ser nasce, abre os olhos, dá de encontro, primeiramente, com a mãe. Hoje em dia se veem os médicos, mas o ideal seria ver a mãe. O ponto de referência de acolhimento e amparo são a mãe e o pai, e esse ser espera dali o sustento, alimentação, conforto, cuidado e zelo. E aqueles que nasceram e foram abandonados? Aqueles que foram desprovidos do convívio paterno ou materno? Lógico que existe aí uma trama superior divina que age e coloca esse ser nesse cenário. Esse ser não pode se martirizar durante a vida inteira para dizer: "sou assim porque nasci sem mãe". E usar essa falta como escudo para pisar, agredir ou despertar no outro piedade e comiseração. Dentro do ambiente familiar os desafios são maiores, pois, dentro dessa estrutura, devemos respeitar pai e mãe, atender suas ordens e acanhar-se diante do ensino mais sábio do mais velho. Contudo, a Terra está sendo povoada por seres até mais sábios que os mais velhos. Algumas novas gerações já estão trazendo crianças com um nível de consciência e responsabilidade de conteúdo espiritual infinitamente superior ao daqueles que as geraram. Naturalmente, os pais entram em conflito: "como lidar com uma criança que diz isso?". Os pais estão sendo tomados de surpresa e muitos estão oprimindo esses seres. Nem pensar! Aprendam com esses seres. Permitam-se. Diminuam de estatura, fiquem de joelhos ou cócoras, conversem com esses seres que tanto têm a lhes ensinar. Voltem a aprender com as crianças! A Terra está sendo injetada com seres de luz. Nós aqui estamos fazendo esse trabalho. Visualizem grandes

túbulos, como injeções. Nós estamos colocando seres já em um grau de evolução superior em consciência e harmonia para descerem à Terra e recivilizarem este planeta. Pois muitos de vocês e seus antecessores fizeram o contrário. Crianças luminosas estão ocupando a Terra. Aprendam com elas. O convívio familiar requer humildade e disposição. Disposição para compreender, respeitar, perdoar e libertar, se for o caso. Fora isso, a família naturalmente se fecha, isola-se. Lembrem-se de que vocês pertencem a uma família cósmica. A família terrena de vocês não é a família cósmica! É uma célula familiar que vocês escolheram para aprender e aprimorar-se. Não significa que vocês pertencem ao mesmo planeta, ao mesmo núcleo. E, muitas vezes, não raras, os seres que se veem aqui como pai e mãe são de planetas opositores. Muito se fala de carma, vidas, alguns dizem que são necessárias 700 vidas na Terra para ascender. Não existe número. Existem esforço, dedicação, empenho. Se uma pessoa decide ascender ao máximo de luz que puder alcançar, pode ser na terceira vida ou na milésima. Nunca é cedo ou tarde para ascender à luz. Nunca.

Pergunta 3
Hoje nossos irmãos estão sendo acometidos pelas enfermidades do câncer e as drogas destrutivas. O que os seres de luz podem falar sobre isso?

Resposta 3
Desordem emocional. O câncer é fruto da desordem das emoções. As drogas são frutos da desordem energética. Pouco diferente, mas tudo faz parte do mesmo corpo, corpo de Deus de que vocês estão revestidos. Os corpos mental, emocional, físico e energético são visíveis para quem lê aura, por exemplo. Contudo, a desordem do corpo emocional imediatamente causa câncer. A desordem energética (reflete o que a pessoa está emanando de energia ao derredor de si) traz o infortúnio das drogas. A diferença é que o câncer é produzido dentro do corpo e a droga é imposta ao corpo. Ainda que em estado inconsciente, alguém pode tornar-se paciente do câncer. Mas o acometido pela droga é coautor consciente daquela escolha. Existem pessoas que alimentam a vontade de ter câncer para se vitimizar e trazer para a família o *status* de portador dessa disfunção, mas o que utiliza droga grita por socorro. Os corpos sutis das pessoas precisam estar mais limpos. Precisam limpar mais. Contudo, o estado da droga é permitido na Terra por Deus porque ainda há quem faça uso dela. No dia que as pessoas deixarem de

usar, ela deixará de existir. Mas, ao contrário, as pessoas se drogam ainda que com drogas farmacológicas. Ou seja, de livre e espontânea consciência e vontade se drogam. E Deus permite.

Pergunta 4
Qual chacra precisa ser mais equilibrado para evitar o estresse cotidiano?

Resposta 4
O estresse é pressão mental. Não emocional. O estresse mental pode gerar uma sobrecarga emocional, mas o estresse atua na mente. Pensamentos pesados, pessimistas, temerários, temerosos, opressores, oprimidos, transgressores da luz. O chacra do terceiro olho vai permitir que a pessoa veja até que ponto sua mente está embotada, bloqueada, fechada, achando que o meio para as soluções de seus problemas está dentro de sua cabeça. Se essa pessoa se aquieta e deixa o chacra coronário receber a solução para o problema, o estresse se vai. O chacra da coroa. Permitam que nós, que trabalhamos nessas atividades de luz, possamos derramar o que vocês chamam de intuição. Somos nós os responsáveis pelas vozes que vocês escutam, pelas soluções, ainda que não nos reconheçam pelo nome. Mas vocês devem estar atentos e entender que a melhor solução não se encontra em suas mentes reduzidas e apequenadas. Mas do Alto chega a solução inesperada que ceifará o estresse.

Pergunta 5
O que causa doenças autoimunes?

Resposta 5
As pessoas acometidas por esse tipo de doença não querem ficar sãs. Há um martírio pessoal nessa condição. Em muitas culturas existe o hábito de martirizar-se, impor flagelo ao corpo físico, como que irmanados pela dor em Cristo, por exemplo. Não há necessidade. Estamos na Nova Era, e compreendam que o corpo é só uma roupa. Se alguém achar que o espírito vai se amoldar porque se machuca a roupa, essa pessoa está dando mais valor à roupa que ao espírito. Chega de flagelo e sofrimento. De onde venho não há morte em sacrifício, não há dor. Só há cânticos de louvor, alegria e adoração. Parem de querer estar doentes para não ser doentes.

Pergunta 6
Quais os cristais que podem auxiliar na ascensão espiritual promovendo o despertar da consciência cósmica e a abertura do terceiro olho?

Resposta 6
Primeiramente, deve-se entender que o povo de cristal tem memórias e registros mais antigos, pois são os primeiros ocupantes dessa escola. Foram usados na edificação deste planeta. Servir-se dos cristais é servir-se das memórias. Não existe um cristal para ascensão. Existe um acesso às memórias para ajudá-los a ser alguém melhor e, assim, acender a luz na escuridão de seu eu. Vocês podem usar um cristal de quartzo transparente puríssimo, que é pura transparência, pois, naturalmente, o ideal de um ser é ser transparente, um ser que é pura energia, só luz, sem sensação física. Essa pessoa, ser, entidade ou energia se assemelhará mais com o quartzo puro transparente. Mas pode ser até uma bolinha de gude de vidro, que a pessoa dedica a sensação de que foi forjada recebendo os elementos da terra (areia), fogo (calor), mãos que deram forma, luz que brilha através do sol para que a bola de gude mostre suas mesclas em cor. Não existe instrumento ou artefato físico realmente necessário. Pois, caso assim fosse, o humilde, desprovido de recursos, não poderia ter tanta luz quanto vejo e o mais rico dos marajás seria pura resplandecência em luz.

Pergunta 7
Qual a melhor forma de meditar?

Resposta 7
Sentar-se em lótus, pernas cruzadas, braços relaxados e alinhados, limpando a mente. Sem música, sem chama, sem aroma. Meditação pura. Se houver necessidade de um suporte, usem um incenso, uma música serena, uma vela. Mas a melhor meditação, que expõe o ser humano às mais variadas luzes que podem se apresentar, é esta: ausente de tudo, presente do nada.

Pergunta 8
A ascensão do planeta é uma realidade a curto prazo?

Resposta 8
Estamos trabalhando para que seja. A alegria em meu coração e a paz da redenção do Senhor existem e povoam toda a chance e oportunidade de vida que habita aqui, mas, sobretudo, Cosmo.

Que o calor das asas do Espírito Santo, a quentura morna de seu grande manto, que a presença firme de seu doce olhar repouse em cada um, uma luz de acalento. A força divina da luz branca majestosa conduz à força de cada pensamento. Mantenham seus pensamentos firmes na luz. Os sentimentos os acompanharão e eu estarei em progresso em sua direção. Fiquem na paz!

Arcanjo Rafael e Seres do Comando Esmeralda

Se seus olhares pudessem refletir a alegria do meu, vocês veriam quão gracioso está sendo para nós este momento. A ternura de seus corações constrói pontes em que esses seres, todos generosos irmãos, descem em plenitude, graça e leveza. E assim meu nome foi ecoado e chamado por muitos dias, e era chegada a hora de fazer-me presente. Confesso a vocês que gosto de uma dose de mistério. De todos os meus irmãos com quem compartilho o dever de ser um ser Arquiangélico, o mistério pertence a minha seara; é por isso, pois, que carrego uma cabaça onde guardo os segredos e mistérios para poucos descobrirem. A presença do mistério na cabaça, em uma forma feminina e arredondada, coloca na Terra um grande útero em formação para a humanidade, natureza e tudo de perfeito e belo que existe neste planeta. Ora, poderia ter escolhido qualquer outro formato, mas por que justo uma cabaça? Nasce de árvore simples, é frágil ainda verde quando está; depois, seca e dura, fica resistente e firme, como meu amor por vocês. A cabaça guarda também a chance de cada um se refazer. Ao ingressar no útero da cabaça, na parte mais alargada, o ser humano volta à posição fetal e recompõe-se em nova forma. A cabaça permite que cada um de vocês possa se refazer, restabelecer-se, em segredo, em segurança, em mistério. Por isso, há que ser cálida, protegida, e fora das grandes vistas, pois é um momento íntimo de reencontro com o mistério sagrado do Divino Ser. Solicito que busque em você um novo ser, um ser pleno, um ser feliz. Não há idade para a felicidade. Não há limite para as possibilidades de ser feliz. Não desperdicem a chance de um sorriso largo. Se for difícil alargá-lo, sorria pouco, modesto que seja, mas soltem-se. Relaxem como se estivessem no colo da grande mãe criadora, a Terra, que os acolhe em amor e carinho.

Saudações a todos!
Com muita alegria, ânimo, mas, sobretudo, regozijo, unimo-nos em seus corações plenos de esperança, alegria e brandura. A força cósmica que reúne os seres viventes tem uma energia graciosa e forte. Por que graciosa? Porque é constituída da graça de Deus. Por que forte? Porque Deus é a própria força que imanta e une todos os elos, átomos, células, estruturas e tudo que compõe os cosmos. Cientes dessa eficiência luminosa e radiante, nós estamos nesta noite trazendo o Comando Esmeralda. Toda essa energia verde luminosa, de pura verdade, alegria e conforto, que aí vocês nominam Cura. Daqui não reconhecemos como cura, porque não vivemos ausência da perfeição em saúde. Entendemos que vocês plasmam cura como reforço, retificação e libertação de resquícios físicos, mentais, psíquicos, emocionais, memoriais, constitutivos, que merecem reparo. Cura nada mais é do que a salvação maior da luz em cada ser. Curar-se é fazer predominar a luz que existe em tudo que é. Nós, do Comando Esmeralda, trazemos essa essência, vinda das orbes em distância fulminando tudo que não é sagrado, tudo que não confere com a verdade, tudo que não é puro de Deus. E assim essa força verde, que é como vocês enxergam, vem aquebrantando as dificuldades e obstáculos de resistência. Afinal, por que se diz que a esperança é verde e a última a desistir? Por que então os seres que se aparentam na cor esverdeada transmitem mais pureza? Porque estão mais plenos de verdade! A verdade é um instrumento curador essencial à existência, na Terra. Como cada um de vocês tem lidado com a verdade? A verdade de seu íntimo, aquela verdade de seu sonho sincero, puro, sem máscaras e sem necessidades de arranjos sociais. Tocando a saúde perfeita daquela verdade pura que simplesmente é, o imperfeito se desdobra, desmonta-se, desconstrói-se. Por que eu não usei a expressão se destrói em vez de desconstrói? Porque, de fato, a impureza em algum momento fora construída, não pelo Divino, mas pelas práticas de livre-arbitragem que integra cada um de vocês. Ou seja, desconstruir: desmontar o castelo ou

obra que esteja ainda em processo de edificação, se não estiver fundado na pura verdade. Convido cada um de vocês a buscarem qual a grande verdade, seja no progresso profissional, emocional, familiar, físico, qual a verdade que habita seus corações para impulsioná-los ao mundo etérico de luz! Pensem um instante... com calma. Cada verdade é única e tem a medida própria de seu portador: a verdade individual. Contudo, a verdade do Ser, a verdade divina, a verdade cósmica, é tal como se fosse uma grande e larga avenida em que as verdades individuais repousarão seus encontros. Portanto, ao fazer a conexão com sua verdade individual, há uma linda e singela haste que a ligará à verdade divina do Plano de Deus, ou seja, quando tocar em seu íntimo profundo, a verdade, seja em uma dúvida de questão amorosa, de viagem, de destino ou de direcionamento profissional, questões familiares que eclodem diante de vocês, busquem esse fio que une à grande e sublime verdade de Deus. Todas as ruas desbordam nessa larga avenida em que os sinais dos semáforos são verdes: caminho livre, acesso pleno às suas verdades íntimas e profundas. Conectem, portanto, suas questões, sejam dúvidas, inseguranças ou incertezas que assolam suas mentes e corações, a essa grande avenida: a Verdade de Deus.

Como se livrar e como reconhecer a fraude, o engano? Muitas pessoas vêm nos perguntar como se livrar do embuste: "Fui iludido, fui enganado, fui traído, fui manipulado...", são inúmeras as expressões humanas que decorrem da ausência de conexão com a Verdade Divina. Aqui daremos a vocês um modo de percebê-la: quando houver alguém ou uma situação, um fato, um evento, que coloque vocês na necessidade de apurar quão de verdade existe naquilo, escrevam, seja a pessoa ou evento, em um papel sem pauta, o evento, de maneira sucinta ou o nome da pessoa, simples assim. Feito isso, coloquem em dois papéis: verdade e, no outro, ausência. Só! Verdade e ausência.Por que ausência? Porque não lhes cabe determinar outro atributo, a quem quer que seja, além do que é bom, digno e perfeito. Escrevendo ausência, vocês estão livres de uma possível prática de julgamento condenatório, relacionado a quem quer que seja. Quanto mais vocês abdicarem dessa prática, melhor.

Coloca-se o papel descrevendo a situação no meio, entre os papéis de verdade e ausência, e então, pode-se vir com algum pêndulo sentindo a energia percorrer ao longo do nome ou da situação; esse pêndulo naturalmente irá se movimentar mais para um lado ou para outro e ali haverá sua resposta. Isso serve para aqueles que pensam morar em outro lugar, por exemplo, para saber se casa neste ano ou espera mais um pouco. Coloca-se assim: morar em São Paulo, verdade e ausência; casar neste ano, verdade e ausência.

Soltem-se, desprendam-se, soltem tudo o que não é verdadeiro em si: ilusões, autoimportâncias em excesso, prepotências, sensações de desprezo, de abandono, crítica exacerbada. Vamos destruindo com o poder da Chama Verde da verdade que cura sem ferir; a verdade que é doce, mansa, meiga.

Pensem nos seus parentes, pessoas mais antigas de idade que estão com problema de saúde!

A Chama da verdade convida cada um de nós a falar e viver na verdade. Falar sobre verdade não é tão difícil quanto vivê-la na prática, e vivê-la na prática requer entrega, abandono de conceitos externos, sensações do que outros podem fazer a respeito de vocês mesmos. É necessário abandonar essa impressão do que o outro pensa a respeito de cada um de vocês, pois só assim a Verdade de Deus incandescerá suas vidas nutrindo seus passos, sonhos, projetos e práticas da pura Essência divina. E, como tudo que é de Deus, é próspero, é bom, é perfeito e o julgamento alheio, se a nós parecer ácido, não há problema, basta não convidá-lo a entrar. A verdade é doce, meiga, não é ácida nem áspera. A humanidade muitas vezes usa de dureza para referir-se à verdade. A verdade só é. Ela não possui adjetivos. Ela só é Obra de Deus. A humanidade, ao se servir da verdade, dá a ela o caráter que lhe for compreendido; ao se pegar um pão há que se molhar com mel ou com sal, mas é o mesmo pão: o pão da verdade. Pode ser doce ou salgado, mas será sempre o pão.

Portanto, em nossa despedida, peço-lhes encarecidamente que amem a verdade, façam as pazes com ela e ela procederá às curas de muitos males que são só sensações de impureza, tais como filtros sujos, de condicionadores de ar, por exemplo, que hão de ser lavados para o ar limpo penetrar de maneira adequada. Sejam limpos e acessíveis para que a verdade lhes penetre sem doer, sem parecer incômoda ou não prazerosa. A Verdade de Deus é doce pois adveio d'Ele, assim como vocês. Fiquem na paz! Eu Sou **Letubeh**, do Comando Santa Esmeralda.

Pergunta 1
Por que a humanidade está desenvolvendo tanto medo nesta época?

Resposta 1
O medo é uma energia lamacenta. Qualquer toque suja-lhes as mãos; encarvoado, contudo, lamacento. Não é só poeira. Por que é lamacento? Porque gruda. O que quero dizer? O medo contagia, contamina e se desenvolve tal como vocês vivem vírus e contágios. O medo nasceu filho da ignorância. Aquele que diz "não sabia", com cara do tolo, é o próprio solo para o medo, pois o desconhecido é o terreno fértil para temer; contudo, sendo vocês Centelhas de Deus Absoluto e Perfeito, a quem temem? De onde brota o ínfimo medo? Quem é filho do Rei não teme nada. As dificuldades que os assolam são só propósitos, para que vocês se engrandeçam em Deus. Portanto, se o medo surgir, limitem-no e digam: "Aqui não entrará porque eu conheço, não sou ignorante, eu conheço a Verdade de Deus que habita em mim".

Pergunta 2
Existem as almas gêmeas de cada pessoa?

Resposta 2
Sim, em um número maior do que um. Alma gêmea não é só uma, creio que já foi até esclarecido sobre isso, mas, como sou uma energia que estimula o encontro amoroso, há que se entender que muitas vezes o impulso, o ímpeto em direção a alguém é a relembrança. Por que relembrança? Porque é mais do que lembrar, é um lembrar mais profundo, é um lembrar mais interno, e pode, sim, haver um encontro de chama gêmea única. Almas gêmeas são várias, chama gêmea é única!

Pergunta 3:
É verdade que usar roupas pretas atrai energias negativas!? Quais atitudes podemos tomar, diariamente, para atrair energias positivas?

Resposta 3:
De antemão, a cor é um resultado da incidência da luz sobre tudo que vocês veem. Nós vemos cores em tudo, não só nas formas; nós vemos cor no ar; o que vocês veem como ar, entre um ser e outro, nós vemos cor porque não é ausência. Dentro dos olhos humanos há uma limitação de cores, contudo o preto é a ausência de cor, ausência de luz, daí haver uma associação de que traz introspecção, um convite a não ser visto, a ser mais disfarçado. O preto também

foi utilizado ao longo de muitas eras como a forma de esconder-se na noite, ou seja, tornar-se despercebido no véu noturno, por isso muitos magos utilizavam-se das vestes negras. Então, o negro em si não deve receber uma condenação, o que atrai é a energia vibracional do ser que o porta. Então, para ser atraído e atrair-se por energia positiva, há que ser positivo. Um ser que está no negativo, sinal de menos, vai atrair outro negativo, mas, se os dois juntos tiverem inteligência, converter-se-ão em sinal positivo. Na matemática é assim. Então, não significa que uma pessoa que está em um momento triste, exaurida, fraca, vá ser sempre má companhia, mas alguém positivado, com ânimo e encorajamento, deve se fortalecer e não se contaminar. Então, ao acordar, sorria! Sorria! Amanheceu, tem uma nova chance! Mas até que ponto vocês se servem disso? Anoiteceu, também é uma nova chance de ir para os planos superiores, estar conosco, em aprendizagem no mundo etérico; portanto, não há dia nem noite para haver separação entre dia de crescer, prosperar, empreender e vencer.

Pergunta 4
O mal, os demônios são parte de Deus? Como saber o que é ilusão e o que é verdade?

Resposta 4
Não há mal em Deus. Deus é a Perfeição Absoluta. Não há nenhum vestígio de impureza no Altíssimo, tanto que para chegar-se perto d'Ele há que se estar puro de qualquer imperfeição. Portanto, não se podem falar coisas dessa ordem, isso é a ignorância que tratei agora de esclarecer. O que são esses seres que estão atuando, momentaneamente, no caminho que parece inverso? São seres com a permissão do Pai para tanto. Por que eles se achegam a vocês? Assim como o deprimido que se achega àquele que também está; assim como o triste se aproxima do positivo pedindo socorro. Ou seja, se, diante de suas presenças, em seus dias, se apresentam seres dessa forma, verifiquem e estão negativos ou positivos em abundância o bastante, para fortalecer vocês e outro. Não se pode responsabilizar esses seres pelo mal que os aflige assumam a responsabilidade das desventuras que lhes acometem o dia, ajam com poder sobre elas! Passar ao outro a responsabilidade de tais eventos, transfere ao outro o poder de dissipá-los. Fiquem atentos, amados, fiquem atentos,

para perceber a diferença e o grau de envolvimento que é seguro que vocês tenham. Como uma escola, existem os níveis, os graus. Não é seguro um estudante recém-chegado pôr em risco seu estado psíquico, sua sanidade mental, sua segurança emocional e bem-estar físico, digladiando com forças de potência outra. E também não é justo que as adversidades da conjunção terrestre sejam nominadas de imperfeitas e impuras. São só conjunções. Não significa que existam seres as elaborando.

Pergunta 5
Como amar incondicionalmente nesta dimensão em que vivemos, neste mundo material?

Resposta 5
Quem está aqui hoje, na Terra, já sabe que escolheu vir. Foi escolha sua estar aqui e se submeter a esses testes. Foi escolha sua saber que poderiam enfrentar essa dualidade entre matéria e espírito e, mesmo assim, resplandecer a Glória de Deus. Será então que aquele pequenino ser, que nasceu após nove meses, possui mais autoconfiança que vocês, adultos? Será que aquele inocente que ocupou uma tenra carne que dependia de alguém para dar-lhe comida ou trocar-lhe as roupas é mais forte do que vocês são hoje? Creio que não, pois estão aqui nesta noite. Significa que dentro de vocês existe perfeita percepção de que o amor incondicional, puro, verdadeiro e sem limites é maior do que as adversidades representadas pelo mundo material. Por que digo representadas? Porque as adversidades do mundo extrafísico estão aqui. De onde estou posso me servir. De onde estou posso tirar a fragilidade econômica, como se fosse uma grande prateleira, e encaixar naquele ser como um disco ou um pequeno cartão de memória. E a partir daquele momento, nós veremos como esse ser irá lidar com tal adversidade. Podemos também pegar outro [cartão de memória] e com a dificuldade financeira somar a separação de um casal, e mais testes, e ir piorando. SIM! Isso é Justiça Divina! Muitas coisas da adversidade de que vocês se ressentem foram esquemas programados entre seu espírito e o Ser Maior. Seu espírito disse: "Posso suportar!". Os espíritos mais aguerridos e valentes são mais testados à prova. Observem os seres que estão acometidos desse sucedâneo denominado câncer, a maioria diz: "Vamos lutar, vamos vencer!". Não é verdade?

Porque há neles a memória de ao encarnar dizer: "Pode mandar, irei suportar". Contudo, alguns dizem: "Não! Por quê? O que fiz para merecer?". E, quando isso acontece, o encadeamento desta programação deriva outro [teste] com o qual o espírito não estava aquilatado e a situação se agrava.

Pergunta 6

O que acontece realmente depois da morte, no espaço entre vidas? É como lemos nos livros espíritas? Existem colônias e hospitais? Nas terapias de regressão ninguém se refere a esse período.

Resposta 6

Existem escolas também, existem classes separadas, cursos de treinamento. É muito vasto! Só que isso se trata no campo terrestre, ao que me refiro ao planeta Terra. Não irei a outros mundos senão vai expandir por demais esta noite; em outra oportunidade, amarei falar sobre isso. No planeta Terra, da crosta até atingir os níveis superiores, mais amplificados, ao derredor deste planeta, há uma escala de jornada. Portanto, vai depender da forma da morte e o estado bioenergético, espiritual-mental-psíquico do ser que vai abandonar o corpo. Vamos lá para dois extremos: alguém que esteja viajando com a família, adormecido, no ônibus ou no avião, e simplesmente é "tomado de assalto", roubam-lhe a vida na Terra! O susto, o impacto nesse espírito, fará com que ele precise de um acolhimento, um estágio de compreensão, o estágio de tranquilidade, de segurança e conforto de que aquilo não foi uma condenação, só foi o cumprimento da etapa divina. E, nesse estágio, esse ser vai se aquilatando e tendo conhecimento daquele cenário novo. Se for um espírito como o de vocês, intrépido, perceberá logo e dirá: "Não posso perder tempo! Já estou pronto, estou refeito, posso ir a alguma escola? Fazer algum trabalho? Posso colaborar?". E assim segue em edificação. Portanto, aí na Terra, esta doutrina denominada Espírita explica isso muito bem. Esse trânsito entre o abandono do corpo físico e o estado espiritual do ser é real, como está escrito; contudo, os outros planos, além do plano astral, o plano etérico, vai um pouco além do que está escrito nos livros. Como então ingressar aos planos etéricos? Isso pode ser feito em vida! Isso é o que é mais espetacular do humano! Deus permite que vocês visitem nossas escolas, nossas faculdades, nossos espaços, templos imemoriais, na condição encarnada! Esse é um dos atributos mais especiais que a humanidade terrestre tem, diferentemente de alguns outros mundos. Vocês podem, sim, em consciência, em elevação, meditação, silêncio, jejum, comunhão ou com outro tipo de atividade, conectarem-se e irem para níveis superiores onde as grandes consciências estão conectadas com a Supraconsciência, com a grande Mente de Deus, onde o conhecimento sagrado é desvelado e aberto sem qualquer resistência, onde tudo se entrega à sua alegria e perfeito acesso. Portanto, para os iniciantes, sugiro, ao dormir esta noite, pedir para ir passear conosco em algum templo, para visitar essas cidades, se é que posso chamá-las assim, esses espaços etéreo-cósmicos, e acessar, então, esses conhecimentos profundos. O instrumento sagrado acessado pelos homens, chamado de terapia de regressão, vai buscar um evento, não o trânsito, pois acessar o trânsito é perigoso, a vida não está nascida lá, compreende? A vida, ainda, em processo de acoplamento para desabrochar, não é segura de ser acessada pela humanidade.

Pergunta 7
Hoje vemos pessoas tão boas, amorosas, prestativas e com belas missões morrerem de forma trágica e repentina. Como a espiritualidade pode falar dessa transição para o ser que partiu e para os que o amam e ficaram?

Resposta 7
Não há partida! Então, trabalhando como eu trabalho no Raio Verde, da verdade, não posso falar sobre algo que a fere. Não há partida! Não há, é só uma forma diferente de abraçar, de sentir o cheiro daquele que não está mais vestido dessa pele, com ossos, é só isso! Por isso é tão essencial desapegar-se do físico. Não se trata de abandonar seu corpo: amem-no, cuidem-no, zelem dele, nutram-no, fortifiquem-no, mas não se tornem dependentes desta veste corpórea, pois é a primeira que desnudamos de vocês! Livrem-se da impressão de que seu corpo não é belo o suficiente ou de que vocês não estão tão brilhantes em inteligência ou que não têm algum atributo do qual gostariam, pois cada um de vocês carrega, em seu corpo, a exata medida do que Deus reservou para vocês, ninguém tem mais ou menos. Tudo que provém do Pai é abundante com equilíbrio, sem excesso. Porque não pode haver escassez. E o excesso caminha para a luxúria, para a gula, para a ganância,

para os pecados, assim nominados na Terra, práticas de distorção da perfeição de Deus, seja beleza, seja recurso intelectual, recurso material, o que for. Amem-se, mas não se limitem a seus corpos, e assim os seres que vêm à Terra com o propósito específico de auxiliar os outros, eles assinaram também, igualmente a vocês, um contrato de permanência, como prazo de vigência neste planeta, e sabe-se que ao fim, ao expirar aquele contrato, há de retornar para receber missão ainda mais dificultosa! Porque, ao voltar para o Senhor Altíssimo com notas positivas, aquele ser vai receber mais dons e vai estar mais sujeito aos ataques, aos envenenamentos, aos assédios, à agressão e à morte que lhes parece precipitada.

Pergunta 8
Todos nós temos nossa porção ancestral e nossa porção estelar. Entrar em contato com nossa ancestralidade pode nos ajudar a contatar nossa parte estelar? Como funciona isso?

Resposta 8
A ancestralidade na Terra é vista de uma maneira um pouco diferente do que realmente acontece. A ancestralidade a que vocês se referem, avós, tataravós, e ascendência terrena os conduzirão para o vórtice de registro na Terra, contudo não significa que vocês vieram de lá. Ora, se de um homem e uma mulher nasceu uma só família, e assim por diante, só existe uma família na Terra! Então como reverenciar a ancestralidade? É uma só! Ou seja, na Terra, todos vocês são irmãos, literalmente!!! Nasceram de um só ovo, masculino e feminino, fecundado. O que há de errado nesse raciocínio? Há uma limitação da memória ancestral na Terra, contudo, na mesma Terra, há seres cuja ancestralidade não é terrena, mas sim são de fora. São seres estelares, extraterrestres!! Portanto, cultivar em demasia essa ancestralidade limita vocês e causa um engano. A memória é que vocês realmente nasceram de um ser brotado no planeta Terra, contudo, eu lhes digo em segurança, não é essa a realidade. Muitos de vocês chegaram à Terra quando o planeta já estava povoado, portanto, não há tanta ancestralidade terrena assim.

Pergunta 9
É verdade que poucos seres de luz, no grau dos arcanjos, tiveram contato físico com o Criador?

Resposta 9
Não entendemos o físico tal como vocês reputam, o contato com a Grande Força é estar nela sem receio. A presença do Altíssimo é uma presença rara para se ver porque não há que ver, há que se evaporar! Mas essa percepção pode ser sentida pelo humano na porção que ele aguenta. Senão, como seria o Altíssimo que não se acanha diante de sua pequena criatura? Ou o humano não percebe uma singela formiguinha? E se for um humano gentil, dá-lhe o dedo para atravessar e não pisoteá-la. Contudo, estar na Presença do Altíssimo é raro na plenitude de seu Ser, mas todos podem receber as gotas de amor infinito do Senhor, até que as gotas formam copos, garrafas, baldes, na medida em que possam carregar. A medida que podem carregar é a medida de sua força para receber o Amor de Deus. Como nós brotamos d'Ele, estamos aqui como se fôssemos os cílios em seus olhos, pelos em sua cabeça, se assim os tivesse. Estamos integrados, não vamos ou voltamos, estamos integrados. Mas vocês recebem todas as gotas, baldes, jarras e cântaros infindos da Presença de Deus, só que nem sempre estão querendo recebê-la, estão aturdidos aos telefones, aos compromissos, aos jornais e não olham uma gota escorrendo na folha, um sorriso simples de uma criança, um casal que envelhece junto... todas essas são gotas do Amor de Deus!

E, assim, eu quero agradecer a oportunidade deste espaço sagrado, a oportunidade de ouvir ecoar meu nome, como alguém que pode vir e compartilhar das graças divinas. Essa é a tarefa dos Anjos, dos Arcanjos, dos seres de luz: sermos pequenos braços de Deus para tocá-los, para amá-los e para renovar, em cada um de vocês, a esperança absoluta que o Rei tem nos seus príncipes e princesas para que seja feito um lindo, pleno e absoluto castelo de bondade, onde a fraternidade, a união e a harmonia façam morada eterna; onde qualquer lembrança evoque sorriso no rosto e que as lágrimas sejam de admiração pela beleza e encanto! Que os vestidos repousem leves ao vento, no flutuar das valsas e que todos os querubins toquem danças celestiais e as flores bailem suavemente emanando seu perfume para lhes contemplar e convidá-los a fechar os olhos, sentindo o aroma das flores, percebendo a nuança do vento, sentindo a leveza da alma e o coração em puro contentamento, nesse estado angélico e puro de ser. Não há espaço para qualquer coisa fora da perfeição de Deus! Regozijem-se pela alegria de estarem vivos, na Terra, em um momento luminoso e grandioso! Coloquem seus nomes neste Sagrado Livro que irá marcar e ecoar grandes outras dimensões planetárias como seres que estão, de fato, fazendo a diferença na Terra; fazendo luz no planeta, multiplicando amor e devoção, pois assim seus nomes nunca serão acanhados, serão sempre luminosos! Que a paz de Deus esteja sempre convosco e meu coração também!

Arcanjo Gabriel
e Anjo Esperança

Chegamos trazendo, hoje, uma preleção inicial sobre promessas. O que são promessas? Promessas são momentos breves de compromissos firmados para um amplo tempo. Ou seja, a grande promessa está chegando a se concretizar, a presença de Deus vívido, firme, eficaz e concreto no dia a dia de cada um de vocês. Essa é a grande e maior de todas as promessas que o grande redentor deixou para vocês. Ao pensar em promessa e perceber que o mundo superior vive, vibra, treme e louva a presença de vocês como seres para receber as promessas, faz com que todo o sistema aconteça.

O sistema de causa e efeito é um sistema feito entre promessas, ajustes, cumprimentos, entregas ou descumprimentos. Quando as divindades, todos os seres de luz, de amor, de verdade e bondade, chegam até vocês, elas vêm cumprindo uma promessa do grande Senhor, que prometeu trazer a vocês mensagens, nutrição, insumo, ânimo para essa jornada terrestre. Mas como eu posso saber que estou aqui atendendo a um compromisso celeste? Quando seu coração se afina com aquela mensagem, quando seu coração diz sim para aquela imagem, palavra, canção, momento. Nesse engate há uma apropriação e se constitui algo chamado aliança, essa é a razão por que os nubentes usam aliança. Primeiro, nasce a promessa de amor, em um segundo momento o compromisso de manter o amor nutrido e a aliança, representada por um anel, sem começo ou fim, estabelece-se.

Vocês estão vivendo na Terra o momento da entrega dessa aliança, nada são menos nem mais do que noivos e noivas de Deus, prometidos a Ele, que se comprometeu com vocês e vocês para com Ele. Como, então, acontece quando alguém em algum momento do dia ou da vida decide abandonar esse compromisso com o Grande Pai? Pode acontecer esse processo por esquecimento, por falta de ânimo, que vocês conhecem como preguiça, falta de vontade. Pode acontecer por adoções de práticas, pensamentos, sentimentos e atitudes contrários ao plano de Deus. Nesse momento, como uma aliança, começa a rachar, abrem-se fendas e essa aliança que está acoplada em suas mãos, energeticamente representada pelo dedo, pode sofrer fendas e ataques energéticos. Como assim!? Ao descomprometer-se com a perfeição divina, todos vocês estão expostos à imperfeição, como um marido ou esposa que busca outros favores emocionais fora do casamento com o prometido. Nesse momento, aquelas pessoas abrem fendas em sua aliança e permitem se expor ao risco de algo impuro. Dessa forma, como faremos a renovação da aliança representada pelo Cristo Cósmico (Jesus), memória forte neste país, neste planeta?

A grande e eterna aliança celebrada e renovada com a presença de nosso amado Jesus fez com que os homens dividissem o tempo percebendo-o como antes (a.C.) e depois (d.C.) dele, como muitos definem, antes de casarem-se e depois do casamento. Quando Jesus partilhou jornada carnal entre vocês, ele abdicou de muitas habilidades que possuía nos campos astrais superiores para estar com vocês: humildes servos. Ao despojar-se de muitas vestes de poder e acanhar-se a um corpo humano arriscado a ferro, fogo e violência, ele mostrou quão grande é a importância da humanidade para o Senhor Nosso Pai. O investimento do Rei soberano prova-se com a entrega do próprio unigênito, Jesus. Desse modo, voltaram-se aos grandes orbes celestiais notícias alvissareiras de que a humanidade seria outra, de que a humanidade seria contaminada pelo amor representado pelo sangue de Cristo, que se entregou manso e humilde. No entanto, com o passar dos anos, não foi o que se viu, muitas fendas foram abertas nessas alianças e os riscos das imperfeições se assoberbaram na Terra. Diante disso, das práticas humanas distantes de todos os ensinos de Jesus, um alvoroço se tornou em maior número para que se chegassem à Terra presenças mais fortes, quase brutais, para combater as energias nefastas que usavam instrumentos impuros, daí, portanto, a presença de nosso Amado Miguel, tão forte, na Terra, posto que não era esperado que houvesse essa involução amorosa.

Miguel foi contundente presença e ainda está, para garantir o equilíbrio entre a luz e a sombra; por isso, sua espada tem dois fios e carrega consigo uma balança, definindo percentual da aliança inteira e suas pequenas ou grandes rachaduras, de maneira tal que possa ter a esperança de suprir-lhe essa falta e completar-se novamente. Mas como, após a aliança rachada e ferida, renovar esse compromisso? Renovando o amor por Deus, renovando a esperança n'Ele, retomando todos os ensinamentos e lembrando que muitos outros estão guardados em suas memórias. Pois muitos viveram antes da chegada de Jesus à Terra. Muitos aqui têm almas antigas. Chegaram vocês à Terra portando a aliança com Deus e mesmo assim, após a chegada assistir um Cristo rachado e ferido, estão agora nesta vida, com que tarefa? Reanimar essa aliança, fortalecê-la, preenchê-la, pois Deus incutiu em cada um de vocês grande dose de Esperança – que é meu nome.

Chamam-me assim de **Esperança**, sou Anjo também. E muitos buscam saber que cores sou. Não chego a ser verde, aí na Terra, mas é quase lá, um branco iridescente, como a asa de um pequeno inseto, uma libélula esverdeada, talvez.

Esse é meu tom com olho humano. A Esperança vem renovar em vocês o compromisso de Deus que os espera. Deus tem esperança em cada um de vocês, porque ele segue os esperando. Por isso eu fui feita, para trazer a vocês essa lembrança e voltar para Ele. E Ele me abastece e me manda de volta! E vivo indo e voltando, não só neste, mas em outros planetas. Sabendo agora quem de fato sou, eu os convido a pensar qual a grande esperança para um mundo melhor. Como seria o planeta Terra melhor?

A medida dos pedidos de vocês mostra o grau de elevação de cada um. Servem como termômetro e também refletem de que forma vocês são tocados pela dor do mundo. Aqueles que pediram um mundo sem guerra precisam cultivar a paz interior. Quem pediu um mundo sem fome, dedique-se a alimentar a si mesmo, nutrir-se. Aquele que pensa na água e na estrutura do planeta como fonte natural, busque contato com elementos da natureza. Aqueles que pediram um planeta com mais igualdade social, olhem para um irmão sem medo de ser agredido ou violentado e olhem para o outro que lhes parece superior sem se sentirem inferiores. Ou seja, cada pedido que vocês fizeram é exatamente o que vocês precisam. Este é um sistema que o Senhor depositou dentro de nossa inteligência superior.

Muitas vezes pedem um mundo com mais amor. Essa resposta do amor é a primeira e única resposta. Em um mundo com mais amor não haverá escassez, não haverá discussões, não haverá conflitos. Um mundo com mais amor cessa toda e qualquer carência e todas as sensações são confortáveis e pacíficas; assim sendo, quando se pede amor, emana-se amor para o mundo. E esse amor voltará a vocês.

O amor é a grande energia, é o combustível real. Real no sentido de rei, de realeza, de nobre, de puro, de edificado. O amor é tudo que se justifica por existir. Nada é desprovido de amor. Tudo possui amor. Alguns em maiores partículas, outros em menor quantidade, mas aquele que parece com pouco de amor, se assim vibrar bastante, será inundado de tal e reverberará essa energia em um grau superior nunca antes imaginado.

Essa é minha grande missão, sendo eu o anjo Esperança: ensinar a humanidade a semear, multiplicar, plantar e colher, e semear novamente, em campos outros, a semente do amor. "Como fazer isso nos dias mais difíceis?", perguntam-me com grande constância.

Fazer brotar o amor na adversidade é um grande teste nessa escola terrestre. Ao opor-se diante de cada um de vocês um obstáculo ou uma adversidade, fechem os olhos e visualizem um grande paredão com energia rosa, um rosa-bebê, aquele rosa delicado, e visualizem a pessoa que vocês entendem como agressora ou a situação como intransponível ou a prova que estão passando como dificultosa; ali se constrói um paredão de amor entre vocês e esse cenário. Visualizando essa grande parede, percebam que ela não é opaca, parece com o que vocês chamam de acrílico; é transparente, mas tem uma consistência um pouco macia, que em um estado mais aquecido pode ser modelada, e então esse paredão de amor vai se modelando em uma situação diferente, mais condizente com o estado pleno de amor. Encontraram diante de si um ofensor, alguém que lhes trouxe palavras pesadas? Antes de retrucar, inalem e expirem, edificando essa parede de amor. Essa pessoa, sem saber o motivo, começará a mudar de frequência vibratória. Essa pessoa será impactada, pois essa parede o impedirá de agredi-los. Diante desta terra violenta com furtos e outros crimes, vão para um ambiente deste, coloquem-se protegidos no grande cilindro de amor revestido, se quiserem também, pelo azul de Miguel, dada a densidade terrestre. Quando vocês alcançarem níveis superiores, desnecessitarão desse azul e o rosa será suficiente.

A pessoa que espera uma resposta imediata, reativa, vai ter uma pausa mental, a mesma que cada um de vocês deu ao construir essa parede. Essa pessoa ficará um pouco embevecida, a depender do nível em que ela se encontra, ficará mais e mais tomada pela energia do amor.

Agora me vou, agradecendo o carinho com que vocês executaram cada uma das etapas e avisando-os de que ESPERANÇA nunca morre! Portanto, estarei sempre com cada um de vocês, mesmo que percam a crença. Esperança é diferente de crença. Crer pode ser mais difícil. Ter esperança é mais simples. Por isso que eu sou assim mais simples do que a fé.

Arcanjo Gabriel – A grande tarefa que tive na Terra foi a de anunciar a chegada daquele que tudo é: Jesus. Assim que o Soberano determinou a mim essa confiança, Ele me inundou com estado de graça e tamanho espanto, que meu coração, se assim tivesse como os seus, pararia no ato e Ele então me disse: "Por que estás estupefato?" – tal razão porque meus olhos saltavam da face e eu respondi: "Mas como, Senhor, Tu podes crer que a humanidade é digna de tal mister? E Ele zangou-se um pouco e, relutante, disse: "Mas, criatura, se eles também são de mim...". Imediatamente percebi que no Senhor Deus havia afeto especial pela espécie humana e acreditei mais em vocês do que supunha. Naquele momento, Deus olhou pra mim, se é que olhos Ele possui, e disse-me: "Que esperas? Anda! Bate asas e vai!". E eu disse: "Senhor, a Terra está pronta?". E ele disse: "Sim, fecunda está. Há muita dor, precisa parar". E, assim, vim, não só, pois assim não ando, carregado e inundado com todos os anjos, indicados pelo Senhor para propalar a Nova Esperança, a mesma que arrebatou os coros de anjos para reunir todos em trombetas e organizá-los para a grande missão: aparecer diante de uma jovem e avisá-la de tão grave questão. Dessa forma, fui de manso e apareci àquela Maria. Apequenei-me de tamanho para que pudesse não lhe causar assombro. Mesmo assim, ela olhou-me estupefata, dizendo: "De onde vem tamanho estrondo?". Disse-lhe: "Calma! São as cornetas, em breve acalmarão". Então ela entendeu. E eu disse-lhe: "Tu és graciosa perante o Rei Supremo. Ele te olha e percebe flores que brotam de ti, aromas encantados, graça e perfeição; caminhas e inebrias a multidão, portanto assim te será confiado e teu ventre será inundado de grande paixão. Naquele momento, a jovem indagou-me: "Mas como, se nunca fui tocada? Nem penso em tal assunto, sou muito discreta, não entendo coisas desse mundo!". Disse-lhe serenamente: "Confia! Ninguém te tocará! Terás, sim, um filho concebido do Altíssimo Senhor e assim ele se quedará à Terra". Em silêncio, Maria adormeceu. Pediu, então, para que houvesse uma prova. Por que essa prova? Por que muitos são os enganadores que se vestem como imitadores, forjando-se serem como nós. Maria, astuta que já era, percebeu que não podia cair nesse engano. Correu imediatamente e cercou-se para ter certeza e não ser iludida. Pediu então a Deus que lhe desse prova, um milagre concreto, e assim se sucedeu. Foi ter com sua prima, que, apesar da idade avançada, grávida estava! Com seis meses, até que ali nasceu João Batista! Maria voltou da casa de Isabel, confiante e segura de que aquela ordem fora dos Céus.

Da mesma forma, desci esta noite, para lhes dizer e renovar que a Ordem Divina urge e vem sem nenhum pesar. Confiem na presença de Deus que está aqui a se firmar! Dentro de vocês mora Ele, e também aqui e acolá. Deus inunda a todos, não esquece quem quer que seja, nem aquele pequeno ferido ou aquela alma malfazeja. Ele ama, perdoa e cura. Acolhe e tem esperança. Crê firme e inunda de verdade e mudança.

Quero pedir a vocês, com todo o amor que carrego: olhem para as crianças! Percebam mais sobre elas, ouçam mais o que as crianças têm lhes dito. Percebam mais os desenhos que elas fazem, fiquem mais atentos às canções que elas escolhem ouvir, às danças que elas planejam executar. Está sendo povoada a Terra com seres mais elevados, e os adultos devem se encolher, pois eu, que entendia e olhava para a humanidade como algo menor diante de Deus, acanhei-me ao falar com Maria. Façam assim também! Vocês, adultos, terão vidas muito mais inteligentes se as ouvirem. Não estimulem crianças com muxoxos, com descasos, com falta de respeito, isso é muito grave!

Muito tem se falado das agressões, das perseguições nas escolas retirando-lhes as purezas, pelos adultos ou até entre colegas. Essa pureza que as crianças têm deve ser estimulada pelos adultos, mas não a infantilidade.

Infância não é infantilidade, infância é ensino. Infantilidade é conduta. São momentos distintos, posições e consequências diversas; afinal, uma bela infância transforma um jovem bom em um adulto capaz, mas um adulto infantil, não. Observem, fiquem atentos.

Pergunta 1
O desenvolvimento da espiritualidade individual pode ser impulsionado ou acelerado por meio do contato pessoal com pessoas trabalhadoras da luz?

Resposta 1:
Sim.

Pergunta 2
Antes de encarnarmos, fizemos um planejamento reencarnatório. O que mais nos dificulta a cumprir esse planejamento?

Resposta 2
O projeto encarnatório não é feito pela pessoa. Seria maravilhoso! Todos seriam reis e rainhas e faltariam súditos. Não é bem assim. Existe uma comissão que define esse sistema para que, juntos, possa haver uma evolução, pois o projeto de Deus é que todos evoluam indistintamente. Observe o que sua alma chama. A alma é o espírito na carne. O caminho indica fortalecer a alma e ouvi-la para cumprir o plano.

Pergunta 3
Como nos perdemos tanto?

Resposta 3
O caminho é um só. Já foi dito. Alguém já viu nascimento de tartarugas? Sempre há umas que rodam em giro e nunca alcançam o mar. Isso é o que acontece com a humanidade. Alguns se debatem e não conseguem alcançar o mar, mas não necessariamente porque se perderam. Mas o tempo de vida daquela tartaruga era somente aquele. Quando vocês virem alguém que vocês amam supostamente perdido, confiem em Deus porque entregue ele já está. Quando dizem "Entregue a Deus" eu rio. Porque a Deus, o ser sempre esteve entregue. Só confiem, pois o Senhor fará o melhor trabalho. Ainda que distante da compreensão. Não perguntem a razão, só confiem em Deus.

Pergunta 4
Como libertar a alma e pôr fim ao sofrimento?

Resposta 4
O estado de sofrimento é um estado de frequência vibracional. A sensação de sofrimento é uma sensação, mas não é um sentimento. A sensação de uma pancada no braço dura um tempo. Não fica o sentimento de dor. Quem nutre sensações negativas constrói sentimentos negativos, que dão origem ao sofrimento. Sofrimento não existe. É uma construção mental humana, por suas práticas de ignorância, como prédios que são construídos e depois desabam.

Foram construídos com maus insumos. Pois uma edificação perfeita é edificada com boas sensações. Ou, ainda que tenha havido dor, que essa dor não vire sentimento doloroso, apenas uma sensação que foi liberta e encerrada. Quem quer se livrar do sofrimento tem de entender a dor como momento e fechar a porta sobre ela. Nunca a deixar enraizar como sentimento.

Pergunta 5
É possível almas gêmeas se encontrarem e não se reconhecerem?

Resposta 5
É o que mais acontece. A humanidade tem perdido encontros de amor e nós, aqui, amamos ver o amor entre vocês! É belo! Produz bolhas de luz que, muitas vezes, nos servimos delas para dar a outros que nada têm. Quando dois seres se amam, seja alguém, uma planta, um animal, qualquer forma de amor produz camadas de energia de várias formas que também, depois de saciados os seres emissores do amor, servem de combustível para quem nada tem. Existem ordens específicas para fazer essa coleta do amor, por isso o ato de amar tem de ser incessante e abundante, porque, quando se ama muito, planta-se muito amor nos lugares mais áridos, onde há pouco. O encontro de almas gêmeas nem sempre se dá de maneira evidente. Às vezes um companheiro de trabalho, a vida toda silente, nem se apercebe, mas o amor está ali entre vocês. A alma gêmea não precisa ter um encontro carnal para ser assim reconhecida como tal. Mas, se nascer o amor, já é o bastante.

Pergunta 6
O destino e o livre-arbítrio parecem existir juntos e, às vezes, até se confrontam. Como distingui-los ou separá-los?

Resposta 6
Há um senhor muito inteligente, que já não está mais encarnado, que disse: "Destino é o nome de quando você não faz as escolhas pessoais com consciência". Ou seja, quando seus passos são inconscientes, tudo é destino. Porém, quando cada um de vocês se assenhorar de vocês, não há destino que resista. O poder é pessoal. O destino foi tão cultuado pela humanidade que se tornou um ser. Antes ele era somente uma energia. De tanto o homem falar dele, ele se instrumentalizou e virou um ser. Nós não podemos destruí-lo, ainda que ele não tenha sido criado pelo Divino, como eu fui.

Mas mantemos um sistema de respeito e, onde eu estou forte, ele não consegue se manter. Temos nossas pazes.

Pergunta 7
Qual a explicação da espiritualidade para essa grande epidemia transmitida através desse mosquito, inclusive com a nova geração de crianças com microcefalia? As experiências com mosquitos geneticamente modificados influenciou esse quadro? Existe alguma maneira espiritual ou energética para proteção contra essas doenças?

Resposta 7
Existem tecnologias de outros planetas, estimuladas e inoculadas neste para causar danos à humanidade. São chamados chips. São chamados inoculadores de dominação. Aqui, na esfera onde ando, há outros nomes de difícil compreensão para a linguagem terrena. Existem chips energéticos e espirituais, como os de celulares, como cartões de memória, de tecnologia avançada, que inoculam nas pessoas por meio de músicas, imagens, sons, comidas e também mosquito. Ou seja, não só o mosquito. A epidemia existe trazendo danos em larga escala. Como pode haver uma música com nome de doença? Qual a lógica disso? Isso é bom? Não. Há uma falta de percepção profunda e um humano, de alta envergadura, se arreia para um mosquito de mínima proporção. Por que Deus permite? Para que vocês se acanhem e entendam que um homem de 1,90 metro pode cair para um mosquito de meio centímetro. Acanhem-se diante de Deus para receber só o amor d'Ele. Não porque Ele é um Deus que impõe terror ou medo. Mas para receber d'Ele esse amor. Inundados de amor, fortalecidos nesse amor, seus músculos, suas peles, seus tecidos não serão acometidos dessas epidemias impuras e nefastas que podem ser uma simples música que invoque negativações, depreciações, competições, ilusões, materialidades. Isso não.

Pergunta 8
Por que existe antipatia a pessoas que, por natureza, deveríamos amar como a família? Seria algo de vidas passadas?

Resposta 8:
Nem sempre. Todas as palavras que têm "anti" à frente significam contrário. O propósito, o objetivo é que todos os humanos sejam simpáticos, que digam sim ao outro e não o "anti", contrário. Alimentar a antipatia é alimentar um sentimento. Muitas vezes temos

a sensação de que vocês não gostam de alguém, mas se essa sensação for alimentada virará um sentimento que criará todo esse sistema negativo. Se essa antipatia tem causa, não é importante. Só livrem-se dela. Quando vocês estão resfriados, ficam buscando o motivo ou se livram da gripe? Esqueçam o motivo. Livrem-se da antipatia. Não busquem se é vida passada, se é por isso ou por aquilo. Sempre haverá uma justa razão do outro. Se é muito dificultoso livrar-se dessa situação, busquem transformar a convivência em pacífica, no mínimo neutra. Se não conseguem amar, abraçar, pelo menos respeitem, como respeitaria alguém que entra no elevador, um colega de trabalho a quem vocês podem oferecer um café, sem esperar nada em troca. Se não conseguem entregar afeto, entreguem o neutro. Ao menos vocês não estarão construindo e edificando sentimentos impuros que virão a desmoronar. Pois, quem sabe, aquele que hoje vocês rejeitam pode ser o doador de um pedaço do corpo que vocês precisarão adiante. E essa antipatia nutrida em seu corpo rejeitará a doação e, ainda que ele tenha ofertado o rim, seu corpo já é antipático a ele. Minimamente pensem em causa própria; se não conseguem transcender as dificuldades e pensar em Deus, pensem em seu bem-estar. Mesmo assim, seguimos ajudando vocês.

Despeço-me cheio de alegria, aviso que os anjos de guarda de vocês foram presenteados com uma pena de minhas asas e estas estarão ao lado direito de cada um de vocês.

UM GRANDE ABRAÇO PLENO DE AMOR E LUZ SEMPRE!

Oxum e Ísis

A vida de Deus! Cada um de vocês pensa sobre suas próprias vidas: o que fazer, para onde ir, o que comer, por onde andar? A vida de Deus é mais que isso, a vida de Deus é tudo isso.

Mas como, então, perceber a vida de Deus em nós? Como, então, perceber a energia divina em cada passo que é dado? A vida de Deus vive em vocês. Perceber a vida de Deus em cada um lhes dará a certeza de que nunca estão a sós, e mais do que isso: vocês são responsáveis pela vida d'Ele!

Vocês pensam que são responsáveis pela vida de seus filhos, mas eu quero lembrá-los de que são responsáveis pela vida de Deus! Que responsabilidade! Ser responsável pela vida do pai, pela vida de tudo. Ao perceberem isso e estarem em conexão absoluta com a grandiosidade dessa tarefa, vocês vão decidir mais acertadamente, pensando nele. Como, então, decidir minha vida sendo ela a vida de Deus? Aqui darei alguns conselhos:

Primeiro: nunca pensar só em si. Deus também é o outro! Assim, fica impossível não ser gentil com Deus, aquele que você chama de outro. E, assim, um dando a mão ao outro, não há tempo de conflito, não há tempo de disputa, tampouco guerra, afinal você é responsável pela vida de Deus. Como então agir e escolher os caminhos a serem perseguidos tendo a consciência divina?

Obstinar-se a estar resoluto com o que é bom. Como assim? No mundo em que o assédio do imperfeito é grande, somente a presença grande do bom acanha o imperfeito. Portanto, diante de uma atitude impura ou maléfica, pense: Deus também está ali!

Deus, desperte mais fortemente naquele agressor! Deus, amplie sua luz naquela palavra ácida!

Ao invocar a presença de Deus naquele ser, ele transbordará em luz e o mal, assim denominado, começa a regredir. Pois, diante do Deus invocado, ele se esconde, pois teme a Deus. Temor a Deus! Qual a razão de temer a Deus? O inseguro, aquele que não anda firme, consciente da presença divina em si, treme diante do pai por outra coisa que não seja vergonha. Aquele maledicente, maléfico, corroído, doído ou agressor, agredido, ressente-se do constrangimento da presença de Deus e envergonha-se, como filho que não atende ao comando paterno. Portanto, estar em Deus, nutrir e viver a presença de Deus em seus passos é percebê-lo em tudo e todos. Não se trata de uma fala corriqueira, mas deve ser uma prática diária. Difícil, digo-lhes, não é, pois não há sobre a Terra alguém 100% corrompido de trevas! Basta 1% de luz para tudo se reverter em luz. Ao passo que aquele que percebe o mal no outro aponta-lhe o mal, o mal se engrandece, arrogante que é, e quer tornar-se 100%.

Qual o desafio diário de alguém que encontra provas na vida, diante de alguém que trata de maneira agressiva, que lhe desfere palavras pesadas? Não é a mansidão da subserviência, não, mas o convite que o Deus presente naquele ser se torne maior do que a ausência d'Ele!

Olá! Quanta alegria! Quanta felicidade!

Como seriam os dias sem gotas da saudade? Pois assim eu sinto e por isso chorei hoje, chorei para tocar vocês, sou **Oxum**!

A arte de amar não requer sacrifício, não precisa ser associada a dor ou a sofrimento, de forma alguma. Amar é só sentir. É só abrir o coração e deixá-lo solto, livre, pois o que causa dor e sofrimento é a ilusão da prisão, que muitos nominam amar.

Amar alguém é brindá-lo com o encontro. Trazer para si o encontro, perceber que a simples voz daquele ser amado é suficiente para fazê-lo rir. Perceber que a existência de alguém que o ama com ternura inunda seu peito de esperança.

Aquela força com a qual um pai ou uma mãe olha para seu filho e diz: "como te amo", em silêncio! Quando lhe toca a fronte ou afaga-lhe a ponta dos pés, quando ajuda a vestir um ancião e diz "eu te amo", esse é o amor de que falo! Não é o amor que aprisiona, não é o amor que lhe impõe compromissos, é o amor de entrega e fluxos sem fim, é o amor de onde eu vim: a água.

Ainda que os homens teimem em fazer reservatórios, insistam em desviar o curso do rio, eu e o amor de onde eu vim os rompemos; e, quando não os rompemos, é só por amor a vocês, para acreditar e fazê-los merecedores de uma água represada, para seu deleite, para seu banho, para sua hidratação. Contudo, se o amor fica retido, eu choro em profusão e, assim, deito e desvelo os ventos rolando no céu, as nuvens trazendo o amor de Deus para vocês. Por favor, não prendam o amor! Ampliem a capacidade de amar uns aos outros e amar o nada, a amar a Deus! Simplesmente amar! Não precisa destinatário! Não é uma carta! Ele vai chegar para quem o espera!

Quando vocês colocam beijos no vento, nós coletamos esses beijos e levamos para os corações áridos, ressequidos e desassistidos. Enviar bolhas de amor, formatá-las mesmo, com consciência, e visualizar tal qual bolhinhas de sabão que uma criança faz, representa a cor do amor: translúcida e, ao mesmo tempo, capaz de receber qualquer cor que quiserem pôr: pode ser rosa, verde, azul, amarela ou transparente, é só o amor e ele é carente. O amor é carente de vocês. Ele me contou e pediu para partilhar isso com vocês. O amor sente falta de vocês. Muitos choram pedindo amor. Mas o amor está acessível todo o tempo e vocês não o acolhem, não o reconhecem! Não o entendem. De maneira distinta, o amor não precisa ter uma forma, o amor não precisa ter cheiro, nem coisa alguma. Só precisa que vocês se permitam!

Permitir-se amar é um exercício: o músculo cardíaco, chamado coração, precisa pulsar e trocar a energia com o ar. Por que, então, o coração é o símbolo do amor na Terra? Poucos pensarão sobre isso, mas é porque ele, inteligentemente, recolhe o sangue, que são os rios, de vocês, recebe o ar para brindar, todos que vocês não veem, com seu amor!

Olha que astuto! Ou seja, nem que vocês resistam, ele não para! É a força incessante! E ele não é prudente! O amor não é prudente, o amor não tem freios, ele não reconhece limites, e ele vai insistindo, até que se abra uma fenda e ele ingresse e derrame-se em águas. Como muitas pessoas vivem a experiência de amar a Deus, fechar os olhos e sentir a presença divina é experimentar amor no mais algo grau. Os amantes, os pais, os filhos, os puros de coração experimentam o amor. São lampejos, degustações do grande e absoluto amor de Deus por vocês.

O amor do Senhor, o amor do Altíssimo reina nesta noite, neste lugar; o amor do absoluto e supremo vem em ondas gigantes absolutas, suaves e mornas, penetrando em todos os átomos de suas células e inundando-as de seu substrato. O Amor Divino incessante, imprudente, ele vem avançando sobre vocês e diz: não adianta resistir! Eu vim para ficar, eu sou o amor, muito prazer! Meu coração é seu! Sou solo fértil ainda que me pisem, ainda que duvidem de mim, ainda que achem que a capacidade é pequena, eu lhes digo: cresço no ambiente hostil, nasço e renasço, ressequido que seja; basta apenas uma coisa: existir!

Independentemente da vontade, independentemente da escolha, da crença ou do exercício, existir é suficiente para amar e ser amado. O Senhor Nosso Pai, assim chamado como Pai, como referência criadora, fonte de vida e Senhor de tudo, incumbiu-me pessoalmente, "contou-me há um tempo mais uma das missões que tenho neste lugar, dizendo-me: confio a ti, sagrada água pura que és, transparente, sem ter existido na Terra como ser humano; confio na pureza daquilo que seria coração, para dedicar a ti a sensação que eu quero partilhar com a humanidade de ser puramente renovada!".

Sintam gotas específicas descendo sobre seus coronários, alto da cabeça, chacra da coroa, uma luz radiante, pura como a água mais transparente da pia batismal do Sagrado Coração de Deus.

"Oh, Senhor! Oh, Dadivoso! Oh, generoso! Oh, incansável, nós o amamos!

Eu sinto o amor deles por Ti, sinto, e consagro cada pessoa a receber essa bênção, esse batismo, essa renovação filial, reconhecendo a Ti, Senhor, como nosso pai, nosso tutor. Confiamos a ti essas existências, não só nessa encarnação, mas em todas que hão de vir. Frutificadas sejam vossas mentes, corações e corpos em amor, paz e harmonia! Selado está!"

Viver em um estado Divino é ter percepção clara da condição divina que anda, vive e permeia tudo que há, além da Terra. Sabendo, consciente ou inconscientemente, vocês estarão entrando em universos paralelos, em ambientes fora da Terra, fora desse contexto adensado material, e sendo tocados, tratados, curados e elevados a um nível transcendental cósmico.

O nome deste grupo: Universo de Luz. É por isso que toda atividade feita por eles tem caráter Universal, Cósmico, além da Terra. Assim sendo, eu vou introduzir outro grupo que está ancorando agora nesse sistema, com os pré-selecionados desta noite. São 65. Por que será que 65 forma o número 11? E é um número que não se soma, é um número primo. Tudo no Universo tem uma lógica matemática, e essa lógica matemática não é escravizante, porque também o que é percentual pode ser edificante. Qualquer percentual: 0,000001 de luz, a gente multiplica e a gente converte, e a gente veio aqui para isso.

Está sendo ancorado agora o Comando Ísis, em força e potência, em união com o Comando Ashtar Sheran, renovando este espaço, este ambiente físico estruturado na forma ovalada, anelada como base de estrutura, de acolhimento, instrução, evolução e elevação dos seres terrenos que assim desejarem, em progresso, em direção à luz.

Pergunta 1
Quem é essa Deusa que eu vejo? À medida que a luz da pedra muda, sua vestimenta também muda e levanta os braços como que pedindo louvores a todos no ambiente.

Resposta 1
Que bom! Deusas são todas as mulheres. Deuses são todos os homens. Pequenos Deuses, as pequenas crianças. Todos são Deus! Se a luz muda e a cor vai transcendendo, é porque de fato a energia com a qual me apresento tem nuanças, como a água; afinal, é o que sou. A água pode ser azul, pode ser verde, pode ser transparente ou marrom, dourada também, não é? Sou eu, em outra forma, a própria Ísis, que estarei com vocês, à frente destes trabalhos, explicando o Comando tal como vocês veem.

Pergunta 2
Conhecer nosso carma passado nos daria condição de usar nosso livre-arbítrio com mais responsabilidade? Por que não é assim que funciona o processo evolutivo?

Resposta 2
Por que o véu do esquecimento quando se encarna na Terra? O véu do esquecimento é fundamental para não estabelecer vícios, dependências de relacionamentos anteriores. Se antes aprendemos que devemos amar indistintamente, ao encarnar na Terra, se vocês permanecem com a memória do amor antigo, a tendência é ir buscar aquele mesmo amor, e não experimentar outro. Quanto mais pessoas, quanto mais oportunidades de praticar o amor, maior o percentual de amor na Terra. O véu do esquecimento faz com que vocês fiquem libertos, também, de preconceitos, conceitos memorizados, por uma vida não tão feliz, ao lado de alguém, por exemplo.

Pois, então, se soubessem que aquele que lhes agrediu é hoje seu irmão, naturalmente haveria uma rejeição; porém, se Deus o colocou como irmão, é para exercitar o amor e, sobretudo, o perdão. Mas, se seu coração já vem maculado com essa memória da agressão sofrida, naturalmente o amor se tornará mais difícil. Nos seios familiares, quando os grupamentos se reúnem, tais encontros podem acontecer por afinidade, compromisso ou desafio evolutivo.

Vocês podem nascer em uma família em que haja alguém ou mais de um que os desafia, que os agride ou que os maltrata; vocês têm dois caminhos: reagir ou agir com Deus. Agir com Deus e convidar o Deus dele a crescer junto ao seu, em vez de rejeitá-lo. Só esse é o caminho que vai encerrar o círculo das encarnações, a Samsara, o círculo que mantém todos indo e voltando, tal qual uma roda-gigante, errando, e voltando, persistindo nos erros.

Pergunta 3
Como identificar uma criança índigo ou cristal? E como ajudá-la em sua missão?

Resposta 3
Muitas crianças índigo, cristal e luz já são adultos, não são só infantes. A tendência com o conhecimento dessas nomenclaturas agora, principalmente de 1950 para cá, e mais ainda de 2000 para cá, é que vocês estão classificando, como tanto gostam, enumerando e etiquetando, e coisas assim não são mais necessárias. Só amem, deixem-nas mais livres, estimulem o que é bom, falem palavras boas, mais "sins" do que "nãos"! Deixar o não como último recurso e de preferência evitando a palavra em si: não! Que tal mudar o "não" explicando a razão? Pois o "não" muitas vezes encerra, simplesmente, uma negativa: Por que não posso? Porque não! Em vez de dizer: Não pode porque não é seguro! Porque não lhe fará bem! Porque isso é nocivo! A criança precisa compreender a razão da negativação, senão vai sair distribuindo nãos ou, pior, acostumando-se com não. Quando a criança se acostuma com muito não, é uma criança rejeitada. Quando a criança não aceita o não, é uma criança mimada, ou seja, o "não" não é um bom remédio.

Pergunta 4
Como sabemos quando temos uma intuição ou quando é apenas um pensamento tendencioso. Como discernir?

Resposta 4
Excelente! A voz que vem do coração. Essa pessoa escreveu sobre o pensamento. Como se dá o fluxo do pensar?
Diz-se, em alguns grupamentos, ao se referir a Deus, como "a grande mente" de Deus. A grande mente de Deus é um grande solo perfeito, pois é lá que brotam as invenções de Deus, como nós. Deus é tão criativo e uma mente tão rica e prodigiosa, que cria. Ele cria, abastecendo-se no fluxo do amor, ou seja, a diferença é: pensei ou senti? O pensar pode ser um pensamento invasor, algum assédio energético, espiritual ou uma memória, mas, se você sente, não é sincero!

Perceber aquilo que nos contos de fadas, um em especial de que gosto tanto, que tem o Grilo Falante: a voz do coração. O Grilo se chama consciência, e, vocês, aí na Terra, inverteram colocando a expressão "minha cabeça cheia de grilos" como se fossem problemas, quando, de fato, uma cabeça cheia de grilos é uma cabeça cheia de consciência, pois um ser tem de pensar, tem de refletir.

Pergunta 5
Estamos vivendo um momento de mudanças; mensagens têm chegado do mundo espiritual conclamando todos a uma mudança de consciência e atitude. Apesar disso, vemos que a luta do bem contra o mal está forte. Como contribuir para a vitória da luz?

Resposta 5
Esta sala está cheia de guerreiros, não é? O instinto de guerreiros da luz é tão certo que vocês estão em um grupamento chamado Comando. Por que será que vocês voluntariamente estão aqui esta noite? Afinal, ninguém os obrigou, ao contrário, até contribuíram, investiram energia, tempo, recurso material. Porque vocês são guerreiros da luz, em favor da luz, foram convocados, receberam um chamado e atenderam a esse chamado. Atender ao chamado como guerreiro da luz significa: Eu sou luz! E onde eu chego, a luz de Deus resplandece!

Ao receber três flores, como ela generosamente recebeu, ela recebeu três instrumentos de luz. São flores aos nossos olhos, mas daqui, para mim, não são. Ser guerreiro da luz não significa entrar em combate ou luta, necessariamente; basta tão simplesmente fortalecer sua luz, incandescê-la e ampliá-la. Esse estado de luminosidade vai avançando além do campo áurico e vai dominando o ambiente. Nessa presença luminosa, o obscuro se retrai. Afinal, em um lugar todo apagado, quando se acende uma vela, *Fiat Lux*!; quando se acendem 65 velas, haja *lux*!

Pergunta 6
Como curar ou paralisar uma lesão ou doença que os médicos não acreditam que possa melhorar?

Resposta 6
São só médicos! Amo-os! Mas são só médicos! Só médicos! Médico é uma profissão, assim como o arquiteto, o engenheiro... Eu sei que vocês são partículas grandiosas de Deus; é lógico que o Deus que está em vocês irá lhes curar! Será um trabalho d'Ele, não do médico. Os médicos, eles podem e têm insistido em promover a cura, mas o paciente, muitas vezes impaciente, não convida o médico a se abrir a Deus.

É inteligente e necessário que vocês, ao visitar um médico, fazer um exame, qualquer que seja, ainda que em seu silêncio interior, convidem o médico, a agulha, o instrumento a serem brindados com a presença divina para que ingressem em seus corpos devidamente imantados, e o resultado seja uma ação divina. E aí o médico diz: Uau, que incrível! Deus é bom!". Ou se ele não disser: "Eu sou incrível!". Está dizendo também que Deus o é, pois Deus é ele! E está tudo certo!

Pergunta 7
Por que as relações pessoais estão tão efêmeras?

Resposta 7
Porque falta paciência. As pessoas não estão com paciência. Paciência é a cultura da paz. A agricultura é cultivar um alimento, um grão, uma semente. A paciência é cultivar a paz. Ora, se há alguém com quem me identifico, percebo que pode haver uma conexão profunda, eu vou com paz alimentar a paciência e investir nessa troca. Não significa, quando falo troca, que a pessoa precisará devolver de igual forma, pois isso é negócio e o amor não o é.

A troca sobre a qual falo é a troca energética de soltar o amor para o mundo que recebe em flocos e distribui mais adiante. Mesmo que não seja daquele a quem vocês projetaram seu afeto, vocês receberão de volta. Não é uma troca, é um estímulo. Ter paciência é ter paz com o outro.

As pessoas estão rejeitando a paciência, e isso é rejeitar a paz; cultivem a paz. Tão nobre presença esteve com vocês falando sobre ela, sugiro que releiam nosso amado Oxalá.

Pergunta 8

Como proceder diante do momento em que vemos nosso ninho vazio?

Resposta 8

Amo ninhos. Moro em um deles. Os ninhos ao que vocês se referem na Terra aqui chamamos de Naves-Mãe. Naves-Mãe são estruturas não físicas, mas etéreas, onde temos os pequenos filhotes, por assim dizer, que são as pequenas naves, outras médias ou outras que portam um ou no máximo dois seres.

Ou seja, muitas vezes, eu, como comandante, quando percebo todas as minhas naves fora de mim, também sinto meu ninho vazio. E, nesse momento, conecto-me plenamente com o útero divino e inundo esse ninho com o útero do Criador.

Deus tem útero? Sim. Fértil, grandioso, cálido, morno, nutridor, com os melhores nutrientes, com os melhores unguentos, com as melhores substâncias, substratos. Toca música no útero de Deus, sim, toca música!

E, quando eu silencio neste ninho vazio, sem meus filhos, naves repletas de seres em tarefas missionárias por todo o Cosmo, eu renovo toda essa estrutura da nave, e quando eles voltam em visita são embebidos desse grande líquido nutridor. Eu convido as mães a fazerem igual, é espetacular!

Receber seus filhos voltando, ainda que seja para um simples chá ou café ou até simplesmente para buscar um papel esquecido em casa, torna-se um momento suficiente para ele ser banhado pelo líquido amniótico do útero divino, nutridor, em silêncio mesmo. Vocês não precisam fazer nada. Só se lembrem deste momento e bastará!

Pergunta 9

O que a espiritualidade teria a dizer sobre a homossexualidade tão crescente, crianças nascendo com tantas síndromes e jovens morrendo tão prematuramente. Será a extinção humana de nosso planeta?

Resposta 9
Definitivamente a espécie humana não está em busca de extinção. Não investiríamos tanto combustível para estar aqui entre vocês se vocês fossem de uma raça em extinção. Sei que há muitos humanos envolvidos em causas humanitárias e de animais, em defesa dos pré-extintos, mas lhes digo, não é o caso! Que bom! Celebremos! Vocês são muito belos, mas, sobretudo, muito amados por Deus para serem extintos!

O que Deus faz é um investimento nas boas sementes. De fato, como os grãos são separados e aqueles infecundos são extirpados. Há uma separação de quem tem porte para esse novo estado transcendental de consciência, por isso, quem não tem estrutura está sendo retirado da Terra.

É duro, mas é real! Estrutura para quê? Para outras separações ainda mais severas. O que devo fazer, então, já que é uma Terra e não quero ser retirado daqui? Faça daqui um lugar melhor, honrem este lugar que vocês escolheram. Pois, fazendo assim, melhorando o lugar onde vivem, melhorará todo o seu entorno e naturalmente, ainda que, de modo surpreendente, a tendência é que vocês habitem uma terra extremamente redignificada, em grau superior. Ou também podem ir para outros lugares que surgirem em minha companhia, maravilhosos também e que merecem suas visitas.

A Terra não é o pior nem o melhor lugar do Cosmo. É só um lugar, nada mais que isso. Mas, se é o lugar onde vocês estão agora, é porque este lugar precisa de vocês e vocês precisam deste lugar agora. Entendendo este lugar: emprego, trabalho, família, nome, *status*, situação econômica, amorosa, tudo o que integra seu estado não significa sua essência, vocês fortalecem sua essência e ressignificam o estado, ou seja, Eu Sou luz de Deus em ação na Terra, Eu Sou o amor de Deus atuando neste planeta, Eu Sou a Presença Divina em tudo que toco, caminho, penso e ando. Sendo a divindade meu guia, a presença constante de minha fala, em minhas escolhas, a Terra será povoada por Deuses. E aí, sim! Que ótimo lugar! Que belo lugar! Vocês são construtores dessa Mansão de Harmonia. Não nos contententaremos em ambientes frágeis que qualquer vento derruba, faremos fortalezas de amor e paz, e, para isso, sejamos fortes no pensar!

Pensamentos fortes de amor, ondas de amor! Se vêm um pensamento negativo, uma insegurança, uma maledicência, um desprezo dirigido a alguém ou a uma situação, expulsem! Enxotem, coloquem para correr! Pode ser por meio da aromaterapia, por uma prece, um sinal, um símbolo, pode ser a cruz, o Reiki, não importa!
Expulsem tais ervas daninhas querendo crescer no solo fertilizado. Esse solo que foi fertilizado em suas mentes hoje pode acolher uma semente impura, desde que vocês permitam. Pois, hoje, suas mentes foram tratadas, cada uma, recebendo a qualificação, em equilíbrio, em Ph, em água, em tudo que um solo precisa para frutificar. Portanto, evitem programas de televisão negativos, evitem jornais que trazem notícias pesarosas, evitem histórias de negativações, tristezas, relatos inglórios...
Quando alguém for se queixar a vocês, digam: *"Que bom que Deus existe e Ele já está atuando agora em sua vida! Ele entra agora para aplacar sua dor!"*. "Mas eu quero lhe contar que fulano fez isso." *"Não. Vamos juntos tratar a dor que lhe acomete agora!"* Não é preciso o relato, não é necessário! O que passou já é passado, vamos tratar agora dos efeitos, e o remédio não é outro além de amor em abundância, inunda de amor, inunda!
Sobre a homossexualidade crescente nos registros da Terra, existem, sim, diferenças nas formas de nutrir amor. Há uma variedade na nutrição de afetos: homens com iguais, mulheres com iguais, e homens e mulheres. Aqui no mundo superior, não há condenação a qualquer forma de amor, qualquer forma de amar vale a pena, contudo, qualquer coisa que machuque ou degrade o ser humano não é aproveitável aos olhos de Deus. Se alguém se submete a alguma degradação, mesmo que seja para agradar aquele a quem ama, ainda que seja na relação mais comum aos olhos de Deus, entre homem e mulher, não. O princípio da entrega amorosa é um princípio consciente com aceitação, com permissão. Eu permito que me ame, e você permite que eu o ame, ainda que não seja um amor como vocês entendem plenamente. O ato é amor, produz energia, sim.
No entanto, a energia produzida pela conjunção carnal entre macho e fêmea de qualquer espécie, à exceção das espécies hermafroditas que já possuem ambos os sexos dentro de si, produz luz, que é vida, que são filhos.
Se um encontro carnal entre um macho e uma fêmea produz tanta luz a ponto de formar um ser (por isso que se diz que a mãe deu à

luz), é porque essa relação tem um potencial de energia luminosa superior. De fato, uma relação heterossexual produz mais luz para o Cosmo. Não é superior, mas produz maior quantidade de luz, a ponto de gerar toda uma cadeia que se transforma em um bebê, é só por isso! Quando se fala assim, parece que é uma degradação; daqui não entendemos como degradação, entendemos como ciclos cármicos das pessoas. As orientações, afinidades e escolhas pertencem à seara do livre-arbítrio e aqui não temos o direito de intervir, julgar, e muito menos condenar.

Pergunta 10
Qual a missão de minha vida, a finalidade de minha vida? Pode me orientar com intuição ou sonho?

Resposta 10
Que bom! Maravilha! Guerreiros e missionários, fazemos todos parte de uma grande missão, a de elevar a Terra a um estado superior de luz e consciência, em amor e harmonia. Não é pela guerra, não é pelo conflito, não será pela imposição de sistemas de crenças ou métodos que a paz reinará sobre a Terra. A paz reinará simplesmente porque ela nasceu para isto, para Rei-nar!

A paz é o objetivo pelo qual algumas guerras se justificam. Alguns países dizem: "Tenho de atirar no meu irmão, vizinho de solo, para impor minha paz", como se isso fosse verdade. Não existe isso, o estado de paz desnecessita da guerra. A única guerra que justifica a paz é a guerra interna, para corrigir, melhorar, consertar as falhas humanas, os maus hábitos, as pequenezas, as atitudes ínfimas injustificadas diante de Deus. Sua missão é a mesma que a minha, pois não tenho nada a mais que qualquer um de vocês.

A missão é: honrar a Deus! Justificar o investimento de Deus em nossas existências! Honrar a Deus! Quando foi dito honrar pai e mãe, era um jeito interessante de Deus dizer isso, pois muitos filhos desconhecem os pais, e mesmo assim têm de honrá-los! É um jeito de Ele dizer: "honra a mente divina e o útero fecundo no qual foste criado e gerado", essa é a verdadeira mensagem que se revela ali, em um dos mandamentos!

A missão que eu tenho é justificar o investimento de Deus em cada obra d'Ele, pois assim como um pai que paga os estudos de um filho, compra-lhe roupas e calçados, dá-lhe remédios e lhe põe a dormir,

Deus investiu em cada um de vocês e em mim também, para que possamos honrá-lo, devolver a Ele o investimento, justificar a Ele a crença d'Ele em nós. Ora, Deus acredita em nós, acreditar é confiar, e isso ele faz muito bem! Deus tem esperança em vocês, espera um por um, nominalmente.

Pergunta 11
Diante do momento político do país, trazendo uma nova guerra, quando uma mãe não pode sair mais com um bebê vestido de vermelho que é apedrejada na rua, como a espiritualidade está olhando para isso e como nós devemos nos comportar diante desse momento?[39]

Resposta 11
A política é uma energia essencial, pois é um sistema de viver em comunidade dentro de regras sociais que permitem garantias individuais e coletivas. Ou seja, há uma crença, na qual vocês, individualmente, cedem porções de livres-arbítrios para um poder geral, que serão legislativo, judiciário e executivo. Ao transferirem suas vontades a um grupo de pessoas supostamente capacitadas, habilitadas ou dedicadas a isso, vocês cedem uma porção do seu poder individual a elas. Qual é o convite agora, diante do cenário atual?

Retomem energeticamente esse poder, tragam-no de volta e digam: "A confiança, a dedicação, o voto (energeticamente falando) que depositei em ti, que simboliza a crença e a confiança de que me representarias com justiça, eu desintegro agora; e retomo para a consciência luminosa de Deus esse poder, ou seja, 'um suposto golpe', devolvendo o poder a Deus". Visualizem esses políticos, esses supostos representantes, e digam: "Retiro e extraio de vocês a confiança depositada na eleição e devolvo essa potência ao Criador". E aí, sim, esse livre-arbítrio depositado no Soberano se transforma em uma onda coletiva retornando àquele que tudo sabe e que certamente seria o melhor político. E de fato é, afinal são tantos Cosmos para cuidar!

---

39. Crise política brasileira, da qual o PT, que utiliza a cor vermelha, faz parte.

Irmanados pela Consciência Divina, Presença de Deus, o Grande e Poderoso Rei do Universo, renovamos nosso amor, nossa profunda gratidão, fortalecendo nossa fé, registrando em nossos corações e nossos registros akhásticos nossa profunda devoção ao Senhor!

Oh, Deus de Misericórdia! Oh, Radiante! Oh, Sol Absoluto! Oh, Raio Cósmico Universal!

Nós vos bendizemos! Nós vos louvamos! Nós vos adoramos! E nos gratificamos com vossa confiança depositada em nós! Reconhecendo que cada um de nós como filhos e filhas de Deus, representantes máximos da Presença Divina neste planeta, neste momento, aqui, agora e sempre, até quando o Senhor determinar, aceitamos nossas missões individuais e coletivas pelo bem da humanidade e de todos os Seres Celestes. Que assim seja! Assim é! Agora e sempre! Amém!

Lakshimi

Linda noite a todos! Quero dizer-lhes da imensa felicidade que cada presença traz com seus corações. O que isso quer dizer?

O trajeto de um coração à Terra é feliz! Quando cada um de vocês optou em nascer, optou por um caminho feliz. Ao vir à Terra, uma criança planeja com o grande pai e seus auxiliares, como nós, como vai ser essa jornada para levá-la ao destino: felicidade. De alguma forma, esse sistema de felicidade é um sistema natural, fluido. Mas, então, por que algumas crianças ou adultos sentem-se tristes ou são desafiados por alguma limitação física, mental ou material? É a certeza da potência daquele ser, para ultrapassar aquela adversidade, que o mantém naquele estado. Isso serve para todos os adultos, idosos, perceber que aquele momento de limitação ou adversidade é só um teste de força, como tantos que vocês fazem nas academias: estimulam o músculo para que ele se torne mais potente e tenha mais força.

O Senhor não quer condenar quem quer que seja, Ele quer todos felizes. No entanto, alguns entendem felicidade como aspectos reflexivos aparentes, de estado feliz, como: *status*, recursos, amores, roupas, viagens, sorrisos. E isso atrapalha a pessoa em busca da verdadeira felicidade. Por quê? Porque ela se encontra tão aturdida em busca do meio, da forma para se alcançar esse objetivo material, que perde o sabor da conquista simplesmente ao adquirir aquele posto, aquele *status*, aquele nível. Ela sente um vazio, logo depois do prazer do alcance.

Felicidade não é furtiva. Então, o comprar um carro, uma joia, trocar de emprego, viajar, celebrar um casamento, ter um filho são meios para a felicidade, não a felicidade. Isso eu sei que vocês já sabem, mas, afinal, como alcançar a felicidade querendo buscar e receber esses meios materiais? Trabalhando, dedicando tempo, investimento, que é justo, um dos nomes divinos. Quando se pensa em ouro, em prosperidade e riqueza, pensa-se que teremos forma de ter mais saúde, melhor qualidade de vida e mais alegria, é lógico! E isso integra o sistema divino. A energia da abundância é natural ao estado divino de ser; a energia da prosperidade é uma energia inata na existência divina, pois não há nada que morra pelas mãos de Deus por carência de matéria. Se algum animal ou ser vivo humano morre por falta de alimento, saibam, houve manobra astuta contrária à abundância de Deus.

Ao se desviar o curso de um rio, naturalmente aquelas terras não serão tão férteis, nem os peixes nem os animais serão tão bem supridos. E aí vem: como cada um de vocês está agindo em si mesmo? Têm desviado o curso da vocação divina? Tem mudado a direção do que nasceu pra fazer?

Não falo em readaptar, isso é inteligente, falo em abdicar, isso não é inteligente. Quem nasceu para criar deve criar: beleza, equilíbrio, saúde, bondade, felicidade. Não é para se acanhar na jornada, e não falo aqui que todos devem executar tarefas missionárias, como esse grupo, não, cada um tem vocação própria, mas é importante entrar em contato com essa vocação pura, para que essa abundância venha, porque é justo e bom.

Ser abundante significa: eu terei mais do que preciso! Eu não viria de tão longínqua terra, se fosse terra, para estar na Terra, se não viesse proporcionar algo além do que é necessário. É mais! Prosperidade é estar saudável! É estar seguro! É estar amando! É estar amado! Prosperidade é olhar para o irmão com bondade e dizer: "Desejo-lhe o melhor!". E quando o outro, de fato, esse irmão tiver o melhor, não ficar triste porque você não o detém, mas alegrar-se, pois, assim, a prosperidade dele o olhará e dirá: "Ele merece também!".

Mas, ao olhar o outro com inveja ou ciúme, ao contrário, a prosperidade diz: "Ali não irei!". Mente próspera tem o coração generoso, e corações generosos não podem ser tão desprovidos de objetivos prósperos. Ser generoso não é abdicar do que lhe é dado; ser generoso é ser grato pela oportunidade da oferta e multiplicar essa oferta! Se tenho, porque mereço, sobra-me um tanto e posso partilhar. Não tudo, um tanto, porque é importante que daquele todo restem sementes para nascer o novo! Economizar!

Neste planeta, destruiu-se e se vêm destruindo riquezas que nossos divinos seres construíram, edificaram e plantaram ao longo de milhares e milhares de tempos. Ou seja, seres pródigos, no sentido de perdulários, gastaram e vêm gastando além do que poderiam. Se todos vocês que têm consciência observam isso da Mãe Natureza, devem também observar se vocês também não estão sendo pródigos e perdulários com suas naturezas. Estão entregando demais sua saúde em favor de alguém? Estão entregando demais seu tempo para quem não percebe? Sorrisos, afagos, beijos para quem não pede ou desnecessita?

Pergunto porque isso também torna alguém pródigo, perdulário. Há que se dar, mas não se pode abdicar! A entrega é uma entrega inteligente, consciente e generosa. Quando me representam na Terra nas formas circundadas por moedas, sempre percebo minha aparência com um leve olhar sutil. Por que essa imagem? Porque a riqueza não pode ser peso. A riqueza não pode ser um ônus! A riqueza há que ser um bônus, algo bom. Se sentem a riqueza como se lhes pesasse, há excesso dela, mal distribuída, e o que faz isso é a ansiedade pelo poder! Pois, afinal, quando alguém diz fulano é rico, é abastado, imediatamente aqueles que não estão na mesma situação podem desenvolver inveja, despeito, crítica, dúvida sobre como aquela pessoa alcançou aquele recurso. Porém se essa pessoa, generosa que é, traz, além da riqueza, o ato de partilhar, o irmão entende: ele tem, ele pode e ele partilha, não por um dever social, mas porque Deus partilhou da herança d'Ele e isso é fundamental para manter a prosperidade. O valor do dinheiro na Terra tem prazo para acabar. Eu venho trazendo para vocês a abundância em recursos, não só como vocês entendem, dinheiro. Observem as chances, oportunidades. Invistam naquilo que tem a ver com suas vocações pessoais, que o retorno virá! Riqueza, beleza, equilíbrio, delicadeza, generosidade fazem parte de todo um sistema chamado solidariedade. Solidariedade que nós compartilhamos hoje com vocês, e os convidamos a partilhar com todos que conhecem: não economizem sorrisos, palavras, abraços, beijos, afagos; não economizem esperança, mas fiquem atentos aos estados mentais de falência; palavras de declínio que assolam especialmente este país, de uns tempos para cá; de depreciação, de abandono, pois neste teste alguns cairão; nesta prova material das dificuldades muitos tremerão, mas aqueles que se mantiverem firmes alcançarão os objetivos justos e bons.

Pergunta 1
É verdade que o sistema monetário do planeta passa por uma mudança que irá modificar toda a estrutura existente? Se é verdade, será nos próximos 15 anos? Quando?

Resposta 1
Já foi dito que isso, de fato, vai acontecer, e é por isso que vocês estão aqui hoje, para os novos tempos. Quais são os novos tempos? Os tempos que já foram ditos e preditos antes, quando foi falado em uma canção e poesia, quando foi falado que o homem buscaria algo para comer e perceberia que papéis e notas não servem. Ou seja, muito dinheiro sem alimento não resolve. É preciso aprender a se alimentar, a produzir. Aqueles que têm terra, ótimo! Aprendam a cultivá-las! Quem não as possui, compre! Rápido! Montem um sistema de irrigação, aprendam a cultivar alimentos e comecem a ter, sim, um sustento material, pois tudo vai mudar. As condições climáticas vão mudar e as pessoas que souberem lidar com a terra que foi espoliada pela humanidade serão brindadas por ela, nada mais justo.

Quando isso irá acontecer? Vai haver um grande evento que será mais marcante, mas haverá, antes, outras oportunidades de pequenos eventos. Não são pequenos, digo, para mim são, para vocês, não. Ou seja, haverá mudança drástica que vai impactar, uma mudança totalmente transformadora. O período na Terra: no período que foi citado, 15 anos, acontecerão pelo menos duas mudanças, mas ainda não a grande. A grande implicará... – ela me pede que seja comedida e eu vou atendê-la. Haverá grandes, mas não a enorme.

Pergunta 2
O que é essencial para caminhar na direção da luz?

Resposta 2
Acender o facho de luz sob os pés! Querem fazer isso hoje?

Ótimo! Já evoquei as entidades próprias para isso, as portadoras do fogo, fogo que não queima, não se preocupem. Tem uma coloração variante e vai variar de acordo com o solo que vocês percorrerem, ainda que não seja solo, ainda que seja água, ainda que seja neve, onde vocês tocarem seus pés.

A importância de acender a luz, o facho sob seus pés, é que aprendam a andar sozinhos. Porque nós estamos com vocês, queremos vê-los como uma mãe que coloca a criança de pé e espera chegar até o colo do Pai. Por isso estamos aqui, por isso estamos com este grupo e não só este, mas outros tantos, para acender seus pés e seus corações e se aquecerem com suas presenças.
[Ritual]
Evitem lugares que não mereçem suas presenças. Seus pés estarão imantados com a luz de Deus!

Pergunta 3
Como ajudar uma pessoa com depressão, doenças da alma?

Resposta 3
Mais um sistema epidêmico. Ela me falou aqui, outro dia, que as pessoas estão precisando de dengo e que alguém errou lá em cima e inundou de dengue, quando deveria ser dengo. Ela ama essas coisas de dengo e é um sistema próprio antidepressivo, é carinho, é dengo. Mas não para deixar a pessoa apática, não para deixar a pessoa só recebendo, senão a pessoa vira um vampiro.

Uma pessoa que está depressiva está vazia de Deus. Aí, alguém vai lá e diz: "Trouxe um recado de Deus para você, quer sentir? Abrace!".

Trouxe uma mensagem divina para você, quer ouvir? Ponha uma música!

Pergunta 4
Pessoas que desistem da vida serão punidas no plano espiritual? Ou levar a vida só para cumprir o tempo encarnado é um tipo de suicídio?

Resposta 4
A primeira parte da pergunta já foi respondida em outra ocasião, por outra energia, que respondeu muito bem; não preciso comentar a primeira parte.

A segunda parte, contudo, é bem interessante, como alguém que sai em viagem e conta os dias para voltar para casa, tal como alguém que vai a uma viagem e sente saudade de casa, essa pessoa está sentindo saudades do Pai. Por que seria punida? Não, contudo, essa pessoa pode preparar presentes para o encontro com o Pai, ou seja, já estou no anoitecer de minha jornada, no fim de meu caminho, que tal de um lugar para o outro, escrever um pouco sobre tudo que vivi. Por que não escrever cartas para as pessoas queridas a fim de serem lidas pós-morte? Que linda herança!

Mas se a pessoa diz: "Estou aqui, ó Senhor, por que não me levas? Já cumpri minhas tarefas!". O Senhor diz:. "Quem te deu as tarefas? Fui eu! Quando as tiver cumprido, eu te trago para ver a avaliação de seu cumprimento". Não somos nós que dizemos que a missão foi cumprida. É o autor da missão! Então, essa pessoa não é classificada como alguém que praticou o ato máximo da mínima inteligência, mas é alguém para se ter paciência e amor.

Pergunta 5
Como se fortalecer para auxiliar alguém com doenças no corpo físico?

Resposta 5
A fonte da força, *power*, o poder, é a energia cósmica divina sublime, a Grande Força Criadora. Deem o nome em que vocês se sentirem mais confortáveis. Vocês podem chamar Deus do que quiserem, eu tenho um nome particular pelo qual me dirijo a Ele. Criem vocês intimidade para com ele/ela/eu/você. Criem, e tudo acontecerá porque só essa energia é *power*, é poder! Não detém poder, é o poder, e o poder é sinônimo de força e a força é alimentada, e é subproduto do amor criador.

Pergunta 6
É possível desenvolver a mediunidade sem frequentar um centro espírita? Como podemos saber se podemos ou não desenvolver?

Resposta 6
Eu não acredito em nada que diga "não pode". Quando recebi a tarefa de representar o que vocês chamam aí, o povo indiano, de a Deusa da Riqueza, foi justamente porque desafiei situações contrárias, foi justamente porque eu fui na corrente oposta ao que se acreditava e se dizia ser impossível. E diante do chamado impossível, eu disse: vou tentar, nada vai me custar. E, quando eu falei que nada iria me custar, nada me custou, e nada paguei. E, quando nada paguei, fiquei rica e próspera. Perceberam o fluxo?

Ou seja, não existe Não Pode ou Pode, somente um lugar! O lugar é dentro de seu corpo, onde seu Espírito habita. Pode tudo! Não precisa, não, mas qual é o lado bom de estar em um local, seja um centro, seja uma igreja, ou seja aqui? Qual é o lado bom disso? Absorver um sistema de organização mental, para que não haja confusão mental. Muitos lugares percebem que a pessoa tem uma atividade mediúnica aberta, e muitos hospícios estão cheios dessas pessoas.

Ao ir a um lugar preparado, você sente segurança para que as pessoas que já têm trato com esse assunto deem auxílio, mas não é obrigado, pode ser autoditada, sim, o zen-budismo nasceu assim: alguém que disse "não quero exatamente esta técnica budista e vou me sentar de frente para uma parede, dentro de uma montanha, e lá ficarei". E surgiu o método. Não há limite, não há só um método, basta vontade e tudo acontece.

Pergunta 7

No plano espiritual, a gente também evolui? Passamos por provações como aqui na Terra? O que fazemos no plano espiritual durante o tempo que ficamos lá? É necessário sempre encarnarmos para aprender?

Resposta 7

Excelente estudante! Quer saber como são as férias! [risos]. Tenho de estar na escola todo tempo, é aqui, é lá, tem escola... Já foi dito que não há repouso! Não há repouso! O estado espiritual é essência, e sendo essência é indissociável de você; é a sua essência! Você executa atividades, mas é essência espiritual.

Ao desencarnar na Terra, vou falar um pouco, só de vocês aqui, está bem? Existem pessoas que vão parar em um lugar luminoso. Qual o grau de luminosidade? Qual o grau de escuridão? O que vai definir é seu estado espiritual, ou seja, seu momento do espírito.

Momento do espírito é o estado do ser, ou seja, se alguém, por exemplo, tem um resgate da Terra, vitimado por um acidente inesperado, vai haver um choque para o espírito, e o estado desse espírito será delicado, ele precisará de amparo, compreensão, cuidado, acolhimento, entendimento... Ele vai para um lugar luminoso? Provavelmente sim, cercado de energias cuidadoras.

Só há evolução no ciclo encarnatório terrestre? Claro que não!

Eu nunca passei temporadas aí, encarnada, contudo contei há pouco minha história, em que desafiei o que poderia ser impossível e alcancei o que estou. Posso evoluir? Sim, porque isso me inspira! Até onde posso ir? Ainda não sei. Só sei que não é impossível!

A respiração de vocês vibra aqui, e isso significa que vocês sabem respirar. Uma respiração que faz muito som, treme o campo energético, tal como uma gelatina.

Sabemos que vocês estão felizes conosco, mas isso tem de ser cada vez mais suave para que possamos estar mais delicados junto a vocês. Não precisa suspiros porque a cadeira treme no mundo aqui. Estabilizar a energia através da respiração serve para tudo, inclusive evitar o que vocês chamam de doenças.

Pergunta 8
O mundo, o planeta, encontrará paz? Quando? E como?

Resposta 8
Este mundo, este planeta – porque existem vários mundos, e vários planetas povoados – este mundo está sendo içado para esse estado melhor, tal como um navio que fica encalhado e vem um menor e iça-o para um lugar seguro. É exatamente isso, este planeta está sendo içado para um patamar superior, e contamos com vocês aqui na Terra. Pois precisa haver seres dentro desse navio, segurando os içadores. No sistema superior, dá-se como uma rede de pescadores. Essa rede de pescadores tem pequenos nós, que são encontros, os quais são vocês. Daqui de cima, vocês veem estrelas, e essas estrelas formam também esses pontos. É uma grande rede de proteção e segurança para vocês virem. Ou se esqueceram de que volta e meia vocês descobrem um novo planeta?

Por que um novo planeta? Ele sempre esteve lá. Só que está havendo uma mudança de posição deste, tornando acessível essa visão, como um trem que anda e muda a paisagem. E, se está mudando a paisagem planetária, tem de se mudar a paisagem interior, tem de mudar a bagagem, pois vocês vão para outro destino.

Esse navio pode ir para o frio, não necessariamente precisa ficar no sol, tem de ter vestuário para tudo. Qual a veste que eu devo levar? O espírito leve! Desnudo! Leve!

Pergunta 9
Como não se perder diante da abundância material?

Resposta 9
A abundância material é meio, é percurso. Se alguém se perde pela abundância material, e vemos daqui pessoas que progridem muito rápido, seja por prêmio lotérico ou por trabalho afincado, e pessoas que se perdem no deleite do que pode proporcionar o dinheiro. Essas pessoas se perderam porque não foram estimuladas em valores profundos.

Ainda que os pais digam "o que vale é o seu caráter", quando um rapaz passa, após formado, seis meses sem trabalhar, vira preguiçoso. "Mas como? O senhor não disse que era para olhar outros valores? Eu estou olhando, eu estou buscando outros valores, aliás, nem sei por que eu fiz esse curso" – e o mundo desaba!

Observem como criam seus filhos, porque só se perdem na abundância adultos cujos pais não os ensinaram a lidar com o dinheiro. Não ensinaram a criança a portar uma nota, voltar com o troco e entregar a eles. Pois, às vezes, o troco veio faltoso e o pai, por leniência, entregou à criança e sequer viu que faltava dinheiro.

Não ensinou a criança a observar nem a buscar amor e respeito por aquilo que representa um sacrifício ou investimento. Quando isso acontece, em geral, ocorre muito mais facilmente com filhos de ricos do que com aqueles que se tornam. Os filhos de ricos, que são os herdeiros, têm de fato mais chances de ser mais perdulários porque não percebem tão diretamente o esforço para alcançar aquele recurso. O pai diz: "Darei a ele tudo do que nada tive", ou seja, irá compensar o filho com as ausências e carências da própria vida, e assim incute na criança o dever e o direito de só usufruir, sem conquistar. Esse é o perigo!

Pergunta 10
Gostaria de saber se a política brasileira está caminhando em bom sentido.

Resposta 10
A política brasileira nunca caminhou bem, nunca! Desde que foi descoberto, por assim dizer, este país, equívocos de leniência e permissividade permeiam este ambiente. Há algo atmosférico que faz com que as pessoas se deixem, em vez de agirem.

Agora vocês estão sentindo a dor porque é alguém igual à maioria, e esse rosto representa o vizinho, o colega, a si mesmo. É um convite para olhar como você lida com sua política. A primeira política é a casa. Como vocês cuidam de sua casa? De seus quartos, de sua nação?

Se os filhos desta terra tivessem consciência e percepção de como cuidar de sua casa, e visitassem a outra casa e olhassem que aquela outra casa também é uma nação, os representantes seriam dignos representantes, mas quem se coloca a lhes representar sequer arrumou suas casas.

Qual o destino da política brasileira? O destino é da nação brasileira. Estamos envolvidos com as pessoas, e a política é um reflexo, mas pessoas não podem passar por esse momento e achar que é transitório, pois não é. Somente daqui a duas eleições essa situação vai se estabilizar, portanto, amadureçam, e principalmente os filhos de vocês que irão votar. Para entender! Não é porque simplesmente simpatizam com a pessoa, há que se buscar a pessoa!

Pergunta 11
Como faço para parar de fumar?

Resposta 11
Alguém que quer mudar. Alguém que quer se libertar! Eu gosto! Alguém que quer mudanças positivas. O cigarro, e assim como ele, outras drogas sociais, tem vitimado muitos espíritos brilhantes, que têm sido enevoados com a presença da fumaça, de qualquer ordem; assim acontece com o álcool também, com os inibidores de apetite e outros medicamentos que têm permissão legal para estar aí, impregnando as pessoas do que não serve e alienando os sistemas neurais.

Quando alguém diz: "O que faço para parar qualquer movimento que destrói?", é reconhecer que aquele movimento destrói. E dizer: "Eu posso mais do que você!". Quando essa pessoa começar a mantrar, eu quero deixar de fumar, eu mereço deixar de fumar, "eu deixo de fumar", vai começar a acontecer uma mudança bioenergética para que o cérebro ordene: "Eu deixo de fumar. Não vou, eu deixo!". E o cérebro entende que é um comando atual! Presente! E começa a informar para todo o corpo a mudança. E deixa de adiar; e, em processo rápido, a pessoa abandona.

Pergunta 12
No último encontro foi abordado o tema orientação sexual, mas não ficou muito clara a visão da espiritualidade a respeito desse tema. Peço que seja explicado novamente. Como a espiritualidade vê o sexo e a masturbação?

Resposta 12
O sexo na Terra é vida, faz vida, vitaliza, anima. Os princípios masculino e feminino, ao se encontrarem, produzem vida, e foi isso que foi dito na outra presença. A diferença entre iguais terem o encontro carnal é o grau de luminosidade que se projeta para o Universo. Por que luz/vida? Macho e fêmea produzem vida: luz. Macho com macho não produz esse grau de luz, ainda que haja amor. Esse grau de luz para gerar vida. Luz para gerar vida é mais potente, só essa é a diferença! Não há condenação alguma na prática!

Pergunta 13
Como a espiritualidade vê o sexo sem amor?

Resposta 13
Eu não sou portadora de todos os meus irmãos, mas falarei um pouco aqui. Entendemos o encontro sexual como uma dança amorosa, uma dança prazerosa. Ainda que não haja o amor, como vocês classificam aí, não precisa só fazer amor, pode fazer prazer, pode fazer alegria. Não há oposição, ou seja, fazer sexo sem amar exatamente não há problema; é um amor por você, por um desejo de seu corpo e a proporcionar prazer a você mesmo e ao outro. É válido, sim!

O que não aprovamos é a dominação que muitas vezes o sexo traz. Às vezes, uma mulher manobra um homem porque é boa nessa arte; outras, um homem impõe-se à mulher, mesmo sem querê-la, para não permitir que outro venha estar com ela, não por amor, ou seja, a prática sexual não pode ser usada como um meio de manobra, coação, subjugação ou domínio. Mas a si mesmo causar prazer nesse processo de toque íntimo não há condenação alguma; contudo, se essa pessoa se utiliza de imagens de terceiros, pornografia, vídeos, fotografias, imagens de outras pessoas que sequer sabem que existem, não é um namorado, longe da namorada, e há essa troca, há uma invasão no campo daquele ser que está ali, ainda que sejam atores do sistema pornográfico, que estão submetidos ao dinheiro, à fama, em troca dessa exposição.

Então, vamos lá, uma revista que tem um nu feminino e os rapazes, empolgados, deleitam-se com aquela nudez. Aquela moça ficou despida para eles, ela se despiu para um sistema: corrupção de valores; queda vibracional.

Há uma queda imediata, e aquela energia de prazer fica contaminada. Somente isso. Eu sugiro, quando forem fazer essa prática, imaginem, só imaginem: mãos, lábios etc., sem precisar se inspirar, porque, afinal, vocês conhecem o corpo humano. E aí, pratiquem, se conheçam! É o amor por si mesmo, até para compreender o outro, mas sem usar quem quer que seja.

Pergunta 14
O que significa o que estou vendo? Vou fazer o desenho que está nas lâmpadas.

Resposta 14
O que você vê é o que seu coração vê. Seu coração vê essa estrela, e essa estrela é o reflexo de seu olhar amoroso; não me considero uma energia no nível de uma estrela, porque me sinto muito fluida para tal, nem melhor, nem inferior, só fluida.

Quando se forma um desenho, no caso aqui representado por essas luzes escolhidas com tanto carinho, significa que existem pequenos pontos de luz em união. Uma estrela de seis pontas, três acima e três abaixo, mostra o equilíbrio perfeito; é também o sinal do profeta, do futuro. Alguns podem dizer que a Estrela de Davi se fez presente esta noite; claro que sim, tudo que é luz se fez presente esta noite, vocês compõem tudo isso, e é por isso que estamos aqui. Só empreendemos jornadas de tão longe para cá, porque vocês são estrelas e queremos todos juntos de volta ao mesmo lugar.

E assim, nessa forma, agradecida, por todos os seres que estão presentes aqui, fisicamente, visíveis ou não, energias sublimadas, fontes de amor, ternura, abundância; infinitas bênçãos são derramadas sobre todos e este lugar, que precisa, cada dia mais, ser ancorado com energia de amor, pois aqui será um lugar em que batalhas serão esquecidas, combates serão ignorados e haverá um tempo em que todos ao centro do que hoje chamam gramado se abraçarão e se unirão, em amor e paz.

Fiquem na paz sublime do Grande Cosmo de onde venho, de onde vocês são e para onde irão.

Rowena

O amor se faz presente! Quando percebemos, de fato, que estamos decididos a amar, ele se faz presente. Basta um convite, um pedido, um apelo e o amor chega. Como saber que o amor chegou? O coração, em breves calafrios, sinaliza, e em uma ternura quente e mansa, ele começa a vibrar no ser. Esse estado de amor é o estado natural de ser. Quando alguém está fora do natural, ele torna-se artificial. Ser artificial é estar fora do amor. Tudo que não expressar o amor é antinatural, é antidivinal, é anti-humano, é anti-Deus.

Qualquer expressão, prática, fala, gesto, que não venha carregado de amor está contaminada. Uma fala, um pedido, uma ordem, um comando, um apelo, se não estiver carregado pelo óleo essencial do amor, é anti-Deus. Observar como falam, como se dirigem aos outros, a si mesmo, irá mudar essa sintonia antidivino para plenamente divino, tal como um rádio que se troca de estação, a estrutura amorosa ou fora dela, depende do manual, o toque. Como tocar o mundo? Como perceber o mundo? Será com amor ou pela falta dele?

Muitos chamam por mim para viver e expressar o amor incondicional, assim me chamam, Rowena, pertenço ao Raio Rosa. O amor incondicional prescinde de resistências: liberta, acata, compreende, abraça, e se aquele alvo do abraço recusa seus braços, abracem a si, e ele receberá o espelho de vocês que habita nele. Ou seja, aquele com quem se cruza e dizem "não quero", se vocês do outro lado fazem como um abraço, vocês entram e o abraço domina a resistência. Quando se cruzam os braços, diz-se, "estou distante, fecho meu coração a você"; ao abrir os braços, digo: "Estou disposto, ainda que esteja exposta a você". Mas como achar que o coração não vai onde o pé caminha? Como achar que é inevitável, ou possível viver sem amar? Se o coração fosse fora, apenas um acessório, podiam escolher portá-lo. Mas, não, Deus inoculou em cada um de nós o amor e é inevitável viver nele, é irresistível viver nele.

Troquemos, pois, as palavras ásperas, o gestual agressivo, a palavra reativa, o vigor do domínio, por uma sugestão serena, por um comando abrandado, por um apelo doce, e, aí, muda-se a frequência do amor incondicional para o que antes era pseudoamor. Por que pseudoamor? Porque não cessam imitações do amor, demonstrações de respeito e carinho são passos iniciais para o amor, mas ainda não são ele. Reconhecer, acordar, é respeito, mas eu confio que vocês podem mais: amar de verdade, amar aqueles que se apresentam diante de vós como opositores, desafiadores, aqueles resistentes, os teimosos, os que não estão decididos a viver nessa expressão não podem ser ignorados ou aturdidos, muito menos execrados ou dispensados.

Deus tem conta de todos. Deus sabe de cada um. Para o amor de Deus não existe critério seletivo, o amor de Deus não diz "irei amar mais a este em detrimento daquele outro", senão nosso Pai não estaria praticando a justiça, que é um de seus nomes.

Por mais que saibamos que aquele aturdido, muitas vezes agressor, detrator, violento, é filho de Deus, a humanidade ainda se surpreende com as suas atitudes hostis, mas Deus o ama, Deus o perdoa e busca ensiná-lo.

Como, então, perdoar, compreender e ensinar o fraco?

Primeira lição: perceber-se irmanado a ele, olhar o fraco, frágil, como parte de si. Há algo em meu irmão que é fraco que reflete em mim e não posso ignorá-lo, eu devo tratar minha fraqueza ao lado dele. Portanto, pensem, agora, naquelas falhas que vocês chamam defeitos pessoais, aquelas fragilidades individuais que vocês têm; podem ser maus hábitos, desde preguiça, permissividade, luxúria, ganância, e outras coisas – mas não pessoas –, para que possamos tratar isso em cada um de vocês.

Pensem em cada um com humildade, sabedoria e percepção, com as falhas de caráter, as práticas ainda imperfeitas, os maus hábitos, para varrermos daqui e colocarmos remédios saudáveis em oposição a essas fraquezas.

Varrer o que não serve é necessário para tirar os resíduos e deixar, sim, o terreno limpo e puro.

Quando perguntam aqui onde vivo, se é que posso dizer que vivo, sobre essas bebidas, essas sacralidades, eu explico que a humanidade ainda necessita de alguns elementos ativadores do grande amor universal. Não significa que quem não os ingere não viva, contudo, essa bebida que vocês ingerem ativa um motor de amor universal, não só com essas pessoas que estão à frente, mas também em outros lugares. Todavia, as notas sonoras – pois o amor também tem som, tem cheiro, só não tem forma – que esses ambientes produzem para o Cosmo e para o Criador são diferentes, e assim a Terra tem feito orquestras para nosso Senhor. Já pensaram que beleza?

Essa orquestra exala som e aromas, e, assim, cada músico, cada elemento que produz, que não é necessariamente um ser que o toca, eles têm vida própria, desnecessitam de um portador. Para sair, o som brota de um lugar como este, de um grupo como este, e as notas podem ser de violino, violão, piano e outros instrumentos que na Terra vocês não conhecem. E a Terra está fazendo orquestras para o Senhor. Existem maestros acima da Terra e acima de outros planetas, ensaiando para a grande sinfônica do grande momento. Quando esses planetas estiverem devidamente ensaiados, todos irão se apresentar em uma linda festa para Deus. Ele aguarda ansioso esse momento e entende que muitos estão ensaiando, outros ainda estão roucos para cantar, mas Ele sabe que, quando o último estiver pronto, esse lindo coral resplandecerá.

O que significa cantar para Deus?

Falar palavras doces, ser gentil, amoroso, ao contrário do áspero, do rude: isso já é cantar para Deus. Não necessariamente há que se entoar cânticos com letras específicas, ainda que sejam de alta vibração. E nada adianta um cantor que reúne multidões e é rude com seu camareiro.

Sejamos doces, mansos, suaves, delicados. Isso reflete o estado de harmonia, não significa que não tenhamos passos firmes que definamos nosso espaço individual sagrado! São altares de Deus, vocês são altares de Deus. Não permitam que entrem em seu altar para atirar-lhes pedra, palavras agressoras, negativas, imperfeitas, pois sei que nenhum de vocês permitiria que alguém manchasse a face do Senhor assim. Por que permitem que façam assim com vocês?

Reconheçam e digam: "Cessa aqui! Eu só te deixo meu afeto! Vai tu, ainda com tua fúria e sede de beber o amor, que um dia irás receber, na medida em que suportares. E, se for necessário, que o Senhor te embede de amor, assim Ele fará. E, quando trôpego de tanto amor sentires, curado estarás".

Com essas palavras, desmanchará a raiva, a revolta. E, ainda que aquele ser responda a vocês: "Quem és tu para falar assim a mim?", poderão tranquila e docemente responder: "Sou seu irmão, filho do mesmo Pai, nosso Amado Deus". E ele se fragilizará, pois perceberá que a paternidade superior impedirá de ele recrudescer a vocês. Torna-se assim uma muralha protetora; mas não falem com empáfia, como se a divindade fosse exclusividade de vocês, falem buscando acordar naquele outro o divino também!

Perdoar! Como amar verdadeiramente sem a chama do perdão?

Perdoar é o primeiro passo para se libertar, esvaziar a mágoa e receber a luz doce da água pura do amor. "Perdoai-vos, Senhor! Eles não sabem o que fazem!", Jesus assim disse, sacramentando a ignorância como um esclarecimento para o perdão. O agressor assim age por pura ignorância.

O cordeiro de Deus, Jesus, foi o último cordeiro, ele se sacrificou por vocês, pois detinha n'Ele e detém a Esperança de dias melhores, de seres melhores. Ele disse: "Eu me entrego, Senhor, em exaustão, para evitar que se ponha tanta dor e sofrimento sobre meus irmãos". Por ignorância, os homens assim não fizeram. E Jesus disse: "Poderiam tê-lo feito, mas ainda não o fazem. Seguiremos perdoando compassivamente, contudo iremos ensinar-lhes o sal amargo necessário para limpar as mágoas". Por que será que é o sal amargo que é usado na limpeza do fígado? Órgão responsável pela raiva, onde é depurada e trabalhada essa bebida[40] que vocês comungam? Qual a relação do fígado?

Curem a raiva, reconheçam a raiva e libertem a raiva! Soltem a raiva, pisem ao chão, puxem os cabelos, o que for preciso.. Soltem! Soltem a raiva: todos ainda a detêm. Pode ser a raiva de não ter o corpo ou a família ideais, não ter o trabalho adequado à sua inspiração: não ter, não ter, não ser, não ser. Soltem! Para que quando essa sagrada bebida ingressar em seus fígados não tenha a ocupação de raiva para ser libertada, e os bálsamos possam ser mais eficazes.

Não julguem! Não avaliem! Livrem-se dessa mania; falo mania, porque é como aqui de cima vemos; tiques nervosos, toques, é mais que hábito, é mania, causa dependência julgar, é viciante julgar. E é difícil alguém julgar sozinho, sempre acha um comparsa nessa prática, e a ouvidos miúdos se comenta do irmão. Que tal, a ouvidos mudos, ou seja, sem ninguém lhes falar, vocês SE avaliarem?

O amor incondicional perpassa pela necessidade de desprender-se de exigências, de trocas, de ajustes e de manejos. "E eu não vou amar

---

40. Referindo-se à sagrada bebida Ayahuasca, comungada pelos membros do Universo de Luz.

alguém assim..." Amem! – mesmo que não seja aquele, seu amor mais detido, não se abstenham de amar. Tão simplesmente amem, e saiam, se for o caso, pois o primeiro amor é a porção divina que habita em vocês.

Pergunta 1
Quais as formas mais eficientes para conseguir controle emocional?

Resposta 1
Emoção = pulso. *Im-pulso*, o coração vem pulsando e a emoção vem no ritmo do coração; para ter controle das emoções, controla-se o coração: um caminho excelente é a respiração. Uma respiração ofegante, ruidosa, reflete um ser ansioso e barulhento; um ser barulhento não está em harmonia. Ele está criando sons para se fazer notar. Quem se mexe todo o tempo precisa de atenção, pois ele se distrai consigo mesmo. Então procura algo, não é pelo sobrepeso, não é porque está desconfortável, é fuga. Essa atitude reflete alguém que não está com a emoção aquilatada: ou está exacerbada, ou está ausente. Como fazer, então, para estar em equilíbrio? Respirem! Vão trazendo a calma e a paz para o cardíaco. Não precisa ser respiratórios de yoga, não. Inalem até equalizar. O contar até dez é respirar em dez tempos.

Pergunta 2
Fala-se muito, até na Bíblia, que magia não é bom. O que a espiritualidade pode falar a respeito?

Resposta 2
A magia que se fala aí na Terra é como se fosse um preparado, como se fosse algo para converter em objetivo pessoal. Aqui em cima, entendemos a magia do amor, somente um amor sincero. O coração amoroso, pedindo que o marido fique bem, confortável, é magia. Se ela, para melhorar esse processo, aplica-lhe um banho, uma flor, um aroma, é magia. Magia não precisa de preparados, perna de barata, pó de morcego... está bem? Então, a magia é uma condição para o outro fazer bem, mas a Feitiçaria é dominação para impor sua vontade, isso é manipulação! Fulano fez um feitiço contra mim, aí, de fato, está na servidão não luminosa.

Magia para mim, quando alguém diz "Mago Negro", é alguém que viveu a magia e se reverteu. Porque, em treva se reverte, em luz se converte. Convertam-se! – é o chamado de Jesus, ou seja, retorna a polaridade trevosa em luminosa. Trocar os feitiços pela magia do amor. Não é encantamento, simpatias infantis; para essas, daqui de cima, damos riso, pois quem atende são seres do astral, pequenos ainda, que brincam com vocês, tal como bonecas, se vocês permitirem. Não é bom, não é? Lúdico é, mas, quando entra no estado do espírito, torna-se pernicioso. Portanto, não façam arranjos dessa natureza!

Quando receitamos uma fruta para entregar à natureza, ninguém do alto irá se abaixar para comer, mas é um símbolo, reconheço que veio do divino e partilho o resultado divino com vocês; é o retorno da energia. Simbolicamente é como a morte do corpo físico, quando vocês o queimam ou o enterram, devolvem-nos à terra, não é isso? Portanto, alguém que pega uma fruta, abre e a serve, que não está fazendo feitiço, que não esteja invocando, não é? Simpatias advêm dos risos que damos, dos gracejos da infantilidade, da criancice daquilo.

Se a pessoa diz "vou fazer uma simpatia para ele se apaixonar por mim", está celebrando pactos com um sistema de dominação e isso é feitiçaria, ainda que pareça que são só maçãs ou morangos. Porém, quando se entrega, dizendo "já agradeço, o que há de bom para mim", aí sim, porque o bom pode vir fantasiado de uma adversidade, o ensino pode estar na dificuldade e vai ser bom. Quando vocês perceberem a importância daquele evento e daquela adversidade, se for recebida com paz, sabendo que foi de Deus, cessa rápido e vocês sairão dela em um grau de luz infinitamente superior.

Pergunta 3
Como ajudar um irmão que ainda não sabe que precisa de ajuda?

Resposta 3
Não perceber que precisa de ajuda é comum aos humanos, mais do que percebemos. Quando se alcança um patamar de consciência, percepção, seja na ciência, na filosofia, alguém que cozinha muito bem e não vai à cozinha do colega aprender pratos novos carece de humildade. A dificuldade a ser transposta é convidar o irmão a humildar-se. Nesse caso, aí na Terra, Jesus, o Mestre do Amor – falo dele, pois aprendi muito com ele, andava com ele, durante muito tempo, fora da Terra. Brotei em Vênus, o planeta do amor, e, ao vir à Terra exercer essa jornada, precisei, como diriam aí, de um estágio com o mestre do amor, em prática na Terra. Ele é um nome

recorrente quando venho a este planeta, pois é próximo a vocês e facilita o entendimento. Quando me dirijo a outros planetas, dirijo-me a memórias daquele lugar.

Humildar-se é exemplo de Jesus. Quem fala de Jesus e questiona: "O que Jesus faria?". Primeira coisa deve dizer: "Ser humilde!". Pois ele ao nascer poderia ter escolhido o palácio, mas não; nasceu junto aos irmãos animais, fugido, escondido, para ser protegido. Por que será? Se Jesus nascesse em um palácio teria toda a segurança para desenvolver seu trabalho, teria materialidade, recursos para projetar sua palavra – não parece com os tempos da Terra hoje, que com redes sociais e internet, e tudo que vocês vivem – que também passeio por lá (tem sido um sistema que tem me preocupado, de fato, me ocupado bastante, porque já vi o que vai acontecer, então, não é *pré*, é ocupação de fato) – ele poderia ter disposto de recursos materiais e ampliado sua palavra. Por que não o fez? E ele disse: "Porque os mais surdos e mudos eram os pobres, os que não eram ouvidos e não se ouviam eram os humildes; os altivos tinham voz", e tinham ouvidos para parar-lhe, e os pobres, não. Tive de estar entre os pobres para dar-lhes voz, tive de estar entre os humildes, para ouvi-los, já que os grandes os ignoravam. Que lição de Jesus! Jesus é assim!

Pergunta 4
Quais as ferramentas que podemos utilizar para acelerar o desenvolvimento espiritual e mediúnico?

Resposta 4
A entrega incondicional é uma entrega inteligente, é uma entrega sábia, não é jogar-se. Ao entregar-se, a pessoa está de pé, dirige-se ao Altíssimo e diz: "Eu me entrego, sou uma oferta viva no altar de Deus". E uma oferta viva é uma oferta consciente, é uma escolha.

De mim, do Raio Rosa, é que brota o Espírito Santo. O Espírito Santo nasce do amor incondicional, o Espírito Santo é a força criadora, é aquele que age dadivoso e transpira, exala frescor do puro amor, e assim meu antecessor, Paolo Veneziano, alcançou o cargo do grande Espírito Santo, que ocupa; é um cargo, é uma atividade, é um sistema de poder e habilidades; tornar-se Espírito Santo em ação todos podem, basta querer. Que glória! Já pensaram? Uma revoada branca de Espíritos Santos? Que Glória! Portanto, entregar-se com sabedoria! Pois a entrega com um corpo morto, pouco vívido, pouco sábio, é matéria-prima e pode ser manipulado por quem não serve ainda a Deus. Uma fé consciente prepara um médium consciente; uma atividade mediúnica é uma atividade em harmonia, como aqui se dá: aprendendo.

Logo que começou a ingressar neste corpo, nossa amada Oxum chorava e derramava pingos de lágrima que formavam Constelações, e ela dizia aos que estavam perto dela: "Vim convocar exército para Jesus para Deus; vim buscar voluntários de coração puro para servir à obra divina", e ela pingava as gotas de lágrimas e explicava os planetas que estavam se formando para a grande conjunção; um exército luminoso precisa de fortalezas luminosas e isso, a fé consciente, que exige estudos, treinamentos.

Pergunta 5
Qual a melhor maneira de entregar a matéria depois do desencarne? Enterrá-lo ou cremá-lo?

Resposta 5
Cremá-lo, sim, pois ainda o espírito formado, em corpo inteiro, íntegro, sucumbido à terra, se o ser que faleceu, ainda estiver preso àquela embalagem, torna-se mais difícil o desprendimento, ao passo que o fogo transmuta e, ao fazer isso, coloca para o vento levar. Agora, não adianta cremar e embalar em uma caixinha; ninguém nasceu em caixas, filho. Eu não compreendo aquilo. Outro dia, Oxum veio me contar o plano de Iansã, que anda no cemitério, que queria fazer uma reviravolta e abrir os potes todos. Eu falei: "Vai aprontar e o Senhor vai reclamar contigo". "Não, é um absurdo; o povo não enterra; frita e bota na caixa." Iansã é desse jeito. E eu sugeri: "Vamos começar a fazer pelo meu método, vamos começar a falar para as pessoas em sonhos: entregue à natureza, no mar, no vento... Meu filho, tire a criatura da caixa" – e fomos.

Pergunta 6
O que acha da doutrina espírita? Invocar os desencarnados não é bom para eles? E para nós?

Resposta 6
A nós não é dado o direito de comentar sobre qualquer sistema religioso, não é permitido então, eu me abstenho da primeira pergunta. A respeito da segunda questão, invocar o morto já o coloca em uma posição à parte; ao reconhecer que algum morreu, ele já está longe. Bom, não se deve clamar ao morto, pois, se morto está, vivo não deveria andar. Se ora para o morto, envia daqui eflúvios de amor, harmonia, perdão, libertação, mas não se convida, está bem? Então, vai a uma mesa para chamar um espírito. Não faça isso, pois ele tem missões importantes, que é cuidar-se, preparar-se, ungir-se, purificar-se, em vez de se deter a este sistema.

Pergunta 7
Como é feito o equilíbrio da luz nos níveis umbralinos mais abissais?

Resposta 7
Com a obra de Deus. Não há treva absoluta sem o dedo divino. Achar que a escuridão é escuridão não é verdade. A escuridão tem pontos luminosos que servem ao comando divino. Porque, se assim não fosse, aquele símbolo que vocês veem na Terra, Yin-Yang, tem um ponto preto no branco e um ponto branco no preto, por que será? Há ainda pontos negros na luz a ser trabalhados na Terra e pontos luminosos na negritude da Terra. Não há um lugar, falo lugar, do diminuto ao macro, sem que Deus esteja presente. Quando se consagra o aposento e diz "Deus está aqui", é uma redundância. É apenas porque, muitas vezes, os humanos ficam aturdidos, adormecidos e esquecem disso, mas Deus está em todo lugar, porque tudo é ele, nada é fora de Deus, absolutamente nada. Agora, o percentual divino vai variar, tal como a luz pequena, uma luz ampliada; ao acender uma pequena vela, o raio de luz se acende e, quanto mais alta a luz, mais o círculo se expande. Vamos ser grandes pontos de luz, para iluminarmos ao nosso redor, uma circunferência maior.

Pergunta 8
Qual a função do Sol Central em nossas vidas, neste planeta?

Resposta 8
Essencial, o Sol Central é como uma usina. Vocês na Terra conseguem ver as usinas, que também aparecem nas TVs; é uma usina onde tudo é incessante, pensem como o átomo não para, aquelas

moléculas que fazem vidas não param e o Sol da mesma forma. É uma grande usina com proporções fluidas que vêm na forma de raios. Então, se algum planeta precisa de uma focalização solar maior, ele se achega ali; isso é toda a movimentação, toda a comoção planetária ao derredor do Sol. Ele vem, sabiamente, promovendo todo esse gradiente de luz, calor, transmutação, fogo, queimando também, limpando, aquecendo, realinhando, dado o magnetismo dessa usina. Então, como o Sol é importante? O Sol acorda, nutre, fortalece, encoraja, faz vocês acordarem, as sementes eclodirem, então o Sol é fundamental. As pessoas precisam tomar mais sol; hoje em dia, criam panos brancos nos corpos, chamados bloqueadores solares, impedindo a luz do Sol de penetrar nos corpos, por aparência de beleza, alvura, quando o couro mais resistente da Terra é retinto de preto. Observemos o que a indústria química está impondo, porque também são embotamentos para manter-lhes dormindo, sem o sol entrar. Um pouco de sol, na manhã pura, na tarde chorosa, é bom, é vital. Não para esturricar e ressecar as células e as bichinhas se unirem em choro, indo embora de suas peles, mas para estarem nutridos e energizados.

Eu agradeço a Deus a oportunidade de estar aqui, em um ambiente aquilatado em que a natureza resplandece de maneira natural, de forma dadivosa; os pássaros cantam, as folhas dançam e o vento passeia entre nós.

Para louvar e agradecer a confiança que o Senhor deposita em mim, para louvar e agradecer a confiança de cada um de vocês depositada nessas pessoas e para louvar e agradecer a oportunidade cósmica desse belo encontro que se sucederá sempre que vocês me chamarem.

Fiquem na paz do Senhor e no Amor de Deus!

Caboclo Sultão das Matas

Juliet – Delicadeza e gentileza. O ato de ser delicado é um ato essencial à condição humana. Por que vocês devem ser delicados? Porque vocês são fragilmente revestidos de pele e tecidos delicados. Isso quer dizer que o cuidado que se deve ter com a embalagem corpórea nessa estrutura que vocês ocupam na Terra agora é fundamental. Vamos compreender a razão e o que atormenta pessoas na Terra com chamadas doenças, traumas e psicoses. Afinal, por que isso ocorre?

Por que ainda a humanidade padece?

O estado de saúde é um estado de equilíbrio. Alguém que é saudável está com os elementos de seu corpo físico equilibrados em número, percentual, proporção, fluxo e energia.

Sultão das Matas

Quando eu vim para a Terra, eu vim para acudir as pessoas. Disseram-me assim: "Ô caboclo, tem um negoço bom pra fazer lá na Terra". E eu disse: "Umbora, é agora!". Aí Ele disse assim: "Tem um povo lá chorando", e eu disse: "Oxi, e o povo chora? Eu achava que o povo só sorria. E como é que chora?" – porque eu nunca tinha visto ninguém chorar. Fui chegando pertinho do povo e quando eu vi a lágrima escorrer: "Ô negoço bonito!". Aí Deus disse: "Mas nem sempre o povo chora de alegria não, chora de tristeza também". Aí é que eu aprendi que existe tristeza, existe choro e existe dor.

Pedi, então, ao Pai para arrumar um jeito de fazer o povo parar de chorar e só chorar de rir. E foi assim que eu recebi esse emprego bom *retado*, como vocês falam aí – de fazer o povo parar de chorar de tristeza e só chorar de alegria.

Tô chegando hoje de um jeito assim mais simples, porque eu gosto de ser desse jeito mesmo, é um jeito mais humilde, "ceis num liga não, ceis entende tudo que eu falo, mas eu sou assim mesmo, desse jeito mais humildizinho de ser".

Aprendi com quem mais chorou, e em geral quem mais chora é o povo mais humilde.

Eu sou um Caboclo Estelar, mas quase não ando de nave porque meu Pai me dotou de umas coisinhas que eu não preciso da nave, só de vez em quando que eu pego uma carona.

Eu quero dizer uma coisa: meu povo é assim, meu povo é valente! E, quando chora, eu chego mais de junto. Não tenham vergonha de chorar, não, minha gente. Porque, se na humanidade ainda existe choro de dor, tristeza, fome ou carência, é porque esse humano ainda não percebeu que Deus está aí e basta se servir.

Olhem, eu vou falar uma coisa: tá faltando vocês tocarem mais os pés no chão, minha gente, tocar o pé na terra. O povo só anda de sapato, quase não pisa mais no chão, só anda de carro, de salto alto, quase não sente mais a terra, gente. Isso é um problema, se vocês soubessem isso... Precisa pisar na terra: a Terra sente falta do humano, sente falta do toque, do afago do humano. E, quando vocês tocam a terra, tão dando um carinho na Terra, podem acreditar nisso! E ela devolve para vocês.

Quando a gente pensa em razão para chorar, quando meu Pai me fez esse convite, eu pensei: onde é que tem mais choro? É onde tem doença, é no hospital, onde o povo tá sofrendo de algo que eles acham que não tem jeito a dar, que eles acham que não tem solução, e foi assim que me nomearam médico e eu me sinto muito bem com essa missão.

Então, o que acontece? O médico vem porque alguém está doente, ninguém visita o médico a passeio, ou porque não tá se sentindo tão bem. O remédio que eu trago para combater a doença é o riso, a alegria; para combater o choro nada melhor do que rir, ser feliz!

E como é que acontece? Como funciona o mecanismo do riso, da alegria e da felicidade?

As pessoas na Terra riem porque algo é engraçado. *En-graçado*: com graça! Essa graça é a mesma graça de Deus, ou seja, alguém que é cheio da graça é alguém engraçado também. Qual o problema de rir tanto? Tenho visto muitos humanos achando que quem ri é bobo, superficial, ou que quem ri de tudo não é consciente. Por onde eu ando, o riso é música e a dança reina: isso é cura! Quer ficar bem de saúde, minha senhora? Dance! – nem que seja com o ombro! Dance! Ria! Pegue um filme divertido e não fique julgando se ele ganhou os prêmios ou não, dê risada! Se seu amigo fez uma bobagem, ria. Mas o melhor de tudo, o melhor de todos os remédios, é rir quando VOCÊ fizer uma bobagem.

Bobeou, tropeçou, caiu: ria! Errou o caminho: dê risada! O caminho não vai voltar mesmo – só você que vai ter de voltar! [risos] Então, vai rindo, minha gente! Rir é importante. Rir é remédio. Rir é um negócio bom, é cura! Qualquer coisa que faça vocês rirem é bom. Só tem uma observação: não pode rir da miséria alheia. Rir quando alguém se prejudicou, fruto de uma revolta ou algo assim, não é riso! Aí, é compaixão que tem de ter.

Às vezes, a pessoa tá passando por uma situação porque merece. Vocês, por exemplo, que estão passando por essa situação, aí no país de vocês, mas não só nesse, na América toda, dois episódios que merecem essa observação: no país mais poderoso desse planeta, chamado Estados Unidos – se fossem unidos, era bom, mas não são –, há uma risadaria geral por causa de um candidato que tem um negócio de um topete; esse senhor, fazendo rir ao rir do erro do outro, tem arranjado muitos votos. Como é que pode alguém querer crescer, buscando estragar o outro alguém? Não pode. Não é bom, não é certo.

E na política do país que vocês se encontram, a nação brasileira, que eu quero muito bem – tem muitos semelhantes a mim, atuando nesse país –, como pode porque alguém sai depreciado, desmoralizado, rir? Não é pra ser assim. Quando se ri de alguém que caiu, porque errou, o errado está no riso. Tem de haver observação com severidade, mas também há que se ter compaixão, que é o remédio do perdão no coração.

Como fazer para eu ter uma vida mais alegre? – acabei de ouvir essa pergunta.

Pense assim: o que é que você faz que não lhe custa nada? Não custa um vintém e faz você sorrir? O que é? É ficar quieto olhando os gatos brincando? – quem tem gato sabe do que eu estou falando. É ouvir as crianças falando errado no telefone? E tem muita criança dando show pela personalidade. Não vai custar. É ouvir uma música dos tempos antigos e dizer: "Meu Deus, que mau gosto que eu tinha!? [risos] Como eu dancei colado com essa música. Ó, meu Deus! Paquerei muito ao som dessa música..", e aí vem um riso natural no rosto. E quando vê as fotos antigas com aquelas roupas que não têm nada a ver hoje em dia. Se vocês vissem as roupas que a gente usa aqui, vocês iam rir também, tem umas coisas. São bonitas não. Eu não sou chegado muito a roupa não, mas quem usa tem umas coisas estranhas. Então, isso é riso fácil, é riso que não custa nada. E a pessoa que diz assim: "Eh, é difícil alguém me fazer rir". Oh, dó! Tadinha dessa pessoa, minha gente! Tá faltando músculo na face para sorrir! Para não ficar doente tem de rir.

E muita gente me pergunta: "E esse povo que tem câncer, parece que tem uma força extra para ficar bom, não sei se vocês já repararam isso, o cara tá ali para morrer: aí ri! Aí tira foto careca, tira foto com orelha, tudo que se tivesse saudável não fazia, no Facebook, mas quando está doente, faz".

Por que isso? Porque nós estamos ali. Somos nós, invisíveis a vocês que fazemos com que essas pessoas se lembrem: Rapaz, você tá aí todo campado, vamo rir, logo! Não tem jeito mesmo. Aí a pessoa vai se animando. Tem certeza mesmo que você quer morrer hoje? Olhe, tem um menino bonitinho ali para você piscar seus olhinhos. Ah, então vou ficar bem!

A gente chega nos sonhos dessas pessoas, a gente chega através dos amigos, a gente chega através de uma música, através de uma mensagem, de um filme; e essas pessoas vão tendo uma coisa que, aí na Terra, é chamada de sobrevida, uma vida além do esperado.

Então, resumindo: a gente aprendeu que eu vim na Terra a convite de Deus porque eu precisava conhecer o que era choro e tristeza que eu não sabia que existia, aí eu vi aquilo, não, isso não pode ficar assim, vamos dizimar essa situação, vamos melhorar para o riso e para a alegria, e assim aceitei o desafio. Vendo onde o povo mais chorava, eu fui para o hospital e espalhei a alegria e estamos nesse momento curando isso: a falta de alegria – que traz outra febre, que é a depressão.

Muita gente procura a gente, principalmente a família, dizendo que fulano tá em depressão, não fala, não come, só quer dormir, só fica embaixo da cama. Debaixo da cama? Nem é em cima mais, já desceu pra debaixo – por que é isso? É depressão mesmo: a pressão psicológica que essa pessoa está sentindo é tão grande, que ela precisa ficar abaixo, deprimido, oprimido, como se houvesse um peso incessante, intermitente sobre si. Aí, eu juntei meu povo e disse que esse povo humano inventa é arte, inventou negócio de depressão? Que povo criativo para o que não serve! E qual a cura que a gente vai dar? Bom, quando meu Pai me deu o trabalho, Ele só me deu um remédio, Ele só me deu risada, e agora? E começou o desafio de mim mesmo, reconhecido aí como Sultão das Matas e todos que trabalham comigo. Bom, doença nova e um único remédio: sorrir!

E pensei, pensei, pensei. Se pudesse dormir, dormia, mas não podia, acordado ficava e pensava: "O que é que a gente vai fazer para consertar esse povo que inventou essa modalidade chamada depressão?".

E, aí, apareceu uma fogueira na minha cabeça que dizia assim: "União! União!". Pulsava: "União! União!". E eu fui chegando de junto da fogueira e a fogueira disse: "Quem está deprimido quer ficar só, mas o remédio é estar junto, ou seja, quem tem alguém que está sofrendo deste sintoma, não abandone, não largue pra trás, não enxote, não diga: "Fique aí você com suas perebas, não!".

Chegue lá e diga assim: "Oh, mesmo que você não queira, eu tenho um dengo para você! Eu trouxe um docinho, um bombom, um queimado", e vá chegando aos poucos, não é se impondo, não! Que ninguém pode se impor a quem quer que seja. Deus, que é Deus, não se impõe à gente, não é? A gente só acredita em Deus e só conversa com Ele, se a gente quiser, que Deus não tá fazendo questão, verdade seja dita!

Então, como é que a gente vai fazer questão de se impor ao outro? Não pode. Depressão se cura com união, ou seja, presença, apoio, suporte. E aí, quando eu cheguei de junto da fogueira e ouvi isso, eu vi que tinha uma outra pequenininha, como se fosse filhotinha da grande. E a pequena disse: "Dependência! Dependência!". E eu disse: "Ó o efeito colateral! [risos] , Ó, o problema! [risos]". Todo remédio tem efeito colateral e o efeito colateral da União, da presença, do apoio, pode ser a de-pen-dên-cia!

E como eu vou equacionar isso? E a resposta veio: Equilíbrio. Dar a presença, fazer-se presente, na medida: comedimento! Não é sufocando; não é entupindo, não é congestionando a pessoa de cuidados ou de zelos, ou de mimos que o deprimido irá se curar, pois, então, ele pode achar-se incapaz de sair do buraco e sempre exigir a mão de alguém para sair desse estado.

Portanto, além de apoio, amparo, afago e carinho, deem tudo isso na medida para que não assoberbem e haja uma intoxicação por excesso. Porque até amor tem limite de entrega para a humanidade; onde vocês se encontram hoje, não tem, ainda, a plena execução, exercício e a fundamental prática do amor universal desmedido e ilimitado. Apenas alguns pequenos seres têm essa capacidade na Terra, que servem de exemplo, que são os iluminados, fora isso, a humanidade ainda, dentro de um padrão geral, tem um limite.

E, desse modo, eu convido vocês para ampliar, cada vez mais, a capacidade de dar e receber amor, para que fiquem, de fato, curados corpórea, emocional e psiquicamente, e assim eu só preciso estar com vocês a passeio e para darmos boas risadas.

Pergunta 1
Gostaria de saber se minha missão é trabalhar como terapeuta.

Resposta 1
As vocações para os terapeutas são maravilhosas, a técnica que você vai aplicar, amada, é uma técnica generosa, uma técnica rica, é uma técnica saborosa para o mundo espiritual, vale a pena essa atividade. Tudo que possa melhorar a qualidade de vida e a qualidade de morte também, pense nisso. Todo mundo tem de viver a vida e também pensar na qualidade da morte. O que é a qualidade da morte? Como vai haver o desencarne. Então, como é que você vai viver a vida sofrendo, triste, amargurado, maldizendo-se, e acha que sua morte vai ser bonita? Oxi, vai ser é triste! E ainda vai o povo no enterro e diz assim: "Descansou!". Oh, meu Pai! Aonde? Eu vou dar o endereço do descanso – queira ir lá não! Queira ir lá não, meu irmão. Presta não!

Percepção da morte é importante também: porque a morte física é nascimento e vida! Então, se vocês se preparam para a vida material, vocês precisam também se preparar para a vida espiritual.

Pergunta 2
O que acontece com um fumante quando desencarna?

Resposta 2
Vira fumaça! [risos] Mas, falando sério agora, uma boa parte dessa resposta é verdadeira, viu? Quando a gente fala: virou fumaça e a gente pensa no fogo que o cigarro produz, uma brasa quente queima e produz uma névoa, que é um dos sintomas dos ambientes negativados – eu não tenho autorização de falar os nomes, mas todo mundo aí já

sabe do que eu estou falando. Então, estamos falando de alguém que se descuidou do que nossa amada Juliet trouxe na abertura deste trabalho de hoje, que foi sobre cuidar do corpo físico. Porque o corpo físico é a condição básica para todas as outras. Até uma pessoa que está lelé da cuca não tem um corpo físico? Então, ele pode cuidar. Uma pessoa que está doente, em coma induzido, em cima de uma cama, tem um corpo físico e o povo tem de cuidar. Então, o corpo físico existe: onde está visível = vida. Assim, mesmo que você não cuide do que você fala ou do que você pensa, ainda que você não esteja prestando a devida a atenção, se você está vivo, uma hora ou outra do corpo físico você vai ter de cuidar. Então, se o povo fica fazendo fumaça para cima e para baixo, além de sobrecarregar o próprio corpo físico ainda estraga os parentes, né?

Então, essa pessoa tem uma tendência a passar por uma escola, que vai mostrar a privação causada por aquela infração ao seu corpo físico. Você desrespeita seu corpo físico a ponto de estar mutilando-o com essa agressão; você tem de aprender a respeitar. O grau dessa escola, por assim dizer, se é enfumaçada demais ou de menos, se é uma sauna ou um vulcão [risos], vai depender das outras atitudes da pessoa. Então, não significa que uma pessoa ótima, maravilhosa, incrível, mas que tem o equívoco do cigarro, vá lá para a treva, enquanto o outro, que tem atitudes egoístas, agressoras, opressoras, vá para o céu; senão haveria uma desproporção entre a prática e o julgamento, não é verdade?

Então, há tantas pessoas incríveis que ainda são débeis – posso chamar assim, debilidade no sentido de não percepção de quão mal fazem a si mesmas, em qualquer coisa, não só cigarro. Então, não há condenação: fumou, vai lá para o submundo, não! Depende do contexto geral.

Pergunta 3
Qual a necessidade de realizar conexões materiais? Por que não podemos utilizar conexões mentais, por exemplo?

Resposta 3
Trabalhar para ganhar dinheiro? Todo mundo precisa. A diferença está entre precisar e carecer; vou explicar: eu não careço do trabalho, mas eu careço da energia que meu trabalho produz para mim e para o Todo. Todo = nome de Deus.

Portanto, se alguém é um pintor e pinta um quadro, ele pode vender; se ele vender, ele vai pagar o aluguel, vai comprar alimentação, vai comprar nova tinta e vai pintar de novo. Esse quadro vai enfeitar a casa de alguém, vai trazer alegria, vai trazer beleza, ou seja, há toda uma cadeia de energia envolvida nesse assunto. Porque, se a pessoa achar que o trabalho é só para quem carece suprir suas necessidades básicas, não conhece um bom trabalho. Essa pessoa está infeliz com o trabalho, essa pessoa não está realizada com essa atividade que lhe frutifica o recurso material. O recurso material é um fruto, como o nome diz, mas, antes de ele virar fruto, ele teve a árvore que gerou sombra, as folhas que se embalaram ao vento, o aroma, que se espalhou com a flor, até o fruto, que é o salário da pessoa. Eu sugiro que essa pessoa busque outro emprego e não relacione o trabalho como uma opressão ou um meio só de se sustentar.

Pergunta 4
Como bloquear a energia negativa de pessoas e acontecimentos? Como ajudar a distância pessoas queridas que precisam de saúde e boas energias?

Resposta 4
Como se livrar das energias negativas das pessoas e dos eventos é ampliando o percentual de luz. Se a gente apagar todas as luzes desta sala, vai ficar tudo escuro, mas, de quanto mais luz eu dispuser, mais luminoso. Quem é luminoso porta luz em qualquer lugar, ou por que será que nosso amado Jesus caminhava nos prostíbulos, jantava com os coletores de impostos, que eram um agrupamento tão execrado naquela época? Por que ele podia ter diálogos e conversas profundas com os supostos sábios sacerdotes, por que será? Lógico, que é porque o grau de luz d'Ele permitia que ele incandescesse aquele lugar e aquelas pessoas com sua fonte de luz.

Então, as pessoas têm de ampliar o gradiente de luz para iluminar esses ambientes obscuros e não se sentirem obscurecidos, enevoadas, enegrecido pelo ambiente. Então, alguém diz: "fui para um lugar e estava carregado". Tava carregado? E eu pergunto: e você descarregou onde?

– Ahhhh, eu não descarreguei, não, Painho!

– Não descarregou, não, menino? Tome tenência. Tem de descarregar.

Seja na terra, no banho de mar, em uma música, dançando, não pode é ficar como se achasse Astrea. Conhecem Astrea? Pois Astrea é uma Deusa, uma divindade. Astrea tem um negócio de umas frescuras, toda linda, porque a bicha é linda! Mas ela tem um pouquinho de nojo. E eu perguntei:

– Astrea, minha filha, por que você tem nojo?
– É muita sujeira!

Astrea é a Deusa da pureza, no sentido da limpeza, de ser límpido, asseado, asséptico. Então, ela vem com uma espécie de alvejante.

– Criatura, a Terra ainda não está preparada para alvejante, não!
– Só um pouquinho, coisa à toa!

Coisa à toa, ela diz. E aí mete um monte de alvejante..

– Ai, meu Deus, Astrea, vai dar vitiligo no povo! [risos] – e ela ri muito comigo.

Então, o que é que eu quero dizer? Contei sobre essa Deusa que eu amo tanto, minha companheira. Eu tenho essa intimidade porque ela limpa os hospitais e eu chamei ela para me ajudar porque tem tido muita infecção hospitalar, né? E só precisa de um segundo da presença dela para transformar os ambientes em mais limpos, mais assépticos, para nossos trabalhos. E, aí, a pessoa chega achando que está limpinha, toda boinha e, de fato, muitas vezes até está, e vai para esse ambiente sujinho. E acha que se suja, como Astrea acha que se suja, mas ela nunca se suja porque o gradiente de poder dela impede isso. Porém, a sensação pode fazer com que haja uma repulsa, e aí: não, não vou mais lá... Não pode ser assim. Se vocês não têm condição, não têm esse alvejante para trazer a luminosidade para aquele ambiente, sugira que alguém vá, ou indique uma limpeza energética, dê uma orientação, não vire as costas para o ambiente nem a essas pessoas, porque todo mundo merece também. Se não merecesse, a gente não perdia nossa energia vindo para cá de tão longe. Se a gente está aqui, é porque vocês merecem, mais do que precisam.

Pergunta 5
Vivemos em um mundo onde a família tem deixado de ser prioridade na vida das pessoas. Qual o caminho que devemos seguir para construir e manter a família sólida com uma base de amor?

Resposta 5
Primeiro a gente tem de entender o conceito de família, que cada dia que passa muda, até na lei aí na Terra. O que é família e o que

deixa de ser família, está tudo muito variado, e muito variado para ampliar: antes a família era o pai, a mãe e os filhinhos; agora família pode ser adotada, família podem ser dois iguaizinhos; a família pode ser a avó que criou o netinho; a madrinha que se juntou com o colega e assim vai. Isso significa que existe um universo maior do conceito de família. Mas, afinal, por que Deus criou a família? Afinal, vocês podiam ser que nem fruto que dá em árvore ou que brota do chão. E eu até conversei com Ele: "Oh, meu Pai, não ia ser mais fácil se fosse assim umas ramagens? Olha que coisa bonita, se o povo da Terra fosse só ramagem". [risos]

E ele me convenceu de que tinha de ser uma menina + um menino e os filhotinhos, então tá bom. Mas família não precisa ser necessariamente só aquela de nascença, porque tem gente que nasce e fica sem família. Então, por exemplo, um bebezinho cuja mãe morreu e o pai faleceu logo em seguida, ou que estava em um carro e teve um acidente, Deus livre e guarde, aconteceu e o bichinho ficou sozinho, cadê a família dele? Será que Deus deixou essa criança, ainda criança, sozinha para sofrer sem família? Quem vai dar essa base sólida de amor? Aí, seria a primeira injustiça de Deus com essa pessoa, tirar dela a base; será que Deus seria assim? Claro que não! Claro que não! Deus ensina que qualquer referência de amor pode ser família e qualquer família DEVE ser referência de amor.

A gente brinca aqui em cima que é como se fosse um experimento, experimentos de amor, ou seja, quando Deus coloca uma pessoa para nascer na Terra, Ele diz: "Vou logo colocar em uma casa que tenha amor, porque a primeira referência vai ser a mãe, vai ser o pai, vão ser os irmãos, para que, com a referência de amorosidade, esse ser possa multiplicar amor". A família é um caldeirão de variedades humanas para se experimentar – no sentido de experiências amorosas. Eu vou experimentar o amor, por meu pai, por minha mãe, para multiplicar esse amor na rua, com as pessoas que eu conhecer, com as pessoas com quem eu vou me relacionar.

Então, essa pessoa que escreve quer se casar e construir uma base sólida para essa família, então, minha amada, se você realmente escolheu e foi escolhida, se essa união se dá por amor, já tem 50% garantido, os outros 50%, eu brinco, é manutenção, igual carro novo: faz a revisão para não ter nada quebrado. O que é revisão? Observar o companheiro, observar o par, como você observou antes: está comendo bem, está se vestindo bem? Dorme direito? Repousa? Como é que você se diverte? Mas aí, o par tem de falar também, né?

Pergunta 6
O que a espiritualidade pode falar sobre passagens trágicas e violentas?

Resposta 6
Tem uma fila grande de espírito querendo encarnar. Se vocês têm certeza da morte, é porque vocês estão vivos, porque quando vocês estão desencarnados ficam pedindo pela certeza da vida. Morreu/foi para a fila e fica chorando, debulhando a reza: "Oh, Meu Deus, deixa eu voltar, fiz tanta bobagem...", pedindo uma vaga em um corpo. E pede, e chama o Santo e junta os parentes, faz comitiva, abaixo-assinado, tudo para pedir uma vaga em um corpo. E é um tal de pedir, suplicar:

– Dá uma chance, fiz besteira..
– Oh, mas você não vá aprontar de novo!

Consegue a vaga na vida e aí é que tem consciência que a morte é certa, quem aguenta? Vocês são confusos demais, viu? Só meu Pai para me dar paciência mesmo.

A morte física é certa porque é preciso, ela é necessária para que vocês tenham o trânsito encarnado, na Terra, no caso, neste planeta, para viver e ter a experiência e cuidar de ter uma boa morte. O que significa essa boa morte? É saber que teve atividades, enquanto vivo, de bem, de bondade, de verdade, de justiça, mas de, sobretudo, uma única missão: ser feliz.

Ninguém pode ficar casado sem estar feliz; ninguém pode ficar no emprego, triste; ter de sustentar uma mãe que não para de falar coisas terríveis, porque é mãe. Não é sentença condenatória, é experiência encarnatória. Ou seja, quando vocês largarem essa roupa de vivo na Terra, deixar de ser alma – que alma é espírito encarnado – e virar só espírito, vocês vão prestar conta da vida, mas, sobretudo, vão responder:

– Foi feliz, meu filho? – Porque o Pai quer saber se você foi feliz.
– Ah, fui, Painho! Fui tão feliz que quero voltar de novo – aí é lindo!
– Não, fiz um monte de bobagem, preciso voltar para me redimir.
– Aí, talvez, possa voltar.

Perguntas 7
a – Quando Salvador será uma cidade menos desigual? **b** – Quando o Brasil alcançará um nível de evolução? **c** – Alcançaremos um nível em que as pessoas deixarão o conservadorismo e o machismo e passarão a olhar o próximo sem preconceitos?

Resposta 7

Não vamos pensar em cidade porque aqui a visão que eu tenho é uma visão mais macro, tá? O que acontece com a desigualdade social? A desigualdade social cria abismos entre as pessoas, então, às vezes, uma pessoa não vai em um bairro mais humilde porque teme a violência. Então, afinal, será que em um bairro mais humilde não tem pessoas incríveis que eu gostaria de conhecer e poderia até namorar? Ou me casar? Ou ter um relacionamento? Mas eu sequer vou lá porque eu temo um assédio, uma violência, dadas as condições materiais daquele ambiente. Todas essas perguntas se referem a isso, e aí vem uma resposta imediata: quando, de fato, a Terra vai alcançar um nível de equanimidade, de equilíbrio e de justiça?

É uma pergunta que eu já fiz, enviei para o destinatário correto e eles me disseram: "Estamos trabalhando nisso!". Contudo, não é algo que vocês que estão vivos hoje irão ver. O estado de ruptura das diferenças deve começar por cada um de vocês. A partir do momento em que vocês não se sintam mais superiores a quem quer que seja, aquele que se sente inferior não se acanha mais, é construída uma ponte e cessa a distância.

Então, por exemplo, alguém que frequenta uma faculdade, estuda fora, investe em seus estudos, sacrifica-se para fazer especializações, doutorados, e tudo isso pode vir de um ambiente humilde e pode vir de um palácio, não faz diferença quando o objetivo é o mesmo, e em geral eles se encontram na biblioteca da faculdade, onde essa diferença não é tão visível, ainda que a moça esteja com a bolsa de marca, no valor do carro que o rapaz não tem.

Então, o que é isso? Se vocês acharem que é o prefeito, é o governador do estado, é o presidente da República que vai resolver isso, vocês erram. Porque esse passo para acabar com a desigualdade deve começar por vocês: tendo amigos de classes sociais variadas, de cidades diferentes, de posições sociais mistas. Porque esse povo que diz "só ando com juiz, com médicos ou com advogados" começa a segmentar, segregar e se afastar de Deus. Porque existem pessoas que alcançaram uma proeminência na sociedade de origem muito humilde e pessoas de largo poder aquisitivo que nada fizeram, a não ser decompor a herança familiar.

Então, meus amados, no dia de hoje, que a gente percebe de fato que o estado do todo é o que vale, que o estado do uno é que é real, vocês precisam levar isso para seu dia a dia, para a prática, despindo-se do preconceito, afastando-se do que parece distante, abraçando o que está perto; e, para o que está longe, esticar o braço e dar a mão.

Assim, como eu estive aqui esta noite, e ainda estou, mas já me despeço, deixo com vocês a energia da saúde, da verdade, da pureza, dessa inocência com a qual o Senhor me forjou, e com a qual eu tenho aprendido nesta Terra, que chorar muitas vezes é humano, é necessário, é purificador. E eu quero converter todas essas lágrimas em lágrimas de alegria, regozijo, ânimo, fé e esperança.

Agradeço a presença de meu amado irmão aqui,[41] que tanta força e inspiração trouxe a todos nós, a cada um de vocês e a cada um que veio em seu coração e em sua mente e que também recebeu de mim um abraço fraterno.

Para vocês eu entrego meu coração eterno. Fiquem na paz no Senhor, e até a próxima!

---

41. Referindo-se ao caboclo Tupinambá, manifestado através de médium presente.

Iansã

Que felicidade! Que felicidade! Eu sou Iansã! A própria! Axé!

Hoje eu vim falar de um assunto que minha filha me pediu há muito tempo: vim falar de Vitória!

Muita gente tem, aí na Terra, reclamado: como é que acontece isso? Por que alguém é vitorioso ou fracassado? E aí, eu me pus debruçada sobre os pergaminhos da história da humanidade, para saber como acontece esse cotalo entre o Êxito e a falta dele?

Estudei, estudei, apesar de alguns acharem que eu não preciso disso. Mas estudei, estudei e segui estudando... e a resposta veio a cavalo, um cavalo chamado Raio Alado. Quando Raio Alado chegou à minha porta, se é que porta eu posso dizer que tenho, onde vivo, ele relinchou, com as patas sobre o ar, e disse: "Eu trago a história da Vitória!". E é sobre ela que eu vou falar para vocês.

Quando alguém decide nascer na Terra ou em qualquer outro planeta, decide ter uma carta de alforria. Uma carta de alforria é uma vitória para quem era preso em um sistema de escravidão. E o ser, seja ele qual for, vem buscando se libertar desse estado de aprisionamento, e, quando esse ser consegue, ele vibra com a Palma da Vitória! Ao receber a carta de alforria, esse ser ingressa em uma segunda etapa: "Agora não estou mais preso, agora sou livre, o que farei com minha Liberdade?". E é aí que entram os riscos do Êxito e do Fracasso!

Os dois entram como cavalos teimosos querendo que alguém os domine. O Êxito quer ser dominado para que aquele que tem a rédea monte sobre ele e se sinta glorificado, grandioso, exitoso! Da mesma forma, o Fracasso corre igual, quer também ser laçado, porque afinal ele quer estar atrelado a alguém! O Fracasso não existe só, bem como o Êxito não anda sozinho. Eles precisam de um coautor para existir.

Quando Raio Alado veio me contar que o Êxito e a Vitória precisavam de autores, eu disse: "Então vou lá estar com eles!". Vou conversar frente a frente, típico de mim, Iansã, que não gosta de nada por trás, nada pelas costas, nada escondido! Quem me acompanha ou quem sabe um pouco de mim, sabe que eu sou assim, muitas vezes até desbocada!

E fui bater às portas do Êxito, e, lá, sentei-me com ele! Um lugar belíssimo, de perfeição suprema. E ele estava assenhorado de si, feliz com minha visita, encantado com minha presença!

E eu disse: "Êxito, querido, tens andado pouco por onde me chamam, que tal passeares comigo?". Inteligente fui eu; e ele, lógico e rápido, montou junto aos meus cavalos uma tropa própria dele e eu os trouxe aqui hoje, para brindá-los com a energia exitosa!

Sejam bem-vindos, amados tropeiros do Êxito, porque aqui, por onde eu ando, canto e digo, não há fracasso! O Fracasso corre e treme diante de meu chicote! Ecoa e some diante do meu brado! Porque o poder que carrego em minha voz é o poder do Divino, é a presença do Sagrado! Eu convido vocês, cada um que esteja presente aqui, a projetar em suas mentes e em seus corações os êxitos que buscam, para que cada um de seus cavalos sejam montados por vocês mesmos, e assim formem esse grande tropel, onde eu ando lado a lado com meu amado amigo Êxito. Vão pensando sem receio e sem demora!

Quem não sabe montar a cavalo, não se preocupe, o cavalo anda devagar mesmo. O que importa é que vocês sabem que a partir de hoje as rédeas dos êxitos pessoais andam em suas mãos. E agora? O que farão com essas rédeas? Qual o caminho do êxito que você se propõe? Você deseja a Vitória pessoal? Em que aspecto, especificamente? Uma Vitória contra alguma doença? Uma Vitória pessoal contra algum mau hábito? Contra algum inimigo algoz, como um vício? Uma Vitória judicial justa? Uma Vitória para que prevaleça um amor sincero, justo? São esses os arreios que estão montados em seus cavalos!

O princípio do Êxito aqui presente não vai favorecer cada um de vocês por capricho, mas somente aquele pedido que estiver alinhado com o Divino mais profundo é que irá ancorar! E esses cavalos voltarão para os estábulos pessoais de meu amado amigo Êxito, cientes da Vitória pelo caminho percorrido!

Por sua vez, como eu tinha uma missão e não podia só ouvir um dos lados, fui visitar também o Fracasso.

E lá, vi um ser deprimido, triste, com olhos arrastando ao chão. Os dedos acabrunhados, mal se levantavam ao me ver. Entrei na casa do Fracasso, sacudi-lhe a poeira, chamei minhas amigas e pus em ordem aquela casa bagunçada. Quem está nessa energia do fracasso tem o quarto desarrumado, tem a cozinha suja, não lava bem os cabelos, não cuida das unhas como deve, não cuida de si.

E o Fracasso me disse, desanimado: "Eu sei, tenho levado muitos! Na verdade, é minha missão. O que é que eu faço?".

Então, sentei-me e conversei um pouco com o Fracasso; dei-lhe um pouco de soro, pois ele estava quase para morrer.

E lhe perguntei: "Fracasso, se tu morresses, hoje, o que aconteceria? O Êxito prevaleceria sempre? E o Sucesso seria nosso guia?".

Quase que tentada a dar-lhe fim, afinal era uma oportunidade valiosa; e confesso a vocês que desembainhei logo minha espada, pensando: "Se há aqueles que sofrem temendo o Fracasso e eu posso dar-lhe fim, nada mais temerão!".

Quando ele me disse: "Não, amada Iansã, ainda que eu morra, alguém que me chame me ressuscitará! E esse ciclo não cessa até que o último desista de mim. Sou tal como um zumbi e o medo de mim me traz força e a ausência de mim é o Êxito!".

Assim sendo, deixei com ele quarto arrumado, panelas limpas e uma casa asseada, na esperança de que ele se convertesse por si mesmo e, assim, mudasse, de Fracasso para Sucesso. Contudo, já soube que assim que saí do ambiente, meio aturdido, tudo bagunçou e voltou a ser como antes, dizendo: "Que nada, Iansã, não consigo mudar o que sou!".

Qual a mensagem que temos dessa minha visita ao Fracasso? Pessimismo é o alimento do Fracasso!

A pessoa, aqui na Terra, que anda em caminhos pessimistas, dizendo mais não do que sim, acreditando em sua acanhada presença, capacidades reduzidas, está de mãos dadas com o Fracasso! Busca por ele, ainda que não saiba o nome!

E eu digo: tirem essas palavras de seus vocabulários, não se refiram a ninguém mais sob essa energia! Não pode haver na Terra ninguém como fracassado, porque alguém fracassado fere o nome de Deus! E Deus espera todos felizes!

É óbvio que no sistema terreno, onde vocês estão ocupando espaço agora, existe a dualidade: nem tudo é êxito, mas nem tudo é tristeza ou ausência dele! Mas, se alguém tiver um motivo, e estou certa de que aqui cada um tem mais que um, para se apegar a uma conduta exitosa, tudo mais pode assim ser! E, da mesma forma, o Fracasso também pode. Com tristeza, depressão, preguiça, desânimo, dúvida sobre as potências que carrega, é lógico, que isso é cama, cozinha e sala de estar para o Fracasso.

Fiquem atentos, meus amados, pois a Vitória é certa para um coração determinado a tê-la! A Vitória se entrega! Existe um ser com este nome: Vitória! E ela, quando veio passeando pelos mundos, só trazia riso, graça e uma certa nota de empáfia: a Vitória vinha com o queixo para cima e nariz alado, voando mais que todas! E, um dia, perguntei-lhe: "Por que voas assim tão rápida?". "Porque tenho muito trabalho a fazer! Muitos me chamam, mas nem todos que me chamam cumprem o trabalho! Então, preciso ir, e esse ar impávido, um pouco mais acima, é para ver se aquele que chama por mim age com um trabalho justo para me ter em companhia." Qual a lição que a Vitória me deu naquele dia?

Há sempre um olhar superior sobre tudo que fazemos. Alguém olha, observa! Quem é educado, é educado sozinho, não precisa ter alguém à sala ou no quarto para ver sua conduta de boa educação. Quem é educado só age educadamente. O que eu quero dizer com isso? Se vocês decidem, de uma forma concreta, que querem a Vitória, façam por merecer esse casamento! A Vitória é uma noiva buscando seu par ideal, e como noiva ela busca saber a procedência daquele noivo, o procedimento, a atitude daquele noivo. Ele é justo? Ele é correto? A busca dele reflete ambições saudáveis ou ele só quer a Vitória por poder, para manipular? Ele só quer o momento da glória ou esse resultado lhe trará bons frutos para partilhar com os demais?

E assim a Vitória segue e eu a perdoei, e acima de tudo ME perdoei por julgá-la por andar com o nariz impávido. Só era a posição que ela precisa deter para avaliar. Como, então, pessoas que não são merecedoras saboreiam a Vitória? Muitas vezes, até nesse ambiente, onde o jogo acontece, um time que desempenha melhor atuação no campo de futebol perde o jogo em favorecimento àquele que deu a sorte de fazer um gol?

E eu digo, de alguma forma, ainda que naquele jogo parecesse que aquele time jogava melhor, as motivações, as razões para aquele time não sair vitorioso são explicadas pelo plano superior. Por isso é que a Vitória é quem decide, ordenada pelo grande Senhor. Então, não adiantam trabalhos, macumba, feitiço, mandinga, dente enfiado na terra do futebol para garantir a Vitória, a quem quer que seja de time, pois esse critério é superior e nem sempre está associado ao melhor estado físico dos atletas ou melhor desempenho do estudante.

Afinal, então, o que fazer? A Vitória é um golpe de sorte? Não! A Vitória reúne os critérios de determinação, empenho, merecimento e compartilhamento! É importante vocês perceberem que os cavalos da Vitória montam nas quatro patas: determinação, empenho, merecimento e compartilhamento! Se perderem uma pata, a Vitória não chega.

Aqueles que querem fazer concurso, por exemplo, para ter estabilidade na carreira e segurança profissional, ter a Vitória e ver seu nome impresso como ocupante daquele cargo, têm de se firmar nesses quatro pilares, três não resolvem! Determinação, empenho, merecimento, e, aí vem o último, que é tão importante: compartilhamento! Compartilhar o quê? A Vitória que eu passei no concurso? Não!

Compartilhar sua capacidade no desempenho da função! Compartilhar sua vocação para ser justo, se for um juiz; compartilhar responsabilidade de ser um médico audaz, observador, e não uma peça dentro de um sistema de vendas medicamentosas; isso é o compartilhar!

Não significa que o salário, ou o recurso material provindo de seu concurso, você vá dividir, não é isso! A Palma da Vitória é um assunto importante porque existe! E está ao alcance de todos!! Basta cuidar desses elementos!

Despeço-me agora desse tropel maravilhoso, com esses lindos cavalos que cada um recebeu para montar, com meu amado amigo, já íntimo, caloroso Êxito, sabendo que esse trabalho, essa atividade, foi rico e que todos os pedidos e processos individuais que estiverem alinhados com a Vitória serão realizados.

E eu peço que meu irmão Tempo seja gentil com esses filhos aqui presentes, porque ainda andam impacientados de sua compreensão.

Amado Tempo, dê uma forcinha também! Gratidão a todos!

Eu gostaria que alguém me desse um tema pra eu falar.

O caminho da luz!

Coisa boa: o caminho da luz!

Quando o Senhor criou os seres, e não parou de criar, e o processo de criação não foi de uma vez só, e a criação não para! O Senhor não produziu toda a sua obra e foi dormir no sétimo dia, não, gente! Isso foi aqui na Terra e, se ele soubesse, tinha passado mais uns 15 dias para melhorar a situação. Mas fazer o quê, né? A humanidade gosta de uma bagunça! E no meio dessa bagunça, eu venho também passear. O caminho da luz é o caminho de Deus. Quando uma pessoa, de fato, decide andar e trilhar no caminho luminoso, imediatamente seus pés se acendem! Na forma de uma palmilha, e acontece no formato dos dedos que vão se iluminado, no formato deles, de maneira que a pessoa, ainda que ande em um ambiente lodoso, porte luz. Não precisa portar em mãos, e aqueles que não têm pés também têm caminho luminoso. Como? Qualquer coisa que toque seu corpo produz luz.

Quando a gente pensa de que forma Deus criou seres tão diferentes, eu lhes digo, nesse próprio enfeite, há diferentes pontos de luz, de formas diferentes, tonalidades diferentes, temperaturas diferentes; e foi assim que Deus foi criando, criando, criando... E os primeiros seres tinham uma potência de luz absurda, enorme, e ele foi vendo que precisava também de matizes mais singelos, para que houvesse tarefas para os grandes. Os grandes, que são os adultos, os pais, chegam primeiro, para cuidar dos infantes, pequenas luzes. A mesma estrutura da família é a mesma estrutura cósmica, de luzes, em todo o Universo.

Primeiro os grandes, depois os pequeninos. Nesse processo de grande, até atingir o pequenino, Deus foi se empolgando e foi criando e criando, e se empolgou tanto que disse pronto, agora tenho de juntar todo mundo; tal como uma criança que bagunça o quarto de brinquedos e não sabe mais com o que vai brincar: com a boneca, com o carrinho, com a bola, com o rolimã; chega o momento em que a mãe ou o pai vai até lá e começa a pôr ordem para que a criança, quando queira brincar com um brinquedo de boneca, encontre todos juntos; todas as bolinhas juntas, e assim foi.

E Deus foi ocupando os planetas com esses gêneros: bolinhas, carrinhos, bonequinhos, de maneira tal que esses seres pudessem crescer em grupos, de maneira harmônica e se tornassem grandes. E o ser do planeta das bolinhas pôde visitar o ser do planeta dos carrinhos, e começou a criar caminhos que nada mais são do que aquelas linhas que as estrelas têm entre si. Não sei se vocês já perceberam, já viram em desenhos ou geometria sagrada que acima da Terra existem as estrelas, que chamamos estrelas em respeito a vocês, mas são planetas, muitas vezes são pontinhos, de restos de planetas, que estão ali dentro de uma geometria, que são ligadas por pontos, reunidos, que formam linhas. Essa grande teia são os caminhos de luz, tal como uma grande estação de metrô, onde existem vários destinos e paragens. O ser pode optar em parar naquela estação, saltar, passar um tempo e depois ir para outro, assim também são pelos planetas. Poucos de vocês são terráqueos, originais da Terra; a maioria veio em passeio estudantil, digo passeio porque há muito o que fazer aí, e, quando vocês percebem que estão estudando na Terra, vocês vão ser melhores alunos, mais aplicados, e assim terão direito de ir para uma suposta Disney, que é outro planeta.

Falo essa linguagem mais acessível porque o mundo das crianças é um mundo que me fascina, amo-as todas e entendo vocês aqui na Terra como crianças, o que seria algo entre os 8 e 14 anos, que vocês tratam aí final da infância, início da adolescência; para mim, de onde venho, vocês teriam essa idade terrena. Essa é uma linguagem que a gente percebe, que Jesus falou: "Vinde a mim, as criancinhas". São os puros de coração, são aqueles que, de fato, estão decididos a não decidir tanto; são aqueles que estão, de fato, entregues à confiança do grande Deus/Pai-Mãe. E nessa condição de entrega, só estendam a mãozinha para que os adultos recolham essa mão e atravessem o caminho, evitando o risco de um atropelamento, por exemplo.

Essa pureza da infância faz com que o caminho de luz seja mais alegre; e essa é a energia por onde eu ando, uma energia vigorosa, de uma alegria estrondosa, de muita gargalhada, de muita luz, de raios cortando a Terra, para mostrar a vocês que estamos elétricos, felizes de visitá-los. E, quando acontecem os trovões e os corações estremecem de medo, nós rimos e achamos graça também e dizemos, "bem, diante do trovão, há de haver também o raio, o relâmpago, para alegrar aquele coração assustado e as pessoas ficam temerosas e querem saber: o que será que vai acontecer? O céu vai cair? Não! O céu é o próximo destino! Como pode cair?".

O caminho de luz é o único caminho. Cada um pode escolher a estação onde ficar mais tempo ou trocar de veículo, mas só existe este caminho de luz; ainda que a pessoa esteja toda torta, sentindo-se fora, trevosa, a luz que ela porta é suficiente para garantir sua subsistência como ponto luminoso sobre a Terra. Não há um ser despossuído de luz, senão não seria processo da criação divina. Teria brotado de onde?

Sabendo, claro, que dentro de um progresso e o projeto espiritual que alguém tem para si, de caminhar em luz, a postura dos caminhantes vai aumentar a potência da luz dos pés, subindo, formando-lhes perneiras, roupa, braçadeiras e até uma coroa. Todos têm brilho nos pés, mas o gradiente de luz vai subindo, aprimorando-se à medida do estímulo.

Como estimular? Vocês estão na prática: ao virem aqui, mas também em outros lugares, ou fazerem uma boa leitura ou tocarem uma boa música ou escreverem uma carta para alguém, desejando coisas boas, sendo positivos, vocês estão no caminho da luz. E essa luz antes era só das solas dos pés – e é por isso que os bebês não pisam ao chão. Eles só começam a pisar ao chão maiorzinhos, porque o ajuste da luz na solinha dos pés está se formando, de acordo com o ambiente da atmosfera terrestre. Diferentemente dos filhos das girafas, os quais já descem com as patinhas no chão; saem, caem assim de bandinha, daqui a instantes já estão de pés ao chão, e assim tantos outros: boizinho, quando a vaquinha dá à luz o bezerro e assim vai. Mas o humano, não, o humano não pode, pois ao nascer o que toca são as costinhas, a coluna, e por quê? Alguém tem algum palpite?

Estou conectado, energia Kundalini, espiritual-material na Terra – contato; estou vivo: a coluna! A coluna é um caminho também! É o caminho de ida e volta: vem do primitivo e sobe, recebe, difunde para o corpo, nutre o corpo. O primeiro contato da vida humana na Terra é aí.

Pergunta 1
Gostaria que você falasse sobre a situação de muitos jovens sem emprego, ainda que tenham competência e nível superior.

Resposta 1
Jovens sem emprego, com competência e nível superior, têm de chamar a energia da Vitória, não é? Essa pessoa fez a pergunta sabendo que o assunto era esse. Os empregos, é engraçado: o emprego é uma vaga, existe esse sistema, você procura e tem uma vaga, igual a esse teto que tem um buraquinho para colocar a luz lá. Se a pessoa tem a qualificação correta e está decidida a trabalhar naquele local, tem empenho, tem horário, por que ela não está conseguindo aquele emprego? Porque aquele emprego não é para ela! Não adianta, se é para a pessoa, vem. Eu soube que em breve vai chegar aqui essa energia própria em que se coloca tudo em um ritmo, em um trilho próprio, para que as coisas fluam. É uma fluidez própria, e, dentro dessa fluidez do Universo, o que é de seu pertencimento vai chegar até vocês! Então, vocês se esforcem, trabalhem, mas não fiquem obcecados por aquela vaga! Busquem outras opções. Em momentos de crise, tal como a nação de vocês, e outras tantas que estão em estado pior do que o Brasil, vocês têm muito mais talentos do que se empregar.

Há muitas coisas bonitas para fazer no Brasil, tem muita arte para fazer no Brasil. Eu falo aqui, um dos grandes potenciais desta nação é a arte! E, no entanto, vocês ficam fazendo fila para ver as artes mortas lá do Velho Mundo. Eu não gosto de nada velho, viu? Vou logo avisando, nada velho, eu gosto. Gente velha, eu gosto, mas de coisa velha não gosto não, viu!? Passo logo um vento e me pirulito dali que eu não gosto de velho, não. Então, vocês têm de pensar em coisas novas, empreender coisas novas, essa nação jovem, pouco mais que 500 anos, um filhote! Vamos pensar em novidade! Parar de copiar tudo dos outros países! Então, meu filho, se está nessa situação, busque o novo, viu?

Pergunta 2
Como agir com relação às celebridades, com tantos falsos profetas enganando as pessoas?

Resposta 2
Celebridade é o povo que aparece na televisão, não é? Os famosos que não fizeram nada e já são famosos! Famoso devia ser uma pessoa que fizesse uma descoberta, que fizesse algo novo, que fizesse algo para melhorar a vida do irmão, algo que fizesse diferença no planeta e além dele. No entanto, poucas pessoas sabem o nome dos astronautas, dos pesquisadores, mas sabem o nome de quem cantou no concurso tal na televisão tal, aí sabem!

Então, o problema não está em quem está lá cantando no concurso tal, não, o problema está em quem está dando plateia para essas pessoas. São duas perguntas: uma é a questão das celebridades, o que merece ser celebrado: uma descoberta, uma solução, uma reunião, uma diplomacia pacífica, o cessar-fogo de um lugar. Ninguém sabe o nome das criaturas que foram lá arriscando a vida; ninguém conhece as criaturas que vão com as mochilas cheias de remédios no meio das minas dar remédio para aquele povo que não tem nem um pão velho para comer, mas sabe o nome do cantor que se separou da mulher e está com uma terceira, aí sabem!

Quem tem de mudar isso aí são vocês mesmos, vocês tem de ter mais disciplina, para saber onde colocam seu tempo e sua energia!

E o outro assunto: falso profeta é apinhado, cheio, igual pinha! Por que isso? Porque as pessoas estão precisando ouvir palavras de Deus, então lógico que vai aparecer um monte de gente falando palavras de Deus. Não tô falando só dos falsos, não, tô falando que tem um monte de gente falando palavras de Deus, não é só ela, não!

Tem milhões: menos, mais, acessos diferentes, diversos, não precisa ser falso, precisa ser verdadeiro, e o que faz vocês perceberem que o que sai da boca dessa ou de qualquer outra pessoa é verdadeiro é se toca o coração!

Se seu coração for tocado por aquilo que sai aqui desse som, aceitem, senão esqueçam! E não precisa nem olhá-la, porque eu só apareço de vez em quando mesmo, não vai fazer falta! O que eu quero dizer é: sejam livres; a carta de alforria, que eu mencionei logo no início, prevê a libertação das escolhas, das crenças, no que vocês preferem crer e do que vocês vão abdicar, isso não são só palavras religiosas, não! Isso é do amigo e da falsa amizade; isso é do chefe que promete um aumento e não entrega; é da mãe que diz que os ama igual e trata o outro bem superior a vocês. Livrem-se disso! Isso é carta de alforria!

Pergunta 3
Por que as pessoas estão em guerra? Qual o motivo? Impaciência entre elas? Qual a tendência desse cenário?

Resposta 3
Olha só, o mestre, meu irmão que eu amo, já dei muito trabalho para ele. Um dia ele me disse: "Minha filha, no dia que você me der sossego, você vira a rainha do sossego". E eu toda feliz, "Painho, eu vou vencer esse concurso?". "Que concurso, minha filha, só tem você disputando esse cargo." Eita, perdi as esperanças! Eu estou falando de Oxalá, e, como Senhor da Paz, ele ensinou a vocês que a paz é fruto da paciência!

A paciência é a ciência da paz! Lógico, não é? E por que vocês não pensaram nisso antes? Então, se vocês querem estar em paz, precisam agir com ciência pacificadora com a funcionária que trabalha em suas casas, que faz a comida e queima ou bota sal demais; com o motorista que chega atrasado e deixa o menino chorando na escola; com o marido que é ranzinza e ainda ronca, Ave Maria! Então é assim, meu filho, minha filha, quer ter paz, viva a ciência da paz; em oposição a isso tudo, todos nós sabemos, existe o núcleo familiar. Essa aqui,[42] por exemplo, tem uma família enorme, tanto que ela nasceu em uma ninhada enorme, de 11; como com os irmãos dela, com quem ela anda junto. Se ela não tivesse paciência, já tinha desmoronado a família. E por quê?

---
42. Referindo-se a Olyvia.

Porque são pessoas diferentes, que pensam de modo diferente, de modos variados, que têm compreensões distintas, DNA, registros cármicos; é um caldeirão de diversidade! Tem de gostar das pessoas e pronto, não é enquanto a pessoa o favorece! E, quando a pessoa só gosta do ato da pessoa, quando esse ato muda, cria guerra! Aí a pessoa tem 30 anos de casada e, quando a pessoa muda, diz: "Quando eu casei com você, não era assim..!". Graças a Deus, meu filho! Estamos em evolução, né!? Que bom que você não é mais o mesmo! Porque significa que você cresceu!

Agora, eu cresci, ou continuo aquela criatura de dez anos atrás? Porque, se eu for a pessoa de dez anos atrás, eu estou estagnada e eu não estou em progresso. E, se eu não estou em progresso e você evolui, vai haver guerra, é lógico! O casal que cresce unido permanece unido, irmãos, família... Eu falo família porque ninguém nasceu sozinho. Uma criatura que declara guerra, sendo o líder de uma nação, pertence a uma família, e uma decisão naquela família, repercute em dezenas de famílias: os soldados dele e os soldados do outro lado combatente; mas, se uma pessoa está em paz, ela não vai pensar em guerra. A paz começa no ambiente doméstico, depois vai para o ambiente profissional, das amizades, etc.

Pergunta 4
Gostaria de saber por que estamos vivendo com tanta brutalidade, pessoas tirando a vida dos outros, sem motivo nenhum.

Resposta 4
Apesar de ser uma pergunta simples, ela é complexa de responder, por quê? Quem dá a vida e quem tira só é Deus, gente! Não pensem que alguém morreu por arte do Diabo – eu posso falar essas palavras porque tenho autorização; às vezes, eu vou nas regiões onde a frequência vibratória é essa e eu tenho que chamar pelo nome, para usar a arma correta. Então, só aconteceu aquele desenlace carnal, porque o Senhor permitiu! Poxa, mas ele era bonzinho, não dava um grito, não gemia, era bom filho, bom pai, bom marido, quando morre todo mundo é bom, mas faleceu por uma brutalidade; vamos pensar, em uma bala perdida [vocês que chamam, não é?] – ainda que não tenha um endereço, tem um destinatário. Então, não existe uma morte imotivada, pode parecer uma morte brutal, mas o que vocês vivem de brutalidade é pouco, perto do que a Terra já passou!

Então, não pensem nisso! Quando pensa isso, fala isso, fala disso, filma isso, isso vai se encorpando, ora por aquele que padeceu, ora pela família que restou, ora também pelo autor, porque ele também é pedaço de vocês. Ou será que o assassino cruel também não tem um parente? Mãe e pai ele tem com certeza. Será que a mãe e o pai desse assassino não choram também por ele? Podem saber que choram mais! Choram, porque imediatamente, quando veem o filho capaz de fazer isso, como todo pai e mãe, tem essa mania de achar que tudo de errado que o filho faz a culpa é deles, e tudo que é de bom que o menino faz é mérito do menino – que é outra coisa que eu tô pleiteando na justiça divina para mudar essa mania.

As mães acham que tudo que o menino faz de bom é porque ele é estudioso – não foi você que acordou às 3 horas da manhã para dar mingau a ele? Entendeu? Tem de entender que há uma coautoria para o resultado final, o mérito não é só do filho, e a tragédia não é culpa só dos pais. É tudo junto! O algoz e a vítima! E a vítima e o agressor também são irmãos! Quem reza por um tem de orar pelo outro. Eu sei que não é fácil, é difícil, dentro do entendimento ainda acanhado dos humanos sobre o conceito de Justiça Divina, mas eu digo: é lei de causa e efeito! A pessoa está colhendo o que plantou! Ainda que não nesta encarnação.

Pergunta 5
Tenho visto em passagens bíblicas, e hoje, muitas demonstrações de amor e poder de Deus, assim como a pouca fé do seu povo, mas as estruturas bíblicas se mostram tão atuais, pelo fato de o povo não ter mudado, não ter evoluído. Quando a volta de Jesus em nós se fará, o ponto de sermos inteiramente o que ele quer de nós?

Resposta 5
Primeiro, evoluiu, sim! Por exemplo, está aqui a médica, eu trago a médica, as energias trazem os médicos, porque é uma referência concreta da dor humana. A falta de saúde, antigamente, na guerra, se tivesse um problema na perna, a solução não era decepar a perna? E hoje em dia, não, o povo bota uns pedacinhos de ferro dentro, amarra, costura, bota umas talas, isso é evolução. A pessoa podia morrer até sangrar. Quantas mulheres morreram de parto? Quantas crianças nasceram e não viram o rosto da mãe? É evolução! O povo só pensa em evolução olhando o parâmetro

guerra?! Meu amor, mude aí sua referência, viu?! Mude aí! Porque esse é um olhar de quem anda de mão dada com o fracasso, tô falando para você! Para de trazer essa referência, que não é uma referência de crescimento!

Outra coisa, Jesus é ocupadíssimo! A gente ouve falar de Jesus, por onde andou! Estar na presença dele é rara ocasião! Falo do porte que estou! Então, vocês na Terra têm sensações e emoções da presença de Jesus. É real, não digo que não seja, mas Jesus, não creio, e a mim não é dado o direito de saber, porque no patamar em que Ele se encontra, o destino que Ele vai, ou em qual planeta Ele vai aportar, não me foi concedido o direito de saber. Se Jesus pensa em pousar de novo aqui na Terra e ter uma vida, como esse rapaz falou, então, essa presença que as vezes a gente vê pintada: Jesus voltará! A gente entende que é a presença do CRISTO, dentro de cada um! E o que é o estado Crístico? É o estado puro, é o estado elevado, predominantemente Divino! Jesus, o Cristo! Cristo não é sobrenome de Jesus! É Jesus, o Cristo! Então, há várias maneiras de experimentar o amor de Cristo! Pois vocês estarão em processo de cristianização. Muitas pessoas dizem que são cristãs, querendo dizer que seguem Jesus; deviam corrigir essa expressão, está errada. Quem segue Jesus é jesuíta, não é cristão; cristão pode seguir outros cristos, também!

Pergunta 6
Cristo e Jesus são o mesmo espírito?

Resposta 6
Jesus é um nome! Cristo é um cargo. Existe o Cristo Cósmico, são patentes, são graduações espirituais. Aí na Terra, com tanta amorosidade que esse ser semeou nesse planeta e o livro mais predominante, a Bíblia, mostra que, querendo ou não, a gente conversa hoje, falando de Jesus; há mais de 2 mil anos no Oriente, naquele lugar onde não havia internet, não havia telefone, não havia nem carta; o povo ia de um lado para o outro, quando não matavam, era uma confusão danada. Então, como é que multiplicou a presença desse homem? Como foi isso?

Porque ele só falava de amor, não falava de guerra, ao contrário das perguntas, prevaleceu a presença do amor, é isso que ficou, o amor! E vocês entenderem que, para copiar Jesus, o primeiro passo é ser humilde, ser simples, singelo. Porque sei que quem é simples vai ter mais força de luz.

Pergunta 7
Há sempre um carma com quem não temos afinidade ou com quem não nutrimos nenhum tipo de sentimentos, nem amor, nem ódio? Ou são apenas pessoas que podem nos ensinar algo, sem necessariamente fazer algum resgate?

Resposta 7
Resposta segunda pode ser, simplesmente, o início de um processo cármico; então, às vezes você não vai com a cara da pessoa, como diz, nem cheira nem fede, e, se você tiver interesse em ampliar sua luz, naturalmente você vai buscar o que tem de luz nela. Porém, se você diz: "aquela dali não vou com a cara porque deve ter alguma nhaca" – podia nem estar, começa ali. Porque, quando você começa a agir com preconceito, com discriminação, afastando o irmão de seu convívio, naturalmente você começa a ter uma atitude segregadora, e aí, quando você segrega por nada, começa a ter uma atitude prepotente e perde a oportunidade de viver algo maravilhoso com aquela pessoa.

Então, nem tudo é carma, mesmo porque o carma se inicia, ninguém aqui é marinheiro de primeira vida na Terra! Então, lógico que vocês têm seus compromissos de débito e crédito, para resgatar e para somar. E esse é o grande risco de estar encarnado, porque, quando vocês vêm para a Terra, vêm todos bonitinhos: "Eu vou lá, viu, Painho, eu não vou fazer isso mais não, eu juro, eu vou fazer tudo bem direitinho, eu juro, deixe, vá!? Deixe eu descer, vá, por favor!? Eu juro, eu vou ficar direitinha!". Aí, pronto, Ele deixa e vocês descem, chegam aqui, esquecem tudo, pintam e bordam. Menina, você não falou que não ia mais aprontar mais essas artes!? Ah, é! E foi? Vixe, coisou!

Então, tem de ter entendimento! E tem castigo! Quem é filho meu, eu fico ali: "Não apronte, não, viu, senão vai sobrar pra mim! Ói, abra o olho!". Porque a gente tem de socorrer os menorzinhos, os maiorzinhos tem de cuidar dos menorzinhos, e assim por diante.

Pergunta 8
A Senhora comentou dos caminhos entre os planetas, eu já consegui ver esses caminhos, mas também já vi, expandido no Daime, uma camada mais avermelhada. Pode falar um pouco sobre essa camada?

Resposta 8

Dezoito camadas. Dezoito é o número de camadas sensíveis ao olho nu em um estado ampliado de potência, quando os sentidos estão mais apurados, e vocês, guiados por seres com mais capacidade, conseguem ver, mas são 18 as camadas. E vai desse tom fluindo, porque, de fora, vocês acham que a Terra é azul, mas não é. Não é azul!

Azul é por causa da água e a atmosfera. Antes era verde, depois virou azul e vai mudando. Então, o gradiente de luz também vai mudando de acordo com o eixo da Terra, a Terra vai mudando. Por isso, tanta gente tendo tontura, sono fora de hora... é por conta do eixo da Terra que vem se modificando.

Então, prestem atenção que, dentro de uma estrutura planetária, quem está sobre esse planeta, dentro dele, pouco acima dele, sofre essa influência.

Uma última coisa: quando se busca a Vitória, o Êxito, quando se tem um objetivo real, justo, concreto, vocês vão pegar essas solicitações e emanar ao Divino, que é um endereço, e, aqui em cima, a gente começa a dividir quem vai ajudar em qual tarefa!

Então, não precisam pedir à minha mãe tal, meu pai tal, não precisam dar destino, só fazer seu pedido para a concessão de seu objetivo, dentro do que estiver alinhado com a perfeição, que aqui, entre nós, a gente compartilha essa missão! Pode ser uma Oxum que vai ajudar uma filha de Yemanjá, que vai ajudar a mim, e Ogum se mete no meio; então, não tem separado quem é filho de quem, não, aqui todo mundo é filho do mesmo! E a gente só divide vocês assim, não é para dividir, é para organizar as filas na escola. Porque antes era tudo atrapalhado, bagunçado, e Oxum brigava comigo dizendo que era filho meu que aprontou, e eu dizia que era o dela, era uma confusão; só por isso, então, quem é filho de um Orixá recebe o amor do outro, tudo igual, acaba com essa história, é só uma organização aqui.

Isso quer dizer também que vocês devem se organizar dentro de seus objetivos: eu desejo isso para quê? Vai me ajudar, vai ajudar a humanidade, ou vai ajudar minha família, ou meu círculo, em quê? E a partir daí, vocês vão colocar um tempero fundamental, que é meu: a alegria!

E já vão fazer esses pedidos alegremente! Porque, se se contorcer muito, todo torto, todo acabado, já fui, corri léguas!

– Ah, quero tanto aquele emprego massa!!!

– Ó, que gato!!! – Muda tudoo!!

Pedir alegremente é uma semente diferente que mexe tudo dentro da gente! E, assim, para olhar vocês com a cara contente, eu me multiplico em gente, faço vocês acreditarem que tudo que existe no céu povoa na Terra e o mundo todo vibra em harmonia. E, afinal, será que Iansã é gente ou ela é pura alegria?

Um monte de beijos, de afago, de dengo, de tudo! Eu amo vocês, viu?

Parabéns! Os cavalos de vocês são lindos! O tropel ficou massa!

Tenho de ir!

Valeu, gente! Parabéns! Um beijo! Um beijo!

São Cosme e São Damião

Olá! Hoje chego mais cedo do que a energia vindoura, que trará muitas alegrias, explicando a vocês exatamente o que é ser. Então, ela me deu uma missão e estou muito honrada e feliz em fazê-la. Chamam-me aqui em cima de Giselda, como uma Mestra de Cerimônia dos Mundos dos Pequenos, dos Pequeninos, dos que vocês chamam crianças ou Erês.

Então, aqui estamos todos reunidos em extrema alegria e felicidade trazendo para vocês pequenos presentes que juntos vão formar grandes presenças, que são seres luminosos que vão estar conosco hoje durante muito tempo – muito tempo para criança, porque criança é um pouco impaciente. Para vocês, grandões, não vai ser muito tempo não, vai ser um tempo bom.

Olhe só, vou explicar para vocês o que vocês têm de pensar para essa energia que vai chegar; na verdade, é uma energia dupla, eles são chamados de Cosme e Damião. São eles que virão aqui, e eles irão alternar: em alguns momentos vai ser Cosme, e em outros vai ser Damião, e volta e meia pode ser que haja também um intruso que vocês conhecem, Crispim ou Doum. Então, não se assustem, tá?

Porque hoje é dia das crianças. Sejam bem-vindos à nossa festa, a festa da alegria e da bonança.

Gratidão!

Pense naquela pessoa curadora, que cura com alegria, sempre alegre e feliz, e nenhuma criança fica doente. Aqui a gente vê vocês como crianças, iguais à gente; então, ninguém fica doente na presença do nosso amado dodozinho: Cosme!

Seja bem-vindo, Cosme!

São Cosme – Como não ficar feliz com a alegria da criança? Todos nós temos uma criança dentro, e essa criança, em algum momento, foi ferida, sentiu-se rejeitada, sentiu-se abandonada, carente, vazia; aquela criança que foi esquecida na escola, que demorou até algum adulto perceber que ela não havia chegado para ir buscá-la; aquela criança que sonhava ter um carrinho, mas os pais não podiam adquiri-lo; essa criança machucada, ferida, vai ser tratada hoje por mim, e meu irmão irá fazer outra cura quando ele chegar.

E, assim sendo, com alegria em meu coração exaltado de ternura, doçura e esperança nos infantes, nos Erês, nas crianças de Jesus, peço-lhes que se visualizem como vocês eram, ou imaginam que eram, quando crianças: cabelo, uniforme escolar, lancheira se a tivessem, casa, pais, irmãos; tentem buscar na memória o máximo de informações de sua infância. Não se atenham a uma idade específica, podem passear, quando bebês engatinhando, garotinhos andando de bicicleta, brincando de baleado ou elástico: crianças.

"Deixai vir a mim as criancinhas" – os puros de coração!

Percebendo, de maneira profunda, que todo adulto é também uma criança, o trabalho da noite de hoje se inicia.

Quem sente saudades daquele tempo, vamos emanar gratidão. Gratidão pela oportunidade de nascerem, por estarem vivos; vamos agradecer ao pai e à mãe por estarem vivos, sem julgá-los; agradecer tão somente pela semente que oportuniza suas existências: Pais e Mães dos presentes nesta noite recebam nossa profunda gratidão.

Sente-se tristeza pelo período da infância, por um fato, por um ato solitário, ou por toda ela, emanemos neste momento: Perdão! Perdão pelo evento que aconteceu ou deixou de ocorrer e que, de alguma forma, como criança sofre, sofreu. Perdoando, emanando essa energia libertadora, a criança compreende que não houve mal ali, pois a energia do perdão divino aplaca toda e qualquer memória de maldade.

Se alguma memória presente traz um gosto de carência, nós entregamos afeto. Afeto representado nos doces que cada um já porta, para trazer a doçura que o afeto acorda – ser afetuoso é ser doce. Se a memória da infância é mutilada por perdas, nós emanamos vitória! E, quando alguém pensa que perde, detido nessa memória, a vitória resplandece e diz: "Isso foi só um passo; pois sempre que alguém perde, esse alguém pode ser vitorioso a viver sem aquilo: liberdade". O suposto perdedor está livre de alguma escravidão ou sistema que, porventura, ele ache que era necessário, e assim a falta, trazida com a impressão da perda preenche-se com a vitória da libertação.

Se tem memória feliz, de um brinquedo, ainda que simples, de um pequeno aniversário ou de uma grande festa, de inúmeros amigos ou apenas um vizinho; memórias felizes são multiplicadas e através delas serão feitas novas roupas para essa criança interior de cada um de vocês. Ao perceber nossa criança interior alimentada dos frutos divinos, a carência, a tristeza, o abandono, a ausência, a perda ou a saudade ficam aplacados. Sintam o abraço e abracem essa pequena criança dentro de si, sem vergonha, olhando-a, compreendendo-a e acolhendo-a.

E, assim, rezarei uma prece adequada aos pequenos e, se quiserem, podem entoar comigo, com os pequenos que estão aqui com vocês, aquela singela oração do anjo de guarda:

"Santo Anjo do Senhor, meu zeloso guardador, se a ti me confiou a piedade divina, sempre me rege, me guarda, governa e ilumina. Amém!"

Assim sendo, os anjos de guarda de cada um de vocês, que permanecem os mesmos desde pequeninos, colocam-se lado a lado.

Aproveitando, pensemos coisas alegres: alegria de ser uma criança pura e inocente deve permear seus dias, pois, mantendo essa pureza de um olhar infantil, o outro percebe e se constrange de promover algo impuro ou imperfeito.

– Como enfrentar o mal? – alguém pergunta.

Que tal voltar a ele olhos de criança, levar àquele autor de algo imperfeito a pureza, a singeleza de um olhar infantil?

Pois assim, de alguma forma, a criança dele se encontra com a sua e podem dar as mãos, mas, se não for o caso, e, assim como meninos outros mimados ou arredios, virar-lhes as costas livres do infortúnio que estarrece. Um olhar de criança encanta o Universo, o sorriso de uma criança desmonta os mais severos; o choro de uma criança torna atentos os desocupados, pois aquele que chora, clama por aquele que ri, pedindo um pouco de sua atenção, desvelo e cuidado. Cuidem cada vez mais das crianças próximas de vocês: toquem-lhes a face, enrolem os cabelos, abracem-nos e, assim, convidem sua criança interior de adulto, para fazer as pazes amorosas com aquela criança pequena à sua frente, pois, não raramente, os filhos, os netos, sobrinhos ou amigos que têm crianças acessíveis aos adultos estão, sim, pertencentes a uma grande trama de recomposição amorosa.

Muitas vezes, apenas ao carregar um bebê que simplesmente conheceu, de uma prima distante, ao ativar a criança interior de si mesmo, enquanto acalenta ao seu colo aquele bebê, limpa uma infinidade de progressos negativos que estavam em curto-circuito. O que significa isso?

O colo, o abraço de uma criança em um adulto, é altamente curador ao adulto, não só à criança. A criança torna aquele adulto mais límpido, mais purificado, com mais vocação para lealdade e para a sinceridade, pois da criança ninguém esconde o que de fato é; e a criança espera um adulto saudável em sua companhia.

Como estão vocês, meus amados, cuidando, olhando e observando, aprendendo e ensinando com suas crianças? Podem estar melhores, ainda que bons, não há limite para o bem-estar de uma criança! Pois, daqui de cima, continuamos sendo crianças aos olhos do Divino, e ainda que os vincos do tempo nos marquem as faces, o Senhor só nos vê como crianças; muitas vezes cambaleantes, trôpegos, nos pequenos passos, em busca daquela mão adulta, segura, mão de Deus. E a criança, que são todos, inclusive eu mesmo, vamos afoitos e, não raro, tropeçamos e, se puder, de quatro iremos ainda ansiosos para sentar de joelhos com o Divino Criador. E será esse o trabalho de meu amado irmão, de minha Pérola, porção idêntica e tão rico em diferenças de mim.

Ele irá conduzir todos nós, e eu, ao lado dele, para um belo salão onde acontece uma festa, uma festa onde cada um dos doces que vocês portam também será partilhado; e esses doces serão também multiplicados por outros que estão na mesma festa, a trazer-lhes novos sabores.

Com vocês, meu amado Damião.

São Damião

A cada dia, intercalado por uma noite, os adultos sonham e projetam em seus passos grandes sonhos infantis, afinal quem nunca brincou de casinha, afinal quem nunca se vestiu de médico, afinal qual criança nunca brincou de barro, construindo coisas? Esses são sonhos infantis vestidos como casa, profissão, carro, família, na linguagem adulta, ou seja, os sonhos das crianças são os mesmos dos adultos, só muda o sabor. E qual a razão disso?

Mudam o sabor porque os adultos acreditam que não há tanta cor em seus dias, acreditam que, para terem fruto de uma casa próspera, há que suar e trabalhar em demasia – ledo engano! Há que haver diversão no trabalho! Aquele que achava que para ter uma família feliz quando brincava de casinha com a colega e tinha bonecos a fazer-lhes chá, não luta por um casamento de verdade porque vive idealizando um par que não irá chegar: o par ideal é construído com o outro, que também quer o mesmo, por isso o nome PAR e não PÉ!

Eu ando a par de meu irmão, junto a ele, formamos um belo par. Aqueles que estão casados, ou assim planejam, abandonem o ideal de príncipes ou princesas, dentro de caixas reluzentes e brilhantes, com corpos delgados e cabelos. Seu amor pode estar quase calvo, e sua amada pode estar um pouco além daquela forma. Abandonem esses sonhos infantis, simplesmente os troquem por realidade doce, saborosa, tal como o doce, chamado sonho da padaria; afinal, todos podem tê-lo, não é algo tão caro.

E é por isso que quero sugerir a cada um, quando tiverem tempo, adquir um sonho de padaria, pode ser em uma lanchonete mais refinada, pode ser na mão de uma senhora que venda, simplesmente; mas, ao ingerir esse sonho, lembrem-se de nós e, de fato, peçam para que aquele sonho seja uma realidade doce em seus dias, comam este doce projetando o que houver de melhor nele, trocando, assim, o sonho infantil, não tão apurado, por um sonho adulto realizável. E nós estaremos lá e, lógico, um pouco de açúcar que cair ao chão, nossos Erês irão dele se servir.

Sonhos são possíveis, não são distantes; mas é preciso sabê-los para solicitar-lhes a presença com justiça.

E agora lhes entregamos as lembrancinhas, que a toda festa infantil se carregam. As lembranças que iremos entregar têm formatos variados: há lembrancinhas com formato de objetos da Terra, e outras com formato de emoções na Terra. As lembranças dos objetos da Terra são materializações dos projetos: mudanças, casamento, viagem, emprego, cura, libertação, solução de conflitos, inteligência; ao passo que as lembrancinhas formadas pelas emoções são: sorrisos fartos, leveza de alma, desimportância para o que é desimportante, percepção da pureza em si, refazimento e contato com a inocência justa e digna e grandes, grandes aventuras, afinal não há criança que não goste de se aventurar.

Pergunta 1
Gostaria de saber como nos proteger do mal?

Resposta 1
O olhar da criança pode tirar do malfeitor justamente essa intenção negativa. Olhar com um olhar puro, não olhar com olhar de ameaça ou de susto, ou de medo, um olhar puro, um olhar de: "tem certeza de que você vai fazer isso?". E esse olhar, dessa pureza infantil, que nossos amados trouxeram para que resgatemos, é um olhar convidando: reflita! Antes que a mãe bata em uma criança, a criança olha: tem certeza? Não quer mudar de ideia? – a não ser que seja tomada de susto, surpreendida de costas ou algo impulsivo. Então, como enfrentar o mal? Com pureza no coração, essa é a resposta, de maneira resumida. Não é ingenuidade!
A diferença entre inocência e ingenuidade: ser inocente é ter uma carga de pureza; ser ingênuo pode ser uma carga exagerada, que pode dar uma sensação de bobeira. Fulano é ingênuo: é bobo. Fulano é inocente: é puro. A diferença é tênue: ser inocente e ser ingênuo, temos de perceber até quando ser inocentes para não virar bobos.

Pergunta 2
O que é preciso fazer para amar as pessoas que estão dispostas a ser nossas rivais?

Resposta 2
Em todo jogo de criança há rivalidade, um vai para um time e outro vai a outro; então, como achar que não vai haver oposição?
Vai haver rivalidade. Como lidar com essa rivalidade vai depender se você é um bom jogador, se você vai jogar com as armas corretas, dentro de uma regra legal, aí o juiz, que nesse caso é Nosso Senhor, não vai puni-lo. Mas é para jogar mesmo. Não há problema em jogar, contudo, dentro de uma lealdade, fora isso, não. Ainda que tenha a vitória, o título, a medalha ou o prêmio, você não foi leal e esse ganho não foi justo.

Pergunta 3
Após a limpeza energética do local de trabalho, o que nos garante realmente estarmos livres de miasmas?

Resposta 3
Não adianta pensar que um ambiente de trabalho aí na Terra é limpo. Ele fica limpo, é um estado, não é uma essência. Porque, na

Terra mesmo, o lugar limpo que deve ser, e tem sido relegado, é o coração das pessoas. Então, se a pessoa tem um coração limpo, ela pode ir para um ambiente mais inóspito, mais sujo, mais torpe. O coração chega primeiro e limpa o lugar. Contudo, existem as limpezas energéticas e são muito bem-vistas aqui, porque essas limpezas energéticas funcionam como socorros para aqueles espíritos que estão ali planejando um intento negativo, perturbando a ordem e o progresso do ambiente profissional da pessoa; e essa limpeza energética funciona porque, diante daquele aroma, ou daquele cântico, ou daquele incenso ou daquela palavra de Deus, aqueles seres aturdidos acordam e podem se interessar por uma nova etapa.

Então, é importante fazer a limpeza no ambiente de trabalho? É! Se você vai visitar um ambiente sujo e não pode recusar, faça o seguinte: visualize o coração, projete o coração como salão de cristal transparente, aquele cristal mais puro que existe, e vá com esse coração cristalino para o lugar. O ambiente não resistirá a vocês; o ambiente, a sujeira se envergonharão, tal como as pessoas quando estão para receber uma visita importante arrumam as gravatas e ajeitam os cabelos. O ambiente percebe um coração puro e trata de tentar se aprumar ou, minimamente, diminuir seu estado caótico.

Pergunta 4
Por que estamos vulneráveis às influências negativas? Existe vida após a morte? Como é a convivência deles? Podemos manter contato com os desencarnados? Como nos preparar para isso?

Resposta 4
Existe vida após a morte física porque só existe vida, não existe morte. As pessoas perguntam se existe vida após a morte, e eu digo: o que não existe é morte.

Existem formas diferentes de manifestação de vida. O contato com os desencarnados é variado. Não raro vocês veem crianças pequenas com qualidades excepcionais! As crianças estão tendo mais consciência do que muitos adultos. Então, como pode uma criança que nunca viveu antes falar línguas, tocar instrumentos com que nunca teve contato, ensinar aos pais coisas sobre as estrelas ou palavras de Deus, sem nunca ter vivido? E aproveito essa pergunta, porque as outras já foram respondidas por outras energias: se bebês morrem pequeninos e querem ver os pais e mães que nunca tiveram; e eu os atendo, em períodos marcados, como poderia isso? Como alguém que provocou um aborto tem memória desse evento? Porque aquele espírito o faz provocar a memória. Portanto, não adianta falar mal dos mortos porque eles ouvem, e também não adianta achar que nenhuma fala fica ignorada nesse sistema, pois a fala é o verbo em ação e ele resplandece em toda direção, principalmente em direção ao prolator.

Aquele que fala, emana para si tudo que disse a respeito do outro, por isso que os Erês são tão sinceros. Uma criança pode dizer para um senhor careca: "Onde estão seus cabelos?". E o careca não se ofende. Ao passo que se um adulto falar isso, aquele se magoa. A sinceridade infantil blinda, pois ela é pura e despida de objetivos de mágoa ou desfazer daquele ser. Se falarmos com a pureza da criança, a audiência não se ofende, mas, se falarmos de maneira pesada e agressiva, aí, sim.

Pergunta 5

O que a espiritualidade pode dizer da expressão: "foi com a permissão de Deus" – em situações trágicas e tristes?

Resposta 5

Permissão de Deus. O que acontece, só acontece porque Deus assim permitiu. Contudo, Ele permite por dois motivos: Ele permite, porque aquele filho foi desatento, desleixado, descuidado; por exemplo: alguém que vai para um ambiente perigoso, violento, desprevenido, sem estado de atenção, expõe-se ao risco de ser assaltado e morto. Necessariamente, não foi o dia que Deus marcou para ele morrer, mas ele vinha chamando essa situação. E como ele vinha chamando essa situação?

Maldizendo a vida, desafiando o ambiente, praguejando contra alguém, apontando os erros do outro o tempo todo. E ali ele foi alvejado por um desconhecido, foi com a permissão de Deus? Foi, mas era o que Deus planejava para ele? Não necessariamente.

Deus só tem projetos de perfeição para a humanidade. Deus só espera que vocês sejam felizes como nós somos, contudo, enquanto vivi, vi muitas pessoas sofrendo pela doença e aquilo me fez questionar essa pergunta igual: por que sofrem essas criaturas assim, desamparadas a esmo, sem sustento, sem medicamento, sem um pano para se cobrir, expostas ao frio?

E foi quando, em um ato de revolta, joguei-me ao chão e perguntei por que, afinal, escolhi a medicina se eu não poderia cuidar de todos? E ouvi uma voz angelical me dizendo:

– Vê como o trabalho do Divino se chama trabalho? Como é laborioso cuidar de todos? E por que, então, o Divino reconhece a todos, um a um? E por que será que sua dor é maior que a de seu irmão?

Ao que, assustado, respondi:

– Senhor, alguém me ouviu, finalmente! És portador de algo?

E o anjo respondeu:

– Sim, EU SOU. Portador de uma missão Divina para ti, pois, ao questionares o porquê de Deus permitir tantas mazelas, farás tu um empreendimento d'Ele na Terra, cuidando dos sofredores, sem cessar; contudo, em tua mão haverá unguentos extras além daqueles indicados. E teus processos de cura serão maiores, porque tu entendes as dores de Deus ao ver seus filhos sofrerem.

E, assim, eu entendi que, quando alguém sofre e chora porque algo ocorreu de não bom, pela permissão do próprio Deus, sei hoje que o Deus chora muito mais.

Sai ele, que é mais exigente, e entro eu, que sou mais inteligente! [risos] Em um contexto espiritual, nós dois fomos espíritos muito decididos a ajudar aos que sofriam com a doença, e, quando decidimos auxiliar nessa carreira médica, não esperávamos que fossem ser tantos, muitos, incontáveis e, simplesmente viramos só trabalhadores, laboriosos, como meu irmão disse, na obra de Deus. Nunca pensamos que iríamos alcançar um patamar de reconhecida bondade, pelo Nosso Senhor. Não havia esse plano, não havia esse projeto, só havia a vontade e a leveza, pois, enquanto meu irmão sofreu, pobrezinho, de ver tanto sofrimento no outro, eu disse, quando ele me contou um recado do Arcanjo Rafael:

– Já que recebemos essa missão, temos duas opções, ou chorar ou rir, qual você escolhe? E escolhemos rir e, diante de rir, escolhemos as crianças que riem de qualquer coisa. Os adultos fazem caretas, as crianças riem; os adultos dizem absurdos, as crianças dão risada; tudo faz uma criança rir. A criança não entende aquela língua que o adulto canta embolando a língua, achando que está falando a língua do bebê; ele ri, porque a criança sabe a língua certa, quem não sabe é o adulto.

Então, optamos por servir, em felicidade e alegria. Esse é o caminho! Esse é o convite da noite de hoje: cessem de ficar pensando em seus projetos como coisas tão sóbrias, tão sérias – não precisa disso! Objetivem seus planos com alegria: eu tenho um sonho, comestível, alcançável, acessível e vamos brincar de realizar os sonhos; assim, se a gente perder, ahhh, era só um sonho, não era um projeto! E assim a gente leva com mais leveza e não fica tão obcecado como a humanidade tem andado.

Pergunta 6
O que podemos esperar para nosso sofrido povo, pela frente?

Resposta 6
O que eu quero dizer é que o sofrimento é uma ilusão. Sofrimento é ilusão! Como, então, tanta gente se convence que está sofrendo? Porque o mago ilusionista é excelente no trabalho que ele faz! Ele é exímio na arte de iludir. Quantos pagam ingressos caros em teatros lotados, para ver sumir ou partir as mulheres, que saem intactas após o trabalho?

Mas como, afinal, ele consegue fazer isso? – todos perguntam, ninguém sabe, ou no máximo ele e seu assistente. Contudo, todos veem e acreditam naquilo; o sofrimento, de igual forma, pois afinal quem se mantém sofrendo é a impressão do ser. Lembram-se daquela criança pequena que se sentiu rejeitada quando não foi escolhida pelo time de baleado? Aquela criança pequena cujo pai não teve como comprar o brinquedo que todos da classe possuíam? Esse sofrimento está na memória e é de lá que vocês têm de tirar. Sentir-se preterido, menor, menos capaz, não merecedor é que causa sofrimento. Porque, assim, o merecimento não chega; a altura não alcança, porque não está alinhado no sistema de crenças.

Pergunta 7
Para onde caminha a humanidade?

Resposta 7
Para nosso endereço! Por favor, venham para nosso endereço. Nosso endereço é infinitamente superior, é mais alegre, tal qual representa muito bem um lugar que frequento muito, chamado Parque de Diversão. Amo! Levo os Erês para lá e eles vivem e ficam em terna alegria; e estimulo também aqueles criadores de filmes e desenhos nas grandes empresas cinematográficas. Muitos são os Erês que estão ali trabalhando, porque eles trabalham também; ah, como trabalham!

E os Erês amam ajudar os adultos e eles ajudam os adultos a ter uma vida mais leve, mais alegre, mais divertida, menos sisuda, menos séria. Então, se a humanidade caminhar bem, vai para o endereço que Jesus convidou:
– Deixai vir a mim, as criancinhas!
Quer endereço melhor que o abraço de Jesus?

Pergunta 8
Como os Orixás nos ajudam e podem nos ajudar na caminhada? E por que tanto preconceito?

Resposta 8
"Pré-conceito" é um câncer! Porque o preconceito impede a visitação de conceitos. Se a gente tem conceito, vamos evitar o "pré-conceito". Vamos testar, vamos provar ou, pelo menos, se manter distantes, mas não separar. Os Orixás são seres com os quais aprendemos, pois dentro do panteão católico que fomos reconhecidos; contudo, trabalhamos com as energias das crianças, dos infantes, da pureza, que dentro do panteão africano é reconhecido como Erê.

Ora, mas como os santos católicos trabalham com energias africanas? Sim, pois a humanidade é variada. Ao contrário do que muitos pregam, que a humanidade é uma só, não é uma só; ela é multicolorida, muito mais divertida do que um papel só. É muito mais legal ir para uma festa com balões coloridos do que com todos de uma única cor, ou de uma única forma, ou de um único volume. A humanidade é universal: não é só a humanidade.

Sendo assim, seres variados de planetas diferentes; as formas são diferentes, os cabelos, as texturas, os tons de voz, os gostos, as memórias, os alvitres; então, por que transformar preconceito em separação, quando não há?

Pergunta 9
De que forma a espiritualidade vê pessoas tirando as próprias vidas de forma tão drástica?

Resposta 9
Certo dia, dirigi-me a quem de direito e perguntei se poderia haver um banco de vidas; e a espiritualidade olhou para mim com uma cara franzida e perguntou: "Tá brincando, de novo? Você não

para?". E eu disse: "Eu não posso parar! Eu quero um banco de vidas para dar uns cheques e resgatar umas vidas que não estão sendo devidamente aproveitadas".

E, diante daquela pergunta tão inusitada, instalou-se um caos naquela secretaria – porque aqui no mundo espiritual também há estruturas como vocês vivem aí, há secretarias, há governos, não exatamente no sistema político que vocês vivem – Graças ao Senhor! Contudo, acontece aqui a elevação espiritual de maneira natural, os seres galgam cargo, sem esperar; muitas vezes, estamos andando, e subimos de nível. E, ao acordar, nosso novo chefe nos instrui de nossa nova tarefa. Ou seja, o progresso em luz acontece de maneira inesperada, não calculada, justamente porque é despretensiosa. Houve pretensão, fica mais difícil, porque senão ele vai colocar um trilho, de um sistema que pode demorar mais.

Portanto, os suicidas são seres que merecem nosso socorro, nossa compaixão, nossa misericórdia, e não nossa raiva, revolta, ressentimento ou mágoa. Ter compaixão por aqueles seres aturdidos que foram influenciados por energias nefastas, impuras, que contaminaram os pensamentos puros e o fizeram acreditar que o sofrimento que eles carregavam seria extinto com a morte.

– Mas como, se não existe sofrimento?

– Entenderam o grande plano da mentira?

Se a pessoa acredita que existe sofrimento, o sofrimento vai se avolumando, cresce e se agiganta, e pode até dizer-lhe: "Enquanto estás vivo, estou contigo, mas ao morreres não estarei mais". E aí a pessoa comete a prática, porque o sofrimento é uma mentira, assim como a morte também é.

Pergunta 10
Além de estudar, qual seria outra dica para aprovação em concurso público?

Resposta 10
Essa pessoa deve ler a fala de Iansã sobre a vitória.

Pergunta 11
O que fazer quando sentirmos a sensação de incorporação em ambientes inadequados?

Resposta 11
Canta-Pra-Subir.[43]

Pergunta 12
Neste mundo ainda atrasado, entramos e saímos da vida através do processo de morte. Nos mundos mais evoluídos o processo de entrar e sair continua sendo nascer e morrer ou existe outra forma?

Resposta 12
O sistema de ocupação dos planetas pode ser em brotos, como as plantas; os seres nascem prontos, tal qual esse caminhar de luzes. Eles brotam e, à medida que amadurecem, eclodem em vida; assim em alguns planetas, outros simplesmente são apenas soprados diretamente para a ocupação, não necessariamente em uma gestação com barriga e filhos, como acontece com a humanidade. Então, existem sistemas variados de nascimento. Gosto muito mais do que a palavra morte, pois morrer na carne é nascer em Cristo; e nascer na carne é viver em Cristo!

Com essa certeza, de que todos vocês são nascidos em Cristo, há que viver cristicamente; há que se viver segundo a palavra de Jesus, que é minha referência e a do meu irmão também. Não que não existam outros seres também de calibre alto, mas é a quem me reporto. Ser alguém filho, irmão de Jesus, já é o bastante para garantir o olhar dele para vocês com pureza, abraços, acolhimentos e muitos doces.

Tenham uma excelente noite!
Muitas felicidades!!!
Viva vocês!

---

43. Referindo-se a um aroma da linha Luzes Aromáticas, produtos do Universo de Luz.

São Francisco

A alegria da vida é a certeza de Deus. Quanto o Senhor cria, Ele está certo de que TUDO dará certo. Não existe equívoco e nenhuma dor é por causa d'Ele. Com essa certeza de que tudo que existe é de Deus, de que tudo que há é divino, é que damos as boas-vindas à energia luminosa da Sabedoria. Sim, quem arriscou, acertou, só que não viremos sozinhos em um, viremos em três dúzias. São três dúzias de seres acompanhando esta noite, para dar as boas-vindas a uma forma de viver e amar sem limites. Nós somos do Raio Amarelo, de onde eu venho e para onde eu volto.

São Francisco

Muita gente me pergunta por que eu preguei a pobreza. A pobreza é minha senhora e ela só foi minha senhora para eu entender que eu era servo. Escolhi servir aos despossuídos para lembrar que só Deus nos possui; saber que sem posses somos tudo de Deus e para Ele voltamos com a ternura do nada; saber que nada temos além do olhar de Deus; só Ele nos sustenta, capacita-nos e nos anima.

Ao me perguntarem por que beijo o doente e abraço o leproso, eu dizia: não abraço ninguém diferente de mim, eu me abraço; eu me vejo naquele olhar carente de amor e percebo minhas vestes puídas do tempo, porque nada é diferente de mim e eu sou movimento; e assim, caminhando de pés descalços e nus, pisei muitas pedras, furei muitos dedos. Eu me vi nu, sem nada entre as mãos, e, mesmo assim, a sede do amor de Deus fazia de mim mais forte perante a dor do que a fome na barriga. Ao perceber que muitos clamavam com fome, eu dizia: "cole sua mão na minha e juntos seremos alimentados, pois não há nenhum ser alado ou passarinho sem vida com falta de amor ou alimento; nada que é vivo de Deus morre de fome". E muitos me perguntavam como, se a miséria, a doença e a peste andam de mãos dadas com o sofredor.

E eu dizia: "Sim, é provação que o Senhor impõe. Aquele desnutrido deve reverenciar os olhos percebendo que Deus está na falta também"; e me interpelavam: "Mas, se Deus é alegria, como tu cantas e danças, como é Ele também a falta?". Porque o Senhor quando falta, Ele quer que clamem seu nome e nutrido estará o ser que chama pelo Senhor.

E muitos que padeciam de fome, teriam morte súbita se pensassem diferente; ao trazer esse ensino, muitos viveram sem comer nada, somente água da chuva, muitas vezes; folhas que seriam consideradas ervas daninhas serviam de suco e ríamos juntos buscando os favos de mel; e, quando subíamos nas árvores, eu pequenino ainda, menor que os irmãos, dizia: "Subam em mim para que subam mais alto" – e eles riam ainda mais: "Mas se tu é o menor de todos nós?"

Sim, mas tem algo que me sustenta que permite que esse degrau seja mais largo; assim é a noite de hoje: coloco-me aos pés para servir de degrau para que vocês alcancem um nível, um patamar de amor, de pureza de coração, adequados ainda mais à ceia do Senhor em que o alimento de verdade é o amor em puro resplendor; essa é minha noiva, chamada humildade.

Ser humilde, ser simples – não fui eu quem criou essa ordem –, quem determinou foi o ser luminoso chamado Jesus quando ele passeou pela Terra, nuzinho que estava, assim se foi. E não tinha como seguir outro caminho diferente daquele, e eu, arrebatado por aquela mensagem, e pensei, como pode a Igreja que coloca Jesus como exemplo estar em tanta riqueza e os filhos de Jesus estarem em profunda pobreza?". E por isso me entendi mais afeito aos pobres, entendi-me mais próximo daqueles que também sabiam que nada tinham, contanto percebendo que eles entendiam que nada tinham de posses; eu, ao contrário, me despossuí.

Muitos perguntam qual a razão então de outra fagulha de luz encarnar na Terra para viver com outro nome, estudar na Inglaterra e sorver em luz na Caxemira, com o nome de Kuthumi?

Eu lhes digo, havia saudade de meu espírito dos passos sobre a Terra, gostava de caminhar e sentir essa presença humana; tinha, sobretudo, muita fé e esperança na humanidade e, quando voltei até aí, esperava encontrar espíritos mais férteis para as palavras de Deus. No entanto, não foi o que vi, tampouco o que vivi, a ponto tal de recolherem e buscarem profundos ensinamentos para deixar escritos. Isso compõe uma trajetória de vida pela qual todos vocês já passaram mais de uma vida. Como, então, eu e mais os 35 seres que me acompanham nesta noite estamos construindo um degrau para vocês aqui presentes? Para explicar exatamente isto: o degrau da evolução.

O ser, quando o Senhor cria, considerando os seres humanos nesta embalagem terrena, Ele cria e, tal como um pai, espera o melhor fruto; investe no melhor terreno que, sem dúvida alguma, o planeta Terra é. No entanto, muitas vezes aquele fruto não brota com a sabedoria que deveria ter brotado e são necessários alguns corretivos energéticos, que são as lições de uma vida encarnada.

Viver uma vida na Terra pressupõe desafios das limitações materiais, energéticas e espirituais, portanto minha escolha de castigar mais o corpo físico não cabe mais no momento atual da Terra. Foi em um momento outro, energético; não são mais necessárias essas práticas de mutilação, de sofrimento, mas naquele tempo, para mim, foram fundamentais e permitiram que meu estado espiritual alcançasse uma potência de luz mais acelerada, dado aquele ambiente; não precisam mais fazer isso.

Da virada do milênio para cá, o fluxo energético mudou em avanço e todos nós e muitos mais, ainda desconhecidos de vocês, aguardam cada um para integrar esse time de luz e de amor.

Portanto, como, então, subir um degrau na escala da evolução?

Primeiro passo: reconhecer-se carente de entendimento – carente de compreensão, alguém que precisa aprender. Todos os que carecem, pedem; como eu, infinitas vezes, esmolei na rua, e, ao esmolar, impunha minhas mãos desta forma e pedia um pão para comer, água de beber. Não sabia eu que estava a pedir muito mais do que o pão e a água; ao impor minhas mãos dessa forma, eu era nutrido por forças sublimes, divinas, que enchiam minha mão muito mais do que com um pedaço de pão. Ser carente perante o Senhor fará com o que o Senhor lhes entregue abundância. Reconhecer-se: "Pai, somos teus filhos e precisamos ser mais bem-educados por vocês, pois meus pais, pares e irmãos e outras experiências da minha vida não têm sido suficientemente bons professores tanto quanto o Senhor pode sê-lo; e, então, o Senhor enviará anjos na forma de aves, animais, amigos, música, livros para alimentá-los, como me alimentou, e assim vocês estarão mais plenos do Senhor.

Primeira etapa vencida, reconhecido carente, pedir com humildade e não dizer ao Senhor o que quer aprender; só se dizer que quer aprender. Eu quero aprender a ser feliz não precisa ser uma fala, pois não há outro objetivo divino diferente da felicidade. Se para ser feliz precisará sentir alguma dor física, Deus assim o fará, para que se valorizem os dias ausentes de dor. Se para ser feliz for preciso perceber a necessidade de provar o amargo do abandono para regozijar-se diante de um abraço sincero, Deus assim entregará o amargo abandono para valorizar a presença do amor sincero. Muitos pedem o que já possuem, e ao pedirem o que já gozam se esvai o gozo do que detêm em mãos. Então, quando pedem: "quero o sustento", e daqui vemos que já há sustento para este ser, e ele quer algo mais, o risco de perder o sustento para valorizar o que antes o alimentava é maior. Saibam pedir! Saibam pedir!

Segundo movimento para o degrau da evolução: aceitar!

Como pedir e não aceitar o que lhes é entregue? Ora, vocês pediram, recebam e aceitem.

Aceitar é um princípio da resignação. Resignar-se diante do que pode parecer um desafio é o grande desafio.

– Mas, oh, Senhor, eu pedi uma decisão favorável ao meu processo...

– Mas, filho, você não está pronto para o êxito ainda. Receba essa primeira sentença, amadureça, e depois que houver o recurso, poderá, estando pronto para receber vitória!

Muitas vezes a Palma da Vitória não chegou naquele momento para aquele ser, porque ele precisa passar pela aflição da negação e depois reconhecer o júbilo de uma vitória justa, digna. Muitos nãos que a gente percebe que vocês recusam receber, se fossem mais bem recebidos, significariam uma porta aberta para um melhor sim. Portanto, não rejeitem os nãos, reflitam sobre eles e digam: "oh, Senhor, hoje ainda não compreendo o motivo desse negativo, contudo sei que promoves o meu melhor, e aguardo com alegria o sim que há de vir do Senhor". Neste momento, toda a conjuntura propícia a dar-lhes o sim favorável começa a se edificar e se apresenta no momento adequado, para o seu crescimento.

Ultrapassada essa segunda etapa, em que já aprenderam a pedir, pois são carentes; aprenderam a aceitar ao que ainda são resistentes; vão aprender a cocriar: criar uma realidade plena. Ao saberem que precisam de Deus, que tudo que acontece é merecimento; aquilo de bom, e também fora do bom, é merecimento de suas encarnações reunidas no momento atual; há uma compreensão e aceitação, vocês iniciam e tomam a chave para construírem uma criação realizada em autoria, ladeada com o Divino Deus Criador. Mas como assim?

Da seguinte forma: uma realidade que ainda os fere, que ainda os contraria, magoa; vamos trazer um exemplo mais difícil como a falta de saúde, pois vivi muito tempo sempre na Terra, dedicado aos que sofrem dos males físicos, pois via os demônios sorvendo a saúde daqueles irmãos. Não pensem que as doenças são só fruto de mazelas alimentícias ou de práticas de encarnações acumuladas, há também seres impuros que se aproveitam das seivas físicas, criando ali sistemas que drenam luz e criam sombra, as denominadas doenças.

E, quando eu via aqueles principalmente com lepra, em que o corpo se desmancha – dia em que eu tive acesso à visão de como se processava isso espiritualmente –, foi uma das imagens mais terríveis que tive, pois vi seres de variados tamanhos mordendo, rompendo camadas de energia dos seres até dilacerá-los. E vocês sabem que há pouco tempo retomou essa doença nesse país onde vocês agora se encontram e até foram feitas campanhas para vacinas e cuidados extras sobre uma doença de séculos atrás. Como explicar isso? Pois naquele tempo se explicaria falta de asseio, saneamento e limpeza, mas como explicar hoje uma doença como a lepra?

Fluidos energéticos do mesmo matiz que vi outrora seguem circundando a Terra, buscando impor aos viventes essa situação.

Falo sobre isso para lhes explicar o processo da cocriação, para que vocês não criem doenças nem bloqueios físicos, não criem sistemas psicológicos que são catalogados pelos médicos como doença, pois isso também é sistema desses seres desorientados precisando de luz, que buscam tragar sua luz.

Cocriar exige sabedoria, sem a qual podem criar uma realidade amarga para vocês; beber da sabedoria é transcender os impulsos iniciais do prazer, puro prazer. Quando, na vida que eu, agora, me apresento como Francisco, gozei de todos os prazeres da Terra, do dinheiro. Não posso dizer que era belo, porque não estaria sendo justo com quem de verdade era, mas detinha uma certa graça dado meu bom humor; ainda que franzino, atraía alguns olhares, mas, sobretudo, esses olhares advinham também das posses materiais que minha família detinha, um *status* social do qual gozamos naquele tempo. Sendo filho único, detinha vários privilégios, e não me fiz de rogado; eu me diverti muito, bastante mesmo, até que vi que aquele vazio era grande e ouvia as vozes me explicando qual meu caminho, em sonhos e orientações, e decidi desposar a senhora pobreza para abdicar de tudo que me era entregue e me entregar à grande realeza de Deus. Se tivesse eu me detido aos prazeres carnais, seria de uma embriaguez profunda permanecer naquele estado e naquele estado ficaria, sem ter a chance de me apresentar com suas preciosas presenças.

Abdiquei dos prazeres furtivos, abri mão daquele que massageia o grande e perigoso irmão: Ego. Amei o ego quando me desprendi dele; mas só o amei depois que lhe soltei a mão, porque muitas vezes me mantive atado à presença dele, permanecendo, ainda com um amor muito grande, ao que eu acreditava ser. E cada vez que me embrenhava nas florestas e via o frio gélido cortando meu pé, descalço, e eu dizia:

– Não, o Senhor espera de mim que eu suporte o gelo intenso –, e cada vez que eu suportava uma provação da carne e abdicava do conforto que poderia ter, dando dez passos e indo ao encontro de um pano que iria me cobrir, eu me lembrava de que esse tecido iria me roubar a alma e imediatamente voltava a dormir no gelo. A sabedoria de perceber quais os riscos que havia, pelas tentações da Terra, para aprender a escolher bem e criar uma realidade perfeita. É o desafio. Afinal, todos em sã consciência querem saúde, conforto, amor, paz, bem-estar, união, fraternidade, são esses os ideais que buscamos como ser individual, mas no momento em que cada um de vocês pensar nesses atributos para o coletivo, acontece.

Esse é o quarto passo do degrau da evolução: pensar no coletivo!

Só se torna um bom cocriador quem pensa em todas as criaturas de Deus. É impossível, digo-lhes com plena ciência, um ser criar sua realidade de vitória e êxito, pensando somente em si. Se esta, que lhes fala, pensar somente nela, no progresso dela, em ascender em luz em nome dela, ela perde o lugar na fila; é condição essencial que cada ser que assuma porção de luz superior olhe para tudo o que existe.

Transcender a família, transcender o bairro, a cidade, a nação, a cor de pele, a forma física; saber se é humano ou se é vegetal; ou se é animal ou se é mineral; ou se é vento ou se é demônio; porque, também, a criatura que quer ser cocriadora, em união com o divino, tem de abraçar o demônio; tem de olhar para ele com amor, para que essa ternura do amor se espelhe naquela alma e volte em vida para a luz. Como pode alguém achar que vai alcançar o êxtase ou frequentar os palácios celestiais de bondade e perfeição, sem abraçar o desvalido? E não falo do desvalido de alimento, pois esse vai à esquina e compra um quilo de feijão; falo do desvalido de Deus, daquele que se sente abandonado pelo Pai, que nunca o abandonou. E aquele Pai que nunca abandonou aquele filho espera aquele filho que se sente rejeitado pelo Pai, que nunca o rejeitou.

Quem somos nós para rejeitá-los?

Essa é a quarta ferramenta para a cocriação.

Sendo eu luz amarela da sabedoria, ainda que em pequena medida, lhes digo: ninguém chega ao Pai sem perseguir os ensinos de Jesus.

Não há outro meio, não há outro trajeto: ao olhar o que Jesus semeou na Terra, sigam-lhe os passos que não errarão e, se errarem, terão coro de anjos para auxiliá-los a repor os pés no caminho certo. Por mais brilhante que seja a luz presente entre vocês, no planeta Terra, a referência de bondade suprema, de amor infindável, é representada neste ser: Jesus, a quem busquei seguir e com quem vivo eternamente, pois Ele nunca morreu, assim como eu.

Pergunta 1

Temos a sensação de que o tempo está passando mais rápido. O que está mudando no Universo?

Resposta 1

No Universo, muita coisa. O Universo é constantemente mutável, a sensação de tempo mais curto é real, dadas as horas e minutos que o homem na Terra fracionou – para isso tem a presença de Enoch, que voltou à Terra com pesos e medidas, explicando ao homem como organizar os tempos, quantificar numericamente cada coisa. O tempo está passando mais rápido, pois a velocidade da luz é quem clama por vocês. O tempo era mais lento, quando mais tempo era noite e o dia mais curto.

O período de luz era menor do que o período de sombra; a Terra, ao contrário, está ampliando seu período de luz e atenuando, reduzindo o período de sombra, então a sensação de que o tempo urge é real, é física. Além disso, o planeta que estamos agora está em rotação, está em movimento, em direção a uma nova faixa energética, e essa faixa energética pressupõe uma incidência solar diferente, pois ângulos de incidência de luz são o que define dias e noites.

Pergunta 2
Haverá uma interação explícita entre humanos e alienígenas? Quando isso se dará? Em quantos anos teremos essa interação com normalidade?

Resposta 2
Alienígenas, todos são, não é? Alguns alienados, outros alienígenas. Perdoem-me, eu não perco o costume de fazer alguma graça. De alguma forma, esse encontro já existe. Essa pessoa inclusive já teve contato com o que ela entenderia como uma forma alienígena. Se ela buscar em seu passado, ela teve esse encontro.

Portanto, não subestime a forma, pois, como já disse antes, a forma é o padrão na Terra. Quantas formas diferentes há nesta mesma sala? Texturas de cabelo, formatos de olhos, fios de lábios... E o que os faz pensar que todos teriam de ter duas pernas e dois braços? Quando alguma criança nasce faltando-lhe um pedaço ou tem um dedo a mais, acham anormal?

Não são: eles são o que são! É porque a forma deles é assim mesmo, é com uma perna só, sem braço algum, é a forma deles, e os humanos querem rejeitá-los, mas eles são assim para que vocês se acostumem com essas aparências diversas.

Quem disse que os mais belos são vocês? Com pesar, digo-lhes que não são, nem de perto, os mais belos seres do Criador. Cessem a crença de que os alienígenas estão fora e distantes, porque eu também me considero tal como um alienígena, e, de maneira diferente, apresento-me em lugares diferentes – e depois de muito tempo, voltei nesta forma, porque com muita frequência me apresentava através dela com o nome de Penacho Branco, que é a aparência que eu uso quando vou paras guerras. E esse ser pequeno, de baixa estatura, cabelos caindo aos olhos, o queixo fino, nariz alongado, é bem diferente de minha versão Penacho Branco. A forma não é importante, a essência que é. Cessem de olhar a forma, pois vários, aos pedaços caindo em lepra, eu via brotar raios de flores dançando; e quantos doentes sangravam e riam me olhando e nós dançávamos com o pouco que lhes sobrava de si, e eu sentia perfume de jasmim no ar. Não pensem que eu era louco, como tantos me trataram; eu abraçava a essência daqueles seres que exalavam jasmim e floriam em meu abraço, isso é a libertação do ego, primeiro convite que fiz essa noite, não é?

Sobre o grande encontro, não vai haver um encontro marcado, como já vi em alguns filmes, que se marca a hora e a nave pousa e dão tchau; não será assim, já está sendo, aos poucos. Aqui nesta sala, muitas pessoas já estiveram com esses seres denominados alienígenas. Portanto, não há que se surpreender nem achar também que é especial por ter tido esse contato. Ninguém é especial! Ninguém é especial, porque é também uma ilusão sentir-se de alguma forma com o tônus diferenciado. Não é inteligente pensar assim.

Pergunta 3
Como explicar Alpha e Ômega?

Resposta 3
Princípio e fim. Quando se pensa em início, há que se pensar no fim, contudo, ao vir para as esferas superiores, eu percebi que o Deus Criador é infinito, e que quem tem por hábito pôr fim às coisas são os seres que querem saber como elas terminam. Como Deus não cessa de criar, Ele não cessa de pensar na ausência do fim. Portanto, letras, tempos, espaços, localizações são referências do insondável.

Alpha e Ômega – princípio e fim, perceber que, de alguma forma, uma vida brota, do princípio masculino em direção ao feminino, e acontece. E aquela vida encarnada cessa com o último suspiro; há um princípio, um meio e um fim. Mas esse fim não é um início em outra forma? Então, é só uma referência para uma mente que precisa entender que vai ter o final da história, pois, se o humano achar que não tem fim a história, ele não atende àquela frase: se não está feliz não é o final. Mas eu lhes digo, se é que tem fim, porque nunca o encontrei, ele é feliz; mas, para tanto, há que viver o caminho, há que viver o meio, para ser feliz, pois, sendo feliz, tudo é o fim. Se vocês dizem "se não está feliz, é que não chegou o final, porque todo final é feliz", que tal pensar que hoje é o fim? E aí, assim, você será feliz, a cada fim do dia. Tão simples! É simples mesmo.

Pergunta 4
Gostaria de saber se depois de uma cirurgia espiritual podemos sentir sintomas pós-operatórios? E o que pode acontecer por não repousar, por falta de atestado?

Resposta 4
A cirurgia física é uma cirurgia no tecido grosso; a cirurgia espiritual é no tecido fino. Mas, se vocês compreendem que o físico é o resultado do energético e do espiritual, é óbvio que uma cirurgia espiritual vai ter reflexo no físico. Sobre o atestado e sobre

conseguir, ainda o homem não prescinde, ele exige documentos, precisa de provas; os homens ainda têm esse costume de pedir provas; e eu, quando realizei na Terra, alguns que foram reconhecidos como milagres, eu nada mais fiz do que expor ao físico o estado espiritual do ser. Então, o paralítico andava perfeitamente, e, aos meus olhos, eu só o convidei a reconhecer a capacidade de andar, só isso. O canceroso da face, com a face deformada, diante de meu beijo, curou-se; eu beijei uma face que não tinha chaga e, quando ele recebeu meu beijo, ele sentiu em si a face do amor e se amou, foi só isso, ele só se amou, não se rejeitou, pela doença, e ao se amar, ele próprio se curou. Nada fiz porque nada sou, nem posso, só amo.

E esse caminho para a cura é o amor. Por mais simples e comum que seja essa frase, não há outra. Posso fazê-la mais bela, colocar em tons de passarinho cantando, mas não há outra frase que resuma de melhor maneira que o único caminho é o amor. Amar a Deus sobre tudo que existe. Exercitar essa prática, pois amando o Senhor não há como não amar suas criações, partindo de si mesmo como fonte criadora de amor, e, aí, fica bem mais fácil.

Pergunta 5
Os Orixás foram humanos? Como podem nos ajudar em nossa evolução?

Resposta 5
Os Orixás! Essa Terra ama os Orixás! Eu estive com eles em algumas oportunidades, e em formas variadas eles cantaram para mim também. Os Orixás cuidam da natureza e são os mais próximos a mim, pois nos encontramos com muita frequência, nas folhas das árvores e nos animais. Pode haver – vou refazer um pouco a pergunta, de maneira mais inteligível para mim: um humano pode se tornar um Orixá? Então vai haver Orixá que foi humano; mas nem todos foram, pois existem planetas onde só moram Orixás, e aí esses não viveram como humanos, esses foram criados diretamente pelo Senhor e, por assim dizer, são os mestres dos outros.

Pergunta 6
Fala-se em deuses e muitos discriminam essa terminologia. O que a espiritualidade pode explanar, já que muitas religiões falam e adoram um único Deus e criticam quem fala em deuses?

Resposta 6
Na terminologia terrena, vamos entender Deus com letra maiúscula, e deuses com letra minúscula. Os deuses são os representantes da ordem divina a serviço do Deus maior. Então, por exemplo, a deusa da abundância, Lakshimi, que já esteve aqui, reconhecida pelo panteão indiano; ela é uma deusa, no sentido de ser divino, dedicada à missão de ajudar a humanidade, a ter oportunidades materiais. Então, todos os seres, que são vocês, são deuses também, por que se ofender?

Não é inteligente. Por que se ofende de falar o nome de Deus no plural quando Ele é tudo? Quando Ele é todos. Por que a ofensa? Não deveria! Deus é a formiga, Deus também é a barata. Deus é a ave, é o morcego... Deus é tudo, e, sendo assim, todos são criaturas d'Ele e todos têm percentual divino e também são deuses em atividade. Uns mais inteligentes, como os golfinhos, por exemplo, conseguem executar tarefas em prol desses degraus, inclusive pensando no coletivo; como a própria formiga, que não vive por si, a formiga vive pelo formigueiro. Então, como desprezar essa inteligência divina, de um ser minúsculo que não pensa em si? Oh, por favor, que tal aprendermos com eles, não é?

Então, sejam divinos com humildade. Esse é um grande desafio, pois a partir do momento em que a pessoa pensa: "Eu Sou Deus", pode se apropriar de algo que não lhe é permitido. Agir como Deus é algo pretensioso, mas agir com Deus é perfeito.

Pergunta 7
Qual sua opinião sobre uma pessoa que pratica a fofoca?

Resposta 7
O que é a fofoca? É um ser; só que o nome dessa fofoca é a maledicência; a maledicência é o maldizer, é dizer o negativo, porque a fofoca pode até repetir um fato, ou seja, ser um relato. Por exemplo, uma criança que disse à mãe que quem quebrou o prato foi a empregada. Foi uma fofoca? Não foi uma fofoca se não houve uma carga negativa ao dizer. Mas se a criança puxa a mãe e diz, escondendo-se, com um tom negativo, o mesmo foi fofoca.

O que quer dizer? – é a mesma frase. Mas existe uma energia depositada na frase. A energia que a criança deposita nas duas situações é diferente. A energia negativa da fofoca é este ser que dá criação à coisas menores, como: intriga, conflito, mal-estar, desconfiança, separação.

Uma fofoca, uma maledicência, separa amizade, destrói casamento, rompe confiança, cria desemprego, porque demite a empregada. E o tom traz a carga energética. Então, o ser que pratica e reveste um relato de um tom pernicioso está impregnando de mal o ambiente, e o primeiro contaminado é ele mesmo. Ninguém pense que o maledicente não come boa parte do veneno que ele entrega. O maledicente se intoxica pelo maldizer e, quando cria, é ainda pior, não é? Cria intriga, cria história, porque não é só o relato; ainda há o processo da mentira, da calúnia, da inverdade, e, aí, eu lhes digo: se o Senhor disse que o verbo se fez carne, qual é o efeito dessas palavras vãs?

Se tudo que falam, acontece, pelo poder que foi confiado a vocês, como achar que o maldito não nasceu de um dizer? Muitas vezes, vocês chamam os infratores da lei divina de malditos, e isso prova que esse ser só nasceu porque alguém o disse; e assim nascem a corrupção, a violência, a mentira, o engano, tudo de imperfeito. De tanto a humanidade falar ou praticar, esses seres começam a tomar vida, e não tenham dúvida: eles tomam vida de quem os deu.

Quem fala sem parar, cria criaturas sem cessar. Quais são as criaturas que vocês têm criado? São seres rastejantes, vermes, negativações, imprudências? Ou são seres elevados, sublimados, plenos de amor e de bondade?

Criar faz parte do processo de selecionar o que vai ser criado. Vocês têm um exemplo muito claro, quando vocês criam filhos: primeiro a mulher gesta, depois a mulher coloca para fora e as luzes que estão ao redor vão educar aquele ser – sejam os familiares, os profissionais da escola, os funcionários. São aquelas luzes ao redor, isso é criar.

Então, os pais que falam palavras pesadas na presença dos filhos, nem precisam ser direcionadas a eles, criam sujeira para aquele ambiente, criam larvas astrais os quais, muitas vezes, à noite, agem como piolhos e vão entrando na cabeça da criança, tragando-lhe o sangue, a seiva. O pai falou um monte de palavrões na frente da criança, entupiu o quarto de sujeira energética e depois não sabe por que a criança teve uma infecção; e ainda vai dizer que foi na escola. Não foi na escola! Foi sua boca que sujou o ambiente!

Ou se vocês almoçam vendo aquelas coisas horríveis que passam na televisão, ou ouvindo aqueles absurdos do rádio, que só falam detritos. Para que isso? Qual o sentido disso? Se o processo de criação é o processo autoral com Deus, há que se escolher o que se vai criar: vem um pensamento ruim, pernicioso, pecaminoso, julgando e criticando o irmão: cessa! Se fosse eu, me beliscaria. Eu me beliscava até ficar com o braço todo roxo, e assim por diante, para entender que um pensamento também cria. Percebeu na prática, há que se corrigir de imediato, porque se você não o fizer, Deus o fará; e aí, depois, você vai se sentir castigado por Deus e não sabe a razão: mas eu sou tão bom!? São todos bons, inclusive aquele contra o qual você ia professar uma palavra imperfeita. A humanidade está em um gradiente de evolução, todos vocês estão evoluindo, dá gosto de ver daqui; contudo, existem pontos na Terra em que se veem chagas de deteriorização, como naquela região da Síria, já há alguns anos, mesmo antes de a guerra explodir.

E, desde aquele momento em que fui convocado para aquela missão: conter e evitar maior número de perdas de vidas humanas, trazendo um pouco de equilíbrio e entendendo também, auxiliando os seres que estão se perdendo em razão daquela perdição, percebo que, em vários pontos, há luzes se acendendo em maior número. E foi isso que me fez vir até aqui, no meio do caos, do outro lado deste planeta, vindo estar convosco, pois a crença em nutrir o que é luminoso e bom é tão importante quanto abraçar o doente e o ferido da guerra; não é mais nem menos, tem importância igual. Pois, enquanto vocês sorriem comigo, outros choram dando falta de mim, e tenho também de estar em todos, como Deus nos ensinou. Quero renovar a certeza de que vocês estão no caminho certo, estão em progresso, caminhando em degraus evolutivos.

Quero renovar em cada um os ensinos desta noite, tão gratificante pra mim, e dizer-lhes, com todo o coração, que dentro do peito todos nós temos esferas douradas, e essas esferas de luz variam de tamanho e de volume, de acordo com o dedicar de resplandecer luz em cada interior.

Quando, em um dos encontros, estive com o Senhor, ainda encarnado, e desceram línguas de fogo em minha direção, perguntei-lhe o que podia lhe dar: "Senhor, só tenho uma túnica e um cordão na cintura, nada mais possuo", e Deus disse: "Mas isso não me serve". E olhei, sentindo-me envergonhado por nada ter para lhe entregar. Ele disse: "Olhe dentro de si", e eu olhei; quando olhei, vi as bolas girando, e eram esferas que dançavam, e elas dançavam para mim. Eu me espremi e as vi flutuando em direção à labareda divina e elas eram nada mais, nada menos que os votos que eu havia feito para me dedicar à vida divina: pobreza, castidade e obediência. Vocês podem nutrir qualquer número de esferas, maior ou menor do que as que entreguei naquele dia, mas vocês precisam nutri-las; vocês precisam fazer essas esferas girarem para, quando estiverem na presença do Altíssimo, não se sentirem como eu me senti – despossuídos – e assim poderem olhar para dentro, e realizar a entrega dos únicos presentes que o Senhor quer: nossas luzes flutuando em singela humildade.

Pois, afinal, Ele é o dono de nós e pode tomar tudo que temos, pois nada possuímos. E, se a entrega é espontânea, é um presente, mas, se for tomada, é um roubo, e sabemos que Deus não furta. Então, vamos facilitar o trabalho d'Ele e construir esferas de luz e de amor mais e mais, tal como vocês festejam o Natal, luminosas e coloridas para o grande encontro com o Senhor.

Eu os abraço um a um com meu coração pleno de amor e de esperança, pois sei que em breve nos encontraremos. E espero em Deus que, se eu chegar em uma forma alienígena, ninguém me ponha para correr, pois tenho pernas curtas.

Tenham uma linda noite e uma vida longa e próspera!

Pleiadianos

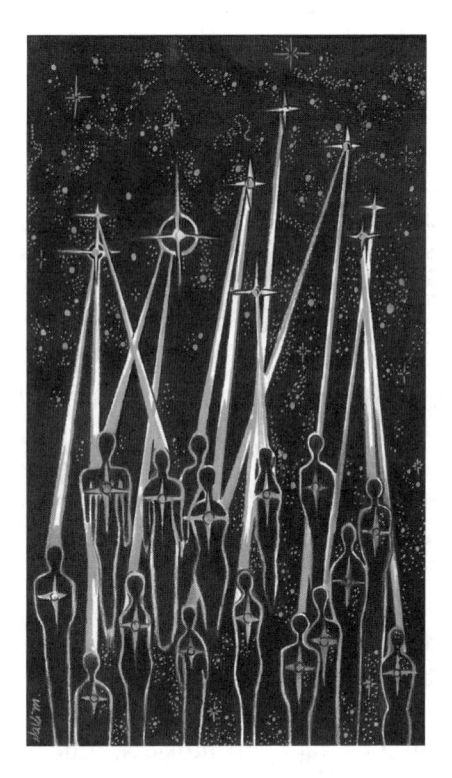

Saudações!

Viemos das Plêiades trazendo luminosidade, conhecimento, ternura e, principalmente, confiança.

O objetivo de tudo que existe, nada mais é do que permanecer em um estado elevado de consciência. De alguma forma, vocês presentes denominam um estado alterado de consciência, isso não é muito adequado. Estado Elevado é o estado ideal – acima, nas alturas, dentro do planeta cuja gravidade os retém à terra. Nós todos temos um ancoramento específico neste ambiente, e este ambiente, para nós, é muito salutar; temos carinho, felicidade com suas presenças, e agradecemos o tanto de intercâmbio que tem havido entre este grupo ao qual me refiro,[44] através dela, e todos os outros grupamentos de ordens cósmicas que visitam este ambiente.

Este ambiente fisicamente projetado[45] tem uma estrutura que favorece esses contatos, denominados imediatos, próximos, à mão; contudo, não se limitem a essa estrutura física para manter contato conosco, pois estamos acessíveis, de maneira próxima, voluntária e terna. Nossos grupamentos estão multiplicados, em várias ordens, em vários grupos de pessoas humanas, inspirando-os, mas, sobretudo, aprendendo; pois não imaginem, de modo equivocado, que só vocês se servem

---

44. Refere-se ao Universo de Luz.
45. Refere-se ao Templo da Pousada da Pedra/Imbassaí-BA.

do aprendizado vindo de outras esferas. Cada um também deita ensino sobre nossos estudos: sim, estudamos vocês!

Avaliamos como se comportam, qual a trajetória de seus pensamentos, atitudes, emoções; percebemos também o que desencadeia atitudes imperfeitas e nocivas; e, naquele momento que esse fluxo energético de imperfeição se instala, todo alarme é tocado aqui. Ressoa, então, um barulho, digo barulho porque é necessário que seja incômodo, pois, se não é perfeito, não é cômodo. Acomodar-se em uma situação de imperfeição é trazer pouca elevação ao seu estado.

Quais são os sintomas de estar acomodado em uma situação inadequada?

Leniência associada à preguiça; desculpas com pouco substrato concreto, como vocês usam: desculpas vazias, justificativas que não são plenas porque não são razoáveis ao Divino. Por exemplo: não ganho dinheiro bastante porque, de alguma forma, a crise, o mercado ou a solução de meu país, política/econômica, não é a ideal ao meu negócio: desculpa vazia.

Trocar por: irei conseguir obter mais recursos, não só dinheiro. Recursos incluem, além da moeda, oportunidades, encontros, pessoas, viagens, criatividades – atividades criadoras – e então a frase muda para: "Posso e irei obter mais oportunidades, recursos, dinheiro, pois mereço, dado meu trabalho, afincado, justo e digno". Ora, se seu trabalho é afincado, você é dedicado; se é justo, está alinhado com o divino; e, se é digno, tal condição será reconhecida pela dignidade daquele que irá comprar seu produto ou seu serviço.

Entender esse estado de plenitude, não para amanhã, mas para o hoje; mas como assim, entender para o hoje? Trazemos esses assuntos da materialidade, pois percebemos a necessidade de ancorar uma prosperidade, que não é aquela somente cantada em músicas, hinos ou meditações. Viemos compartilhar o ancoramento de uma mente próspera, formada e constituída pelo Divino – Elevado Pensamento –, fortalecida por ações e práticas concretas e imantadas pela pureza de bons propósitos. Portanto, será assim explicado:

Iniciando pela pureza dos propósitos, o que faz então cada um de vocês buscar mais recursos, dinheiro: segurança material. Ora, se buscam segurança material, é lógico que o Senhor-de-Todas-as-Coisas além dos seres a fornecerá; o Senhor-de-Todas-as-Coisas, aquele a quem atendemos, fornece e entrega-lhes à medida do que é justo, digno e bom.

E assim, naturalmente, esse coração puro entende que, no primeiro momento, o recurso material é para autopreservação e de seus próximos; no segundo momento, a partilha. Afinal, tendo recurso material, você poderá partilhar um pouco para aqueles escassos, que ainda não entenderam esta verdade tão simples: uma doação, um gesto de caridade, um acolhimento.

Segundo passo: braços decididos, isso é atitude positiva. Optar por desenvolver esse dons e trazer à matéria essa inspiração. Aqueles que criam, sentar-se e criar; aqueles que manufaturam, empreender; aqueles que estudam, lecionar.

Somente assim, exercendo esse afinco, haverá o merecimento no recurso que chega. De nada adianta tanta percepção, compreensão das coisas e ausência de atitude diante delas. Afinal, saber que existe alguma patologia dentro de si é condição essencial para libertar-se dela, pois, se ignoram a doença, assim chamada na Terra, ignoram o conhecimento do remédio.

A atitude inicial há de ser para consigo mesmo, percebendo que há muito mais demônios internos do que fora de si. As criaturas negativadas, muitas vezes, são criações dos carregadores deles, aqueles que muitas vezes dizem: "Não quero andar sozinho", não escolhem boas companhias e, de alguma forma, escondem-se em desculpas vazias para permanecer nesse estado de convívio.

Terceira, e mais importante chave para uma mente próspera: estar alinhado e perceber que o Divino Criador está sempre criando em si. A ação criadora de Deus não encerrou quando vocês nasceram, nem termina quando perecem. A criação do Criador é incessante – alguma outra energia pretérita no campo vibracional desta moça – percebo em registros, que disse que a criação não cessa, mas aqui aprofundo um pouco mais este dizer: não cessa, não só de Criar vida; não cessa de alimentar vida naquilo que já é vivo, como vocês, ou, caso contrário, já seriam obras finalizadas. E por que não o são?

Porque simplesmente decidiram mudar um pouco o resultado da obra, como alguém que pinta um quadro e depois opta por mudar a cor do céu, de azul para o lilás, e nessa alteração há um processo de distorção da divindade; afinal, o céu é predominantemente azul, mas não só azul, é também lilás. E isso ocorre no ciclo encarnatório, não só neste planeta, mas em outros também. Não é só a Terra ocupada de seres com suas vestes, contudo há outros seres de vestes terrenas. Essa riqueza faz deste planeta um lugar de grande visitação interplanetária.

É muito interessante perceber que vocês só são um planeta em meio a centenas de milhões; mas a importância a ser revelada é que este integra o todo, e por isso é importante. Não existe desperdício de energia criadora divina, nem em animais que vocês têm como pouco úteis, tais como baratas e mosquitos – há funções ali: e as funções são de decomposição. Esses seres decompõem outros e mantêm o estado equilibrado, contudo, se há uma extinção desses seres, quem fará a decomposição?

Outros que estão em risco de extinção na Terra são frutos também da pouca poesia da humanidade. A humanidade teve momentos muito mais pródigos de poesia. A poesia, para quem não sabe, é um instrumento extremamente eficaz na cura da tela original divina. Ao escrever, ler, declamar ou ouvir, a poesia, ainda que ilustrada por música, é poesia ainda. Todas as células vibracionais recebem uma melhora de elevação; portanto, poetizem-se mais! Entendam a poesia como um bálsamo medicamentoso, não é apenas prazerosa, é também curadora.

Em breve, chegará o tempo em que a Terra será sarada; lógico que, para sarar, muitas vezes há que expulsar o pus, podendo ser através de vulcões, tsunamis, cataclismas; há uma expulsão, sim, dessas energias nefastas, e os resultados grotescos das práticas humanas aos entes de inteligência divina, que extraem deste planeta suas riquezas reformulando seus propósitos e alterando a tela da Terra. Assim como o processo encarnatório deturpa a tela original, pintada pelo Criador. Muitos homens e mulheres destruíram a tela da Terra, alterando solos, condições de água, de biosfera, e assim por diante. O planeta está doente, mas há centenas de milhares de médicos a cuidar dele.

A Lua e a Terra se tocam com dedos longos e dançam, tal como mãos se tocando, simbolicamente em raios alados, inebriam suas crostas de puro amor. A certeza de que os planetas, as estrelas, as nuvens atmosféricas são pontilhadas de vida para viver. Como assim? Existem poeiras cósmicas buscando se unir para formar seres cósmicos. Tais como um grande sopro, as partículas irão se aglutinar e serão criadas outras formas de vida; afinal, seria então Deus Criador incessante se não criasse novos sistemas de vida?

Qual o propósito de todo esse diálogo?

Dar-lhes a confiança maior de que existem seres amorosos, abaixo de seus pés, invisíveis aos seus olhos atuais, seres amorosos, ao derredor e acima de vocês; ou seja, não há escapulidas da luz, mas isso não pode ser uma desculpa esfarrapada para não cumprir seu trabalho que é: tornar-se a luz interna!

Seres de luz abaixo, ao redor e acima não acendem a luz interior: este é demanda e trabalho seu. Há que fincar esforços para acender a luz interior, que pode estar em qualquer lugar; não é importante o local onde irá se acender essa luz, o que é relevante é que ela se acenda e amplie a potência luminosa.

Nós, Pleiadianos, distribuímos nomes, inclusive o que reina neste lugar, cuja denominação é Frequências de Brilho,[46] que são os nomes que damos a vocês. Brilhos. Vocês são brilhos que juntos acendem grande luminosidade, como se fossem ramalhetes cujo buquê, a copa, em vez de flores, são luzes. Ser luz interna passa por reduzir a pretensão de si mesmo. É impossível alguém acender uma luz forte quando o ego é forte. O ego cria sistemas de fuga para justificar a falta de luz, como se o corte de luz aí na Terra onde vocês vivem pudesse ser decorrência simples do não pagamento de uma fatura.

A falta de luz interior não é porque existe um fornecedor de luz ao qual você não pagou. A ausência de luz interior é porque simplesmente você não quis sequer elevar um poste. O poste é um símbolo dessa edificação para no alto acender a luz, mas pode ser um vagalume ou qualquer outro símbolo de luminosidade; uma vela ou qualquer coisa que o valha. No entanto, se a pessoa sempre justifica a falta de luz em suas questões internas a eventos externos, esse poste fica oscilando, entre acender e se apagar. Não falo da luz interna, profunda, denominada Chama Trina, não é essa; referimo-nos à luz da consciência. A Chama Trina é a luz vital; a consciência é uma luz essencial. Vida e essência: ser. Então, um ego educado, gentil, ocupa um mínimo espaço no ser, pois ele sabe que não deve avançar. Mas, se o ser deixa o ego espaçoso, ele vai sempre creditar tudo que lhe ocorre ao alheio; e a luz apaga-se, pois não é interna. Já que esse ser não possui autoridade sobre essa luz, é externa; e ela pode ser suprimida, reduzida.

Acender é uma expressão muito multiplicada por nós. A ascensão é elevar-se, qualquer degrau acima de onde se encontram hoje. A tendência é que seja melhor amanhã, mas se, acontecer como acontece, não raras vezes, ao subir o cume de uma montanha gelada, ter de descer dois passos para subir apenas um, não desistam! Não se entreguem! Não detenham essa chance de poder e repasse por uma breve escorregada, mas entendam que escorregaram. Não digam que alguém os empurrou, pois até isso é fruto de si.

E, assim, põem calçados afincados com brites que perfuram o gelo e ao cume da montanha para de lá terem os vislumbres da luminosidade alva e pura de milhões e milhões de pontos luminosos – Frequências de Brilho. Esses brilhos acendidos vibram em ondas, afinal tudo são ondas

---

46. Refere-se ao grupo Frequências de Brilho, que atua na Pousada.

e reverberam em profunda alegria quando um chega para compor mais aquela grande roda de luz. Sejam bem-vindos, então, a esse sistema luminoso em que ser brilho não é arrogante, é divino. Mas achar que a escuridão não existe, ainda no plano em que se encontram, é sim, arrogante. Dispostos estamos, não só eu, mas todos que me acompanham, a esclarecer dúvidas que porventura tenham.

Pergunta 1
Como podemos catalisar o autoconhecimento ao merecimento do amor divino?

Resposta 1
Ótima pergunta, típica de quem gosta de criar dutos e conexões. Canalizar um ao outro, pois catalisar pode trazer algum impacto, quando não são movimentos harmônicos. Canalizar o merecimento do amor divino é deitar-se na consciência suprema. Como, então, trazer essas duas sessões para o mesmo corpo? Existem práticas bastantes salutares para favorecer esse encontro: a prática meditativa, em um ambiente limpo e adequado; se estiverem em sua sala ou quarto: um belo tecido ao chão, limpo, asseado; coloquem algum incenso ou aroma; aquietem seu corpo, em um prazo máximo de dez para um, contando, e visualizem seu cérebro, sua mente, todo o espaço dele e também o vazio dele. Quem tem uma visualização criativa, mais fácil, quem não tem, vamos começar a abrir essa capacitação. Visualizem seus cérebros como se fossem um grande labirinto e, dentro do labirinto, uns espaços mais unidos, outros mais afastados: existem vazios, e esses vazios serão preenchidos pelo amor divino. De onde vem esse amor? Vocês podem buscá-lo no chacra coronário, abrindo em pétalas, tão simplesmente impondo suas mãos, tal como uma cestinha para receber ou simplesmente aquietar-se e visualizar que está aberto; feito isso, o Divino Amor, residente na sua Chama Trina, o puro amor incondicional, irá se encontrar com o amor divinal. E eles se mesclam em dois tons: um, que aos olhos terrenos é rosa-clarinho; e outro, que aos seus olhos é tinto como sangue. Misturando-se essas duas fontes de amor, cria-se uma cor um pouco encarnada: um rosa leve mas com nuanças vivas do tinto. Nesse momento, o fluxo começa a perpassar por todo o seu trato circulatório, elevando todas as suas estruturas corpóreas a um patamar extremamente alto, e aí, provavelmente, se iniciam os transes de acesso à Superconsciência. Pode

haver breves choques, formigamentos, calafrios; não dissipem! Isso será o trânsito de seu corpo físico recebendo as esferas superiores. Vão seguros, e tudo fluirá!

Pergunta 2
O que é fundamental para que os trabalhadores da luz possam se proteger de ataques espirituais? Qual a melhor arma ou oração contra ataques no dia a dia?

Resposta 2
Os sistemas de proteção e defesa que ensinaremos serão para proteger o trato mental. Eu não sou aquele que respondia às perguntas antes, sou um pouco mais antigo de existência, e, dada a pergunta, eles me deram essa missão, pois já escapei de inúmeras ciladas do psiquismo. A mente cria sistemas de cela para aprisionar o ser. A grande dona, a delegada, a portadora das chaves é a insegurança, e ela trabalha para o terror, o medo. Pelo sistema de pensarem: "Preciso me proteger, imediatamente", vem um pensamento: proteger-se de quê?

E as respostas se sucedem: espíritos, encostos, obsessores, demônios, ataques astrais, sim, esse grupo é um escudo externo, que há de se fazer: força no hábito, pois uma mente forte é uma mente com pensamentos positivos. A outra proteção é interna: esses obsessores, demônios, sou eu mesmo? São memórias de minha infância? São memórias encarnatórias?

Precisarei de outro escudo, mental também, mas o escudo primeiro é a limpeza: a limpeza desses pensamentos consiste em falar com a delegada e abrir as celas dessas memórias; soltar esses registros, deixá-los ir. Mas elas precisam saber que existiram, senão o vazio do não reconhecimento poderá vir a assombrá-los. As memórias soltas se desvanecem no contato com o exterior firmado, e não voltarão jamais, pois elas não conseguem se reconstruir se a mente assim determinar. O escudo ou bolha de proteção só pode ser instalado após essa varredura. Após varrer as celas, instala-se o escudo protetor e o assédio se torna impossível.

Uma mente forte é uma mente vitoriosa que já ultrapassou o risco do assédio. O assédio sequer se aproxima dessa mente, não porque essa mente é desavisada ou finge que não existe, ou diz: "Se eu não creio, isso se dissipa".

Uma mente forte é aquela que sabe que, embora exista [assédio], o Deus que existe em mim é mais robusto. E eles não assombram o Deus, pois, se assim fosse, Deus os implodiria, para que não mais existissem; mas a mente, o psiquismo, a insegurança, o medo e a sensação de que corre grande risco precisam ser extirpados, caso contrário, os escudos não funcionam ou até prendem essas memórias.

Pergunta 3
Como um médium pode desenvolver suas mediunidades com relação a incorporações?

Resposta 3
Com práticas de estudo, há que se ler coisas novas – poucos são os livros publicados, não são muitos que estão atuais, com esse conteúdo. Este grupo irá publicar vários livros e estes livros auxiliarão muitos, mas também haverá conteúdos perenes e outros momentâneos. Esse princípio da impermanência da Terra faz com que esses estudos necessitem ser atualizados, então, o indivíduo opta e tem o consentimento, a graça ou a oportunidade de limpar seus estados energéticos, outrora não tão perfeitos, com o serviço, a obra, através de seu corpo; primeiro, cuida do corpo, depois, cuida da fala e, por fim, pois é o mais delicado, cuida da mente. O corpo físico nutrido do que é saudável é mais confortável para todos nós. Como um carro apertado, em um corpo que contém alimentos muito causticados não nos é tão agradável de estar; um coração reativo ou que se recusa a servir, ou que está sempre reclamando, tampouco; e uma mente duvidosa, uma mente triste, uma mente sem alegria de pensar, sem pensar coisas bonitas, sem criar belezas mentais, não é um bom lugar para se acoplar. Nosso acoplamento exige esse tripé, como vocês na Terra precisam também.

Pergunta 4
Quais as estruturas, orações, ferramentas, alimentos que podem contribuir para potencializar o estado de firmeza?

Resposta 4
Alimentos crus, com o mínimo de processamento, então vão trazer raízes, vão também trazer caldos, sumos, sucos; quanto menos interferência automática dos processamentos, melhor qualidade da

energia vitalizadora do corpo. Essa é a parte dos corpos físicos, dos corpos astrais, emocionais, psíquicos: ouvir boas músicas, mantras, audições de frequência elevada e, sobretudo, divertir-se!

A diversão é o melhor bálsamo. Aqui estamos, assim comportados, mas nos divertimos muito. Somos um povo muito alegre porque a diversão faz todos nós vibrarmos e rirmos uns dos outros, desde que rir de nós mesmos seja o primeiro passo; rir do irmão sem rir de si mesmo é escárnio, isso não é diversão. Mas o estado do divertimento é fundamental para ser sadio. Busquem o que os diverte e desfrutem!

Pergunta 5
Com relação à reencarnação, nós é que escolhemos nossa família?

Resposta 5
Sim. Alguns, quando estão no ventre, dizem: "Ops! Errei!".
E eu lhes digo: "Agora é tarde, não deixe ninguém ouvir!".

Por exemplo: um casal que gestou um filho naquela reta final do relacionamento e aconteceu aquela escapulida, e o ser está animado: "Vou para a Terra, tenho pai, tenho mãe!". E, de uma hora para outra: "Ops! Não tenho mais pai com mãe". E aí, o ser começa a ficar temeroso e ele tem de lidar com o processo de estar mais frequentemente só com a mãe, por exemplo. A mãe, por sua vez, aponta para o pai e diz: "Olha o que você fez em mim!". E começa a confusão! E o pai diz: "Mas eu não fiz sozinho!". E, aí, outra confusão... Então, cada ser tem a família que lhe nutre e desafia!

Na nutrição, o ser recebe amor, porque não há um ser que não receba uma dose do amor – não existe! Pode ser da enfermeira que o banhou; pode ser do médico que o segurou; pode ser do lar adotado; pode ser da mãe e do pai, que são os mais comuns, mas não somente eles; a família, o núcleo celular tem um papel importante. Aqueles que estão em um orfanato, aqueles tiveram uma família canal, ou seja, o canal masculino ingressou no canal feminino e desceu à Terra aquele espírito, ocupando um corpo, e passa a existir a alma; isso é canalização divinal também. A canalização divinal, nesse momento dos pais que não querem ficar juntos, ou só foi uma escapulida e abandonam a criança em um lar ou naqueles grandes lugares que acolhem as crianças desprovidas de pais; assumem aquela família, sendo que todos os outros órfãos são seus irmãos, os funcionários são seus pais, tios, avós. Entendem? É uma família, sim, não necessariamente a família biológica, mas é, e eles estão ali para aprender em comunidade as dificuldades, as vicissitudes, compreender as diferenças que motivam o abandono. E eles estão unidos pelo mesmo sentimento, porque aqueles corações, ao encarnarem, eles disseram, por exemplo: "abandonei várias mulheres em minha vida e agora quero me arrepender", e aí vem como abandonado para se redimir. É necessário isso? Dependendo do grau dessa consciência, sim.

Pergunta 6
Já li que os Pleiadianos são os seres que estão mais empenhados em trabalhar com a passagem dos seres humanos para a quinta dimensão. Pode falar um pouco mais sobre isso?

Resposta 6
O objetivo nosso, desde que nos integramos e nos entregamos a essas missões, nada mais foi do que transformar o acesso de vocês a nós mais fluido. É uma alegria imensa vermos as esteiras rolando, de espécimes como vocês, estando conosco e indo para outros destinos, tal como um grande aeroporto: que vocês podem adquirir a passagem, inúmeras aeronaves se dirigem para vários lugares, as vozes que os convocam são diferentes e as pessoas não querem perder seus voos, é exatamente isso.

Estamos trazendo à Terra há muito mais tempo do que tem sido registrado nessas esteiras rolantes, de maneira tal que todos vocês possam se sentir impulsionados, impelidos a excursionar e passear conosco. Então, todos vão ter de sair e vai haver uma evacuação em massa na Terra? Não, de forma alguma, vocês podem ir e depois retornar, se assim desejarem; contudo, voltarão mais elevados, porque não estaríamos aqui, convidando-os a um lugar menos qualificado, para voltarem mais impuros, não seria do divino esta missão. No entanto, muitas vezes alguém pega um avião errado ou para um destino e não esperava que houvesse uma conexão no caminho que pudesse atrasá-lo em seu destino final. Esse é o momento em que esse ser salta da aeronave e passa um tempo naquela estação; ele pode escolher ficar naquela estação e não ir para seu destino de antes, pois o livre-arbítrio permanece também. Ah, mas

Deus não tem tudo sob controle? Tem! Deus tem o grande plano, mas no grande plano existem caminhos variados, como diferentes sistemas de transporte, como os que vocês utilizaram para chegar até aqui: alguns vieram de avião e depois de carro; outros vieram de ônibus, e assim sucessivamente.

O estado de evolução é o estado do plano divino, contudo, com quem vocês irão se conectar para evoluir, é escolha de vocês. Mas evoluir é inevitável! Essa é uma determinação do divino. Mais ou menos rapidamente, todos irão evoluir, essa é apenas a escolha, mas involuir é impossível, é antinatural.

Então, nós nos despedimos de todos, deixando uma energia de luminosa confiança em Deus, tendo a certeza de que dias melhores virão, e o mais incrível é que vocês poderão vivê-los: dias dadivosos, dias de benemerências e beatitudes visíveis. Mesmo que vocês não estejam encurtados nesses seus corpos, vocês poderão ver.

Aproveitem a vida, pois ela é mágica! Fiquem na paz no Senhor, hoje e por toda a eternidade!

Jesus

Sonja – É tão engraçado: ficam todos vocês querendo saber quem vai chegar: um daqui, um dali, outro acolá. Só que eu, que cheguei primeiro, não sou a que vai falar. Cheguei aqui só para avisar que a pessoa não vai ser só uma. Vai ser um jeito de agradar tantos clamores, porque teve gente que pediu por um; gente que pediu por outro. Então a gente vai atender um pouquinho de cada, igual um saquinho de Natal, que tem para todo mundo. Pode ser assim? Que bom!

Aqui me chamam de Sonja, funciono como um ser que serve para organizar esse tipo de encontro, e esse tipo de troca. Por que é chamado troca? Porque daqui entregamos energia e também voltamos para nossa origem carregados de energia; energia humana é uma energia de uma qualidade bem especial, é bem colorida. Se vocês percebessem, fisicamente, como é essa energia que vocês entregam, que vocês circulam em um abraço, beijo, afago ou, às vezes, simplesmente, em um sorriso sincero, veriam que ela flutua em cores muito parecidas com essa de meu irmão aqui, que brilha em pontas. A energia humana é exatamente colorida, alegre e circular. Ela gira, gira, gira. Nas criancinhas pequenas, vemos como pequenas esferas rolando quando vão chegando; no dia mais tarde, do grande encontro, essas esferas vão se tornando mais parecidas com bolhas, tais como as bolhas de sabão, bem multicoloridas e com uma sensação de frágeis, como quando vocês veem alguém de idade, percebem essa sensação, percebem a sensação da energia. O que é que eu quero dizer com tudo isso?

O que eu digo a vocês é que a qualidade da energia que vocês dispensarem para qualquer coisa que forem fazer, pensar, sentir ou praticar vai depender do que vocês querem. Por exemplo: um desejo. Falamos de desejo, tá? É o primeiro movimento antes de virar uma vontade. Tenho um desejo profundo de me casar, por exemplo. Então, esse desejo pelo casamento, se for um desejo justo, digno e se não foi apenas pela festa ou só por uma regra social, começa a se avolumar e tornar-se uma esfera; e assim, naturalmente, essa esfera rolando de uma maneira positiva e leve vai encontrar alguém que também deseje e também queira, da mesma forma, unir-se a alguém no matrimônio. A qualidade da energia depositada ou criada por cada um de vocês é a medida exata do resultado final. Se for só um desejo, e não se transformar em uma esfera, não acontece, vira como uma bolha de sabão; mas, se for um desejo profundo, alinhado com uma verdade chamada vontade, ela se transforma em uma esfera e é também por isso que, nesta época, vocês colocam pequenas esferas enfeitando as árvores. Nada mais são aquelas bolas de Natal do que sonhos, desejos, quereres, materializados.

Certamente, irão olhar para as bolas de Natal quando chegarem em suas casas de uma forma diversa: achavam que eram só enfeites, não são. Na verdade, nada do que existe é só enfeite; nada do que existe é sem função. Até um adorno, que parece só adorno, também tem uma função energética. Mas voltemos às esferas: e essas bolas de Natal são esses quereres transformados materialmente. Então, nossa sugestão para todos vocês é que os desejos de Natal sejam convertidos em quereres com mais longa duração, ainda que todos nós saibamos que, daqui a um ano, teremos Natal novamente e chances renovadas de fazer tudo de novo.

E que tal, então, fazer um Natal diferente? Fazer um Natal em que esses desejos, que essas bolas de Natal sejam vontades sublimadas para algo grandioso; e, se vocês me permitem, e creio que permitirão, gostaria que cada um de vocês, junto comigo, fizesse uma grande bola de Natal, só que essa bola de Natal vai ser uma grande esfera de paz profunda para todas as pessoas, seres e instituições que estão ainda em um estado de combate, sem compreender qual a razão de ainda serem feridos pela dor da guerra, do sofrimento ou da carência.

Alguém me perguntou qual minha forma e minha origem? Aí na Terra, seria algo como um gnomo de Papai Noel, mas eu juro que sou bem bonitinha. Quero agradecer, deixando-os sob uma grande presença! Até já!

Maria Madalena – O espírito de Deus é o espírito infindável. Quando se percebe que esse estado Divino de ser é o estado Crístico, nós nos reencontramos. Sentir e perceber a presença de Cristo é perceber que não há diferença entre um e outro, entre aquele e nós. Essa certeza foi que possibilitou nosso amado mestre Jesus chegar à Terra. Quando ele desceu à Terra, havia decidido se irmanar e dizer para todos que aqui existem que ele não é diferente. E foi assim que eu pude conviver de perto ao lado d'Ele.

Aí na Terra, vocês, na língua que falam, me chamam de Maria Madalena.

Estive com Jesus, contaram histórias a respeito dele e eu desacreditava. Eu falava: "Imagine, minha vida não pode ser mudada, como vivo, o que como, o que sinto e do que padeço, não há recurso. Não vou lá ouvir algo que não vai me afetar". E então, ouvindo tudo que falavam a respeito dele, eu decidi ir: para onde ele não estava! Eu fugi! Eu fugi de Jesus! Como eu me distanciei de Jesus. Todo lugar que me diziam que ele estava, eu ia para o lado oposto. Eu dizia: não é verdade! Aquele homem diz coisas que tocam minha alma, mas eu sei que não vai poder mudar minha vida, então só irei sofrer mais.

Até que um dia ele foi me ver. Incrédula, soube que ele ali estava à minha espera: Mas como? Aquele que arrebata centenas e até milhares veio me ver? Qual a importância que tenho? Sou ninguém, nem nada. Cobri minhas vergonhas e saí acabrunhada com olhos fixos no chão, até que percebi que estava bem perto dele e deitei-me. Nem de joelhos me senti capaz de estar diante daquela presença: deitei-me!

E ele, delicadamente, entregou-me aquela mão, e eu dizia, entre soluços e choros, que não era digna. E ele dizia: "Tu julgas? Não sabia que eras juíza, falaram-me que seu trabalho era outro, enganei-me?". Tão educado, sequer disse do que vivia eu; fino mesmo! Contudo, eu, despojada que estava de tudo que havia em mim, disse-lhe: "Sou nada, e, se nada sou, posso então erguer o que nada é, que é minha mão; já que nada ela é, não lhe pesará". E ele disse: "Essa é a chave!".

E foi assim, quando eu vi que era nada, diante do tudo, que eu me entreguei a Jesus. Não é um lindo caminho? E confesso a vocês que vejo irmãs minhas e irmãos também com uma sensação do que vocês chamam de pecado, porque recebi esse nome. Fui chamada e taxada como alguém que vivia só de pecado. E que por isso era indigna de sentar-me à mesa com o mestre; contudo, ele, generosa e atenciosamente, deu-me um lugar à sua direita.

Por quê? Qual a razão de o Senhor Jesus investir tanto em alguém que se sentia nada? Da mesma forma, ele investe em todos vocês, ainda vacilantes e ainda permeados com a ilusão do pecado, no qual eu vivi – porque assim acreditei, porque me fizeram crer que assim era. E, à medida que todos falavam que pecadora eu era, eu passava a acreditar e, dentro daquele sistema, avolumava-se o mal em mim. Contudo, quando ele disse que eu tinha encontrado a chave por ter mencionado que minha mão nada era, e por nada ser, não lhe pesaria. Ele me acolheu. Meu convite para cada um de vocês é que façam de igual maneira. Perceber-se como nada, diante do Senhor! Não é nada no sentido de sem importância; é Nada, no sentido de vazio, de não ser cheio, de não ser pesado, ou ser denso: vazio. Como eu nada tinha e sentia que nada era, ele se apossou de mim, arrebatando, e me levou; e fui tal como magnetizada e nunca mais me afastei dele.

Esvaziar-se do que a gente entende, na Terra, por pecado, por detritos, por luxúria, por vaidades, por dinheiros, materialidades, objetos, pertences, é um dos caminhos para se estar com Jesus de maneira mais célere, mas não é único.

Contudo, para chegar a ele mesmo, estar com Jesus, verdadeiramente, vai chegar o momento que tudo isso deixa de existir. Como poderei, então, viver uma materialidade alegre e feliz em que nada me falta; em que tenho alimento, vestes, um teto seguro e amigos, se ao mesmo tempo é vazio? Respondo a vocês: tudo da Terra tem porções vazias. O sistema atômico é vazio. Existe um núcleo e todos aqueles pequenos discos que são movimentos, mas há um grande vazio, e é sobre esse grande vazio que quero explicar.

Esvaziar atomicamente é liberar sistemas impuros de julgamentos sobre si, de julgamentos sobre o irmão, pois as pedras que vocês carregam são pesadas por demais e impossíveis de adentrar os reinos divinos. Essas pedras que vocês carregam, atirando sobre si mesmos, machucando-se quando erram, atirando aos outros quando aqueles fracassam, serão opositoras de seu progresso. É importante que haja uma libertação profunda disso, e a primeira coisa a libertar é o conceito de si mesmo, de imperfeito. A humanidade foi feita e inspirada no mestre, como pode ser imperfeita? Acaso aqui são clones da humanidade? Vocês não são seres humanos originais aqui na Terra, agora? Por ora! Então, se não existem clones humanos, vocês estão fadados à perfeição. Olhem que programa maravilhoso! Mesmo que vocês teimem, e eu teimei; resistam, e eu resisti; fujam, e eu fugi: é chegado o momento em que vocês vão ser perfeitos! Pois o Senhor criou flores para exalar perfumes especiais, cada um com seu odor. Não há nenhum ser humano com defeito, nem aquele que tem alguma patologia clinicamente identificada. Ele é perfeito!

Contudo, aquela limitação física é o mecanismo para ele atingir a perfeição, dentro do processo individual.

Primeira coisa, então, já aprendemos: desfazer-nos das pedras.

Segunda coisa: entender que eu estou me tornando perfeito, eu estou trabalhando para minha perfeição, eu estou em progresso para ser perfeito.

Cessar com afirmações de que errar é humano! Não é. Errar é um vetor da preguiça. A preguiça é uma serpente perigosa que vem mansamente e justifica a ausência a encontros, o descumprimento de prazos, a falta de empenho em alguma atividade. Ah, me deu preguiça! O-oh! Mordida pela serpente! Não é bom! Não é a serpente da saúde! Percebam que todo movimento de progresso requer um esforço.

Quem pega um ônibus e vem a um encontro como este; quem abdica de estar na confraternização com os colegas para estar em um encontro como este, abdica de momentos agradáveis também, claro! Mas percebam que há um investimento em seu progresso. E isso é real, acontece. E eu sou a prova viva disso, porque nunca morri. Assim como vocês, espero que não morram, pois o abandono do espírito, separando-se da carne, não é morte. A morte só há no estado espiritual, quando o ser é muito danoso; fora isso, não existe morte. É tão somente um passeio de navio, sim, aqueles grandes transatlânticos; não é um bote, porque tem milhares no mesmo momento.

Muitas pessoas acham que irão morrer sozinhas: "Nasci sozinho"; pobrezinho, nem nasceu nem morreu sozinho. Existe uma legião acompanhando nascimentos e perecimentos, e esse processo todo de progresso é acompanhado de perto por meu grande amor, Jesus.

Jesus caminha entre vocês; ele dança entre vocês; ele canta; volta e meia estamos juntos, festejando com vocês: é tão divertido! Nós dançamos, nós cantamos, nós brindamos, celebramos a humanidade com tanto vigor e tanta vontade que vocês nem imaginam.

Mas estou certa de que, a partir de hoje, passarão a imaginar e vão dizer assim: "Ôpa! Jesus está aqui? Ôpa! Madalena veio esta noite? Quero ser convidada também para a ceia de vocês!". Quando Jesus me tirou do lugar onde eu estava supostamente vivendo, mas, na verdade, errando, ele me ensinou várias coisas enquanto eu vivia na Terra como mulher. Ele me ensinou por que as pessoas precisam umas das outras, por que ele estava sempre em grupos, por que Ele não estava sozinho. E eu amava essa percepção do coletivo que nosso Mestre contava para nós.

Ele nos falava, muitas vezes ao redor de uma fogueira, das aventuras do mundo espiritual, as quais nós ouvíamos atônitos – não havia internet nem coisa alguma que nos trouxesse essa sensação do mundo espiritual, mas bastava uma frase de Jesus e imediatamente nos elevávamos e víamos aquilo, tal como vocês veem a tela do cinema, Ele abria telas para seus ouvintes. As palestras de Jesus não se limitavam à fala, nenhum livro conta isso, mas havia, sim, uma projeção. Ele projetava e abria portais para mostrar a todos que ali estavam como era o mundo de Deus. E como isso é muito escandaloso, há mais de 2 mil anos terrestres, os livros não registram, mas abrir o mar, ou fechar o mar, ou produzir peixe, era algo corriqueiro, natural.

Contudo, algumas privações por que nosso grupo passava, só passava para que ele convidasse cada um de nós a virarmos Jesus, a multiplicarmos peixes e pães, a abrir portais, a realizar curas. Ele nos deixava, volta e meia, passar frio e fome – nada ele sentia, coisa alguma, ele já era pleno e ficava: "Não temos nada para comer!". E as mulheres entendem que somos nós que ficamos responsáveis por ter o que comer, não é verdade? E isso se deve ao fato de virmos com leite, por isso é que a mulher tem preocupação de dar de comer, está bem?

Portanto, quando eu ia com minha amada Maria e outras tantas que andávamos juntas, e não tínhamos para comer, para tantas pessoas, ele, sereno, em silêncio, ficava, até que eu ouvia e ele dizia: "Faça o pão!". E eu fazia. E foi aí que muitas artes de Jesus, que vocês chamam de milagres, eu aprendi a fazer.

Pois ele mostrava a mim que eu podia tanto quanto, eu só não sabia. Esse é o grande milagre desta presença Crística! Perceber que vocês também podem agir, multiplicar luz, emanar paz! Muitos pensaram, quando nossa amada Sonja estava aqui: "Imagine se nós poderemos fazer bolas de Natal e ser paz para a Síria, por exemplo!". Mesmo assim, essa pessoa, anestesiada pela dúvida, dela foi extraída a energia necessária para fazer a bolha, pois não há desperdício, e é lógico que é real, é lógico que vocês fizeram, porque vocês podem! Assumam que podem!

Eu fui perseguida minha vida inteira, fui ignorada após minha morte, e confesso a vocês que pouca diferença fez para meu ser. Não me importo sobre o grau de importância, tendo em vista que sempre soube que nada sou! Desde que sabia que nada sou, nenhum adjetivo a mim se fixa e sou livre. Sejam livres!

Não procurem adjetivos a vocês, só sejam livres! Ser livre é se livrar da impressão de que você precisa causar boa impressão. Só sejam! Sempre vai haver aqueles que irão se identificar convosco e outros que irão rejeitá-los, mas SEJA! Pois basta um lhe querer, que é Deus! E Ele o quer, senão não teria gasto boa matéria revestindo seu espirito.

Quando se pensa em evolução espiritual, as pessoas estabelecem também um grau de exigência: para crescer tem de ser A, B ou C; tem de abdicar de E, F ou G; deve ir para tal e tal lugar; não é bem assim. Muitas vezes, alguém está em um ambiente totalmente hostil e é uma flor de lótus, pois a lótus nasce da lama! E, às vezes, uma princesa é criada com todo mimo, estuda piano, várias línguas, aprende sobre as artes dos países e é arrogante, pretensiosa e fútil. É só ser vazio de si; estar consciente de que será perfeito e aproveitar esse trajeto.

Curtir a vida, sorrir mais, divertir-se mais. Dentro de nosso grupo, havia aqueles que acompanhavam nosso mestre e franziam os olhos e a testa para mim, porque eu sempre dancei e cantei muito e eles diziam que eu estava, de alguma forma, a seduzir Jesus. Imagine! Jamais! Eu já era seduzida pelo bem, não havia jogo, nunca existiu! Mas eu sempre dancei e cantei, e ele sempre dançou e cantou comigo, daí tantas histórias, criando falso romance entre mim e ele – romance que falo: masculino e feminino, mas amor vivemos sim; não carnal, mas o amor definitivo, que é o amor espiritual. E eu conto a vocês, aqui em cima, de onde viemos, dançamos, cantamos, festejamos e celebramos; e não há nenhuma imperfeição nisso.

Quero sugerir a vocês que no Natal, no Ano-Novo, naquela noite que vocês festejam a presença do Nosso Mestre na Terra, lembrem-se de ser felizes, lembrem-se de, quando se olharem no espelho, escolherem a vestimenta adequada ou colocarem o perfume, aterem-se pelo menos dez ou quinze segundos diante do espelho, e só amem a si! Depois, vocês dão o amor para seu marido, filho, esposa, o que for, mas, ao menos dez segundos por dia, vocês se olhem e declarem amor a vocês mesmos. Trará um nível de combustível, de energia, de encorajamento, de amor-próprio, autoconfiança e poder pessoal incrivelmente especiais.

Tenham ótimas celebrações! Fiquem na paz de Nosso Senhor e festejem a vida, pois ela é um passeio, e em breve nos encontramos em outros tantos mundos que existem fora da Terra e dentro dela também. Fiquem na paz de Deus!

Amém!

Jesus – Dou graças a todos e agradeço de todo coração a presença divina certificada na existência de Deus em cada um de seus corações. A presença Divina nada mais é do que a certeza de que Deus entregou para cada um de nós um precioso tesouro. Esse tesouro brilha dentro de cada ser, reluzindo essa existência. E nenhuma existência é inútil. Não existe inutilidade, não existe algo sem valia; no entanto, tenho visto meus irmãos tratarem uns aos outros assim, como pessoas sem valor.

O valor que cada ser tem foi dado não por seu par, mas pelo Grande Criador. Esse valor é inestimável. O valor de alguém não se iguala ao de outrem, e é por isso que cada um é único e nós fazemos questão de todos.

A esperança que se renova nessa época do ano, para aqueles que creditam para minha passagem, na Terra, como Filho do Rei, nada é mais do que o momento de renovarem os votos de nossa fé em vocês. O Natal não é o momento para celebrarem exatamente por que eu cheguei à Terra; o Natal é o momento para celebrarem por que eu ESTOU na Terra! Eu continuo com vocês! Nunca me afastei.

A presença certa e digna de mim em cada um de vocês reluz dentro de meu ser a plenitude da graça divina; e meu Pai, que é seu também, sorri ainda mais quando percebe seus corações inundados de nosso amor. O nosso amor é puro amor sanguíneo, ele percorre suas veias, ele frutifica seu ser, ele restaura os seus pensamentos, ele refaz condicionamentos em positividades, ele corrige maus hábitos. O sangue de Cristo está em vocês e é por isso que ele tem poder. Pois, caso contrário, meu sangue derramado valor algum teria, porque, ao fazê-lo, dissipei-me e derramei sobre a Terra onde vocês andam; e bastaram algumas gotas no solo caírem para essa terra se santificar. Não importa o que a humanidade fez de errado, e os danos que ela tem causado, a mim não importam. O que me importa são as portas em seu peito que se abrem a cada respirar. A cada inalar de ar, eu reabito em vocês; em cada exalar, também. Quando vocês expiram, multiplicam minha presença por tudo que existe; quando vocês inspiram, eu lembro que vocês existem! E meu coração se expande, expande-se além de todos os horizontes.

Claro que estou na Terra, mas também estou em outros planetas, estou em constelações inteiras e fora delas também; estou no pó cósmico; estou em tudo que há e deixa de existir: eu estou porque meu Pai assim determinou e, quando o Senhor Deus determina, é impossível dizer-lhe não. O Senhor Deus simplesmente decide; e, ainda que pensemos que a escolha foi nossa, foi Ele quem escolheu, foi Ele quem decidiu!

O livre-arbítrio, tão apregoado na Terra e também em outros planetas, nada mais é do que um exercício salutar da audiência divina: é quando Deus abre a audiência para ouvir seus anseios, escrutinar e observar suas escolhas e reter algum tempo para perceber se aquela escolha é a mais adequada ou não. Contudo, a escolha já foi feita por um Deus maior que sabe o que é melhor; e, até quando erram, Deus permitiu e entendeu que talvez o filho não esteja pronto para o acerto; por um motivo ou por outro, ele rejeita acertar. Ele rejeita de alguma forma. Vamos trazer um exemplo muito simples de minha passagem na Terra, quando o então governador lavou as mãos e deixou para que a humanidade, ali reconhecida como popular, decidisse meu destino carnal, tendo em vista que meu destino espiritual já estava decidido. Descaberia à humanidade decidir destino sobre meu espírito, pois ele só cabe a Deus. Nem eu detenho autoridade sobre ele.

Quando vocês perceberam que, ao lavar as mãos, aquele senhor eximiu-se de escolher, ele deixou para a turba optar em votar. Teria ele exercido o livre-arbítrio ou não? Respondo-lhes que não! Era necessário que aquela turba enlouquecida optasse por meu desfazimento corpóreo, pois eles não suportavam ver a bondade e a verdade do amor sem pedir nada em troca, habituados que estavam a receber presentes ou benefícios, por algum ato de bondade. E, ao ver alguém que nada pedia, a não ser ouvir a Deus, eles rejeitaram.

Será então que vocês rejeitariam minha presença na Terra? Será então que, se hoje eu voltasse naquela forma, seria também mutilado? Será então que, se eu padecesse daquele sofrimento, a mídia saberia? Certamente, existem vários Jesus nos cárceres pelo mundo, existem vários Jesus presos e acometidos de violência e torpor, e vocês sequer sabem que eles existem. Daí a importância daquela singela esfera que vocês fizeram para ser entregue a esses inúmeros "Jesuses" que estão aprisionados; acreditando sofrer em corpo, receberão bálsamos de acolhimento do espírito, que é a única verdade que existe.

A pergunta que certamente irá povoar suas mentes esta noite será: "E, se Jesus chegasse, eu o reconheceria? Até que ponto eu posso acreditar nesse corpo de mulher que solta palavras dizendo que é de Jesus? Eu posso crer? Será que eu mereço ter contato com a voz deste ser? Será que esse corpo tão pequeno pode receber uma luz tão grande?".

Eu lhes digo: sábias palavras minha irmã Madalena disse. Não julguem, só recebam. Pois, se eu estou dentro de vocês, porque estranhar eu estar fora?

Se eu habito em seu peito, por que não posso estar aqui neste diminuto corpo? Se eu toco seu coração com as palavras que saem desta boca, por que não são reais?

Só creiam! Creiam! Não é nela! Creiam nas palavras! Crendo na palavra, tudo muda, pois a palavra de Deus é fiel a vocês, como Eu Sou. E é dizendo "Eu Sou" que essa luz divina se expande e se amplia, atingindo tudo ao redor de vocês.

E é por isso que em muitas imagens que replicam de mim saem raios do centro de meu tórax, por minhas costas adiante, pois é daqui que irradia toda essa luz, e eu estou aqui dentro de vocês. Eu solicito agora que cada um de vocês coloque uma das mãos, ou as duas, em direção ao coração com amor e com carinho. O melhor presente que existe é estar presente dentro de si. Estejam presentes comigo, pois eu estou com vocês, um a um. Renovo a aliança que celebrei com meu Pai em nome da humanidade; renovo a aliança que celebrei com a humanidade em nome de meu Pai. E a certeza que tenho é de que frutos auspiciosos brotarão desta Terra que fertilizei com meu sangue, que irriguei com minhas lágrimas e salguei como meu suor.

Renovo com este planeta todas as potências de sal da Terra, de luz do mundo e de verdade amorosa, para que aqui seja um lugar cada vez mais e mais Crístico.

Estejam na paz de nosso Pai, que é minha também, e por isso posso dá-la a vocês, como disse em ocasiões outrora: "Eu vos dou minha paz! Eu vos deixo minha paz!".

O Anjo Sealiah responde às perguntas.

Pergunta 1

O que é medo? Como podemos melhorar esse sentimento?

Resposta 1

Medo não é sentimento. Medo é uma fantasia, tal como vocês usam no Carnaval. Por que será que as fantasias de Carnaval também estão ilustradas como caretas? O medo é uma fantasia, ele não existe, vocês vestem o medo.

Então, alguém pode dizer: "Eu tenho medo de ficar pobre". O medo é a fantasia da pobreza. Não é real. Há comida! Há recurso! Há matéria! Por que vocês ficariam pobres? Será que vocês recebem seus recursos e descartam? Há motivos para ficar pobre, mas não porque lhes faltaram recursos. O medo é uma fantasia porque vocês vivem ainda uma realidade fantasiosa. O que é realidade fantasiosa? Maya: o véu da ilusão – vale a pena explicar um pouco mais sobre isso:

Parece que é algo simplesmente ruim, mas então por que Deus ainda mantém esse véu sobre a Terra? Porque ele quer ver vocês descortinando. Deus quer presenciar o olhar curioso e feliz de vocês ao abrir a cortina e dar de cara com o Sol. Se simplesmente vocês da Terra já estivessem diretamente ligados a essa realidade, não haveria descortinar. Esse véu/cortina, chamado de Véu de Maya, que é a ilusão, é construído no medo. Então eu tenho medo de ficar doente; eu tenho medo de ficar pobre; eu tenho medo de morrer sozinha... e começa... e esses são os fios que fazem essa trama mais grossa. E algumas pessoas têm cortinas com blecaute: são as muito medrosas, e, naturalmente, essas muito medrosas vão abrir o blecaute um pouquinho e vão fechar rapidamente, dizendo que ha luz demais! É forte demais! E voltam a dormir! Por que vocês chamam o despertar? Porque abriu a cortina e deu de cara com o Sol, tão simples! Mas, se vocês quiserem ficar dormindo, vão colocar um blecaute e viver no medo, no risco. Porque o medo dá a sensação de que vocês estão em risco. Mas vocês não estão em risco!

Abandonem a impressão! Não é real! É mentira! É uma mentira que é permitida, que existe na Terra, para que a humanidade possa ter o saber e o sabor de descortinar por si mesma essa realidade, ainda que seja um por vez. Deus tem todo o tempo de todos os mundos. E nós também! Anjos não morrem! – já perguntaram aqui, não, eu não morro! Eu sou imortal, e vocês também, de uma certa forma.

Pergunta 2
Sobre o câncer, alcançaremos a cura? Existe algo natural que a espiritualidade indique para auxiliar?

Resposta 2
Há várias coisas, mas, sobretudo, vocês vão observar que as pessoas que estão acometidas desse sintoma, em geral, têm uma vontade de viver que falta até no parente que está ao lado. Recebeu a notícia da doença, fica baqueado; daqui a pouco: "Eu vou viver! Eu vou viver!". E o parente: "Oh, meu Deus, tem certeza?". Não é assim? O parente fica com mais medo que o doente, porque acha que a qualquer hora vai vir um resultado pior do que o que já teve. Para com isso: é o primeiro dos remédios!

Se a pessoa está com o sintoma do câncer, entendendo que só são células desordenadas, o primeiro passo é a pessoa entrar em ordem. A pessoa precisa se ordenar. O que é se colocar em ordem? Como é que eu estou nesses aspectos: família, trabalho, saúde, bem-estar físico, dinheiro, afeto; coloque em ordem, tal como uma agenda! É o primeiro remédio que essa pessoa, sob o risco dessa doença, deve fazer sobre si. Imediatamente, as células vão entender que existe um sistema superior de ordem, e as células desordenadas vão se tornar não malignas. Elas só se multiplicaram, são oferecidas tal como uma verruga.

Na floresta, mas também na cidade, existem vários remédios, mas nenhum remédio é tão bom quanto a nova atitude mental.

Uma pessoa sofreu uma tristeza profunda, muito grande > emoção. Ficou pensando naquela decepção, tristeza profunda > mentalização. Aí a mente causa tristeza porque se lembrou do fato, a tristeza dói. Por que eu estou triste? Por causa do fato! E aí começa esse ciclo! Uma atitude mental saudável corta dizendo: "Já passou!". E aí não tem mais tristeza, porque não tem mais a energia da tristeza. Já passou!

Quando Chico Xavier falou que tudo passa, ele também estava falando sobre isso. Então, já que tudo passa, que tal começar a passar agora? Não é? Já passou! E pronto! E tchau! E não fique zangado, se o namorado não quer mais namorar com você! Respeite a pessoa e ache outro. Tem um monte de namorado querendo namorar. Não é verdade? Então, corte a atitude mental que alimenta a sensação. Como nossa amada Maria Madalena falou, ela não sentia nada, coisa alguma, e, como ela não sentia nada, coisa alguma, ela virou tudo. Mas, se eu ficar buscando razão para ser triste e sofrer, se eu ficar explicando que meu pai batia na vizinha, etc., eu vou sempre achar um fato gerador que vai gerar essa tristeza que vai ser alimentada pela pseudorrazão que gerou a tristeza e alimentá-la, tudo de novo.

Nós, aqui de cima, damos os remédios, assopramos nos ouvidos dos cientistas.

Pergunta 3
O que a espiritualidade pode dizer sobre a importância de deixar a prática de ingestão de animais e álcool?

Reposta 3
Evolução. Não deveria haver mais esse tipo de venda, não é? De animais mortos, na Terra. Pois quem propaga a vida não pode comer morte. Não faz sentido, é um choque: eu quero viver, aí como um morto? Como assim?

Aquele substrato, ainda que muita gente fale: o camarão, fruto do mar, não é um fruto, é bichinho também! Também tem filhinho, também acasala, igual a vocês. Vocês não são melhores que um camarãozinho, está bem, meu amor? Então, o camarãozinho também tem direito à família dele, à estrutura dele, só vai ser comido pelo predador natural dele, e o homem não é predador natural. Ou vocês mergulham para pegar camarão? Não. A cadeia alimentar que Nosso Senhor construiu estava perfeita, até o homem bagunçar. E o homem não está na cadeia natural desses seres, o boi vem manso, dá leitinho, manteiga; dá tração para vocês fazerem as coisas; e vocês ainda dão porrada na cabeça e comem. Não tem lógica! É ilógico! É irracional, usando a palavra que vocês gostam tanto. E eu não vou me ater a esse assunto porque já falaram mais bonito. Nossa Senhora falou muito mais bonito sobre isso.

Pergunta 4

Todos nós nascemos com uma missão? Como descobrimos a nossa? O que devemos fazer?

Resposta 4

Missão! Eu amo essa palavra: missão! Mas missão é típico de pessoas que estão em um combate. Tem o comandante e ele determinará, sua missão é x! A outra missão, y! Esse princípio, de que vocês estão no combate, é porque vocês gostam desta palavra: missão. Vamos trocar missão por vocação!? Todo mundo tem uma vocação, que é a ação da voz! – muito melhor! Muito mais bonito! Missão, deixem para quem briga, não fiquem pensando tanto nisso. Pensem em vocação.

O que é vocação? Colocar em ação a palavra de Deus! Qual é a palavra de Deus? Aquela que Ele lhes entregou quando vocês nasceram. E não existe só uma! Será que Deus, em sua infinita misericórdia e inteligência, iria colocar só uma coisinha para cada um? Não! Então, existem pessoas que têm múltiplas habilidades e múltiplas vocações, que bom! Só que ela vai precisar colocar em ordem. Então, por exemplo, alguém que toca, que canta, está afinado, mas é ótimo em matemática; então ele pode cantar e tocar no coral da igreja e ser um ótimo professor de matemática. Ah, mas é só isso? Não! Porque quando ele leciona, ele estimula o saber e, quando ele toca e canta para Deus, alegra o mundo. Nenhuma atividade que vocês pratiquem está fora de Deus, nenhuma! Contudo, descobrir o que mais o alegra é tocar sua vocação. Quando vocês realizarem uma tarefa, e parecer que nada fizeram, pimba! Acharam a vocação! É só isso! Porque, nesse momento, vocês estarão tão felizes, que aí é Deus dizendo: "Ê!! Bingooo! Acertou!!". E acaba o problema! Mas, se você está fazendo qualquer coisa, desde um simples café ou um trabalho exaustivo de horas, aquilo não é sua vocação! É obrigação! Aí, muda tudo!

Pergunta 5

Eu estava brigado com meu irmão e ele faleceu. A gente se odiava: eu odiava ele e ele me odiava, por causa de drogas. Ele usava drogas e morreu por causa disso, foi assassinado. Havia mais de dois anos que a gente não se falava, havia um conflito: ele usava drogas e estava destruindo nossa família, e eu não aceitava. Eu quero saber: quando o espírito desencarna da matéria, o que acontece? O espírito dele vai me perdoar um dia? Foi uma morte tão rápida que não deu tempo nem de eu perdoá-lo, nem de ele me perdoar. Eu queria saber se um dia a gente vai se encontrar e se ele vai me perdoar.

Resposta 5

O que você quer, na verdade, é uma oportunidade de perdoá-lo e de pedir perdão não é isso? Isso é um lindo presente de Natal!

Quando um ser desencarna em um estado deteriorado, que é um estado comprometido pelo uso da droga, ou álcool em excesso; quando a pessoa está fora da lei divina, de amor e cuidado consigo mesmo, de zelo, naturalmente quem vem acolhê-lo é o anjo de guarda, que nunca sai do seu lado, e vem resgatar, pois Deus é misericordioso. Eu.[47]

Quando você encontrar seu irmão, vai ser em outro estado, que não era aquele em que ele se encontrava, até você falar sobre ele. E é isso que Deus faz. Deus só quer que alguém se lembre daquele ser que está na treva, porque quer ser lembrado e resgatado para a luz. Em um grau maior ou menor, mas ele quer; às vezes aquela criança que chora e esperneia, ela só quer chamar atenção, e foi isso que o irmão dele fez: só queria chamar atenção. Então, estava defendendo do mal que ele causava a ele mesmo e a todos ao redor. Mas seu amor por ele foi o bastante para tirá-lo de lá. Você acredita? Alegre-se porque, hoje, o que você ajudou seu irmão justifica a vida que ele desperdiçou, em 20 anos. Ele desperdiçou, mas agora ele tem uma nova chance. Não é isso!?

Meu nome é Sealiah. Quando vocês quiserem falar comigo, podem me chamar! Agora, eu já vou de verdade!

Tchau, fiquem com Deus, aproveitem bastante todo este ano que vai vir, que é lindo, e Tempo está bem contente com tudo que ele está preparando para todos vocês!

Que a paz de Deus permaneça em seus corações hoje e sempre!

---

47. Refere-se a Olyvia, de quem é anjo de guarda!

Epílogo

Diante da clara percepção do quão precioso é o tempo no processo de evolucionário da Nova Era, este livro surge como um auxílio para esclarecer dúvidas que visitam muitos de nós diariamente.

Este é o primeiro volume de uma série que reúne diálogos entre público e Entidades Luminosas, que gentil e devotadamente auxiliam a humanidade nesta importante transição planetária.

Para aqueles já despertos e sintonizados com o grande plano divino de ascensão coletiva, envio meu abraço convidando-lhes a assumir seus papéis nesta linda transição planetária que vibra no compasso de nossos corações.

Àqueles que ainda não acordaram para a real-idade, partilho meu maior sorriso, plena de confiança de que esse sono ilusório não durará mais tanto tempo. Abrir os olhos é o primeiro dos presentes divinos. A partir daí, o pensar, o sentir e o agir convergem em único foco: progresso em todas as direções.

Seja divino, divinize-se!

O Universo conspira a seu favor!

www.universodeluz.com.br

MADRAS® Editora

Para mais informações sobre a Madras Editora,
sua história no mercado editorial
e seu catálogo de títulos publicados:

Entre e cadastre-se no site:

www.madras.com.br

Para montagens, parcerias, sugestões e dúvidas, mande-nos um e-mail:

marketing@madras.com.br

SAIBA MAIS

Saiba mais sobre nossos lançamentos,
autores e eventos seguindo-nos no facebook e twitter:

@madrased

/madraseditora

Como Eles são?

Vivendo num mundo tão visual quanto o nosso, senti vontade de partilhar com o leitor a aparência que vejo das Entidades canalizadas.

O universo, então, me presenteou com o traço espontâneo e forte da artista plástica **Nakim Nyama**, linda flor de luz no jardim amoroso da Ayahuasca, que disse sim ao meu convite para ilustrar esta obra.

O resultado dessa união, você pode ver nas páginas seguintes, que descortinam a beleza de Seres tão belos e diferentes quanto só o Grande Criador pode realizar.

Quão bela e infinita é a obra do Divino! Gratidão, amada Nakim!

Universo de Luz
ESPAÇO DE CONEXÃO

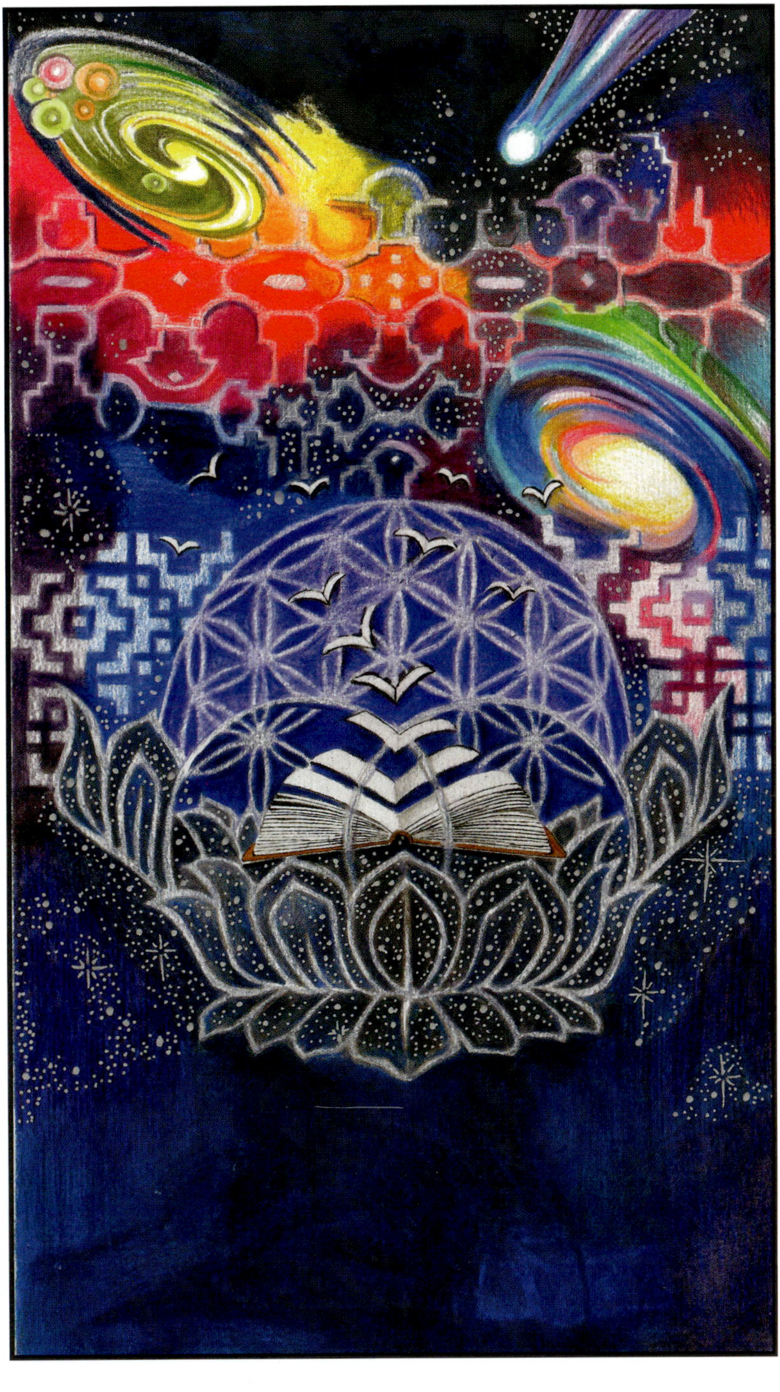

Kuan Yin

Oxum

Jesus e os Anjos

Nossa Senhora, Virgem Maria

Grupo dos 11 Extraterrenos

Ísis

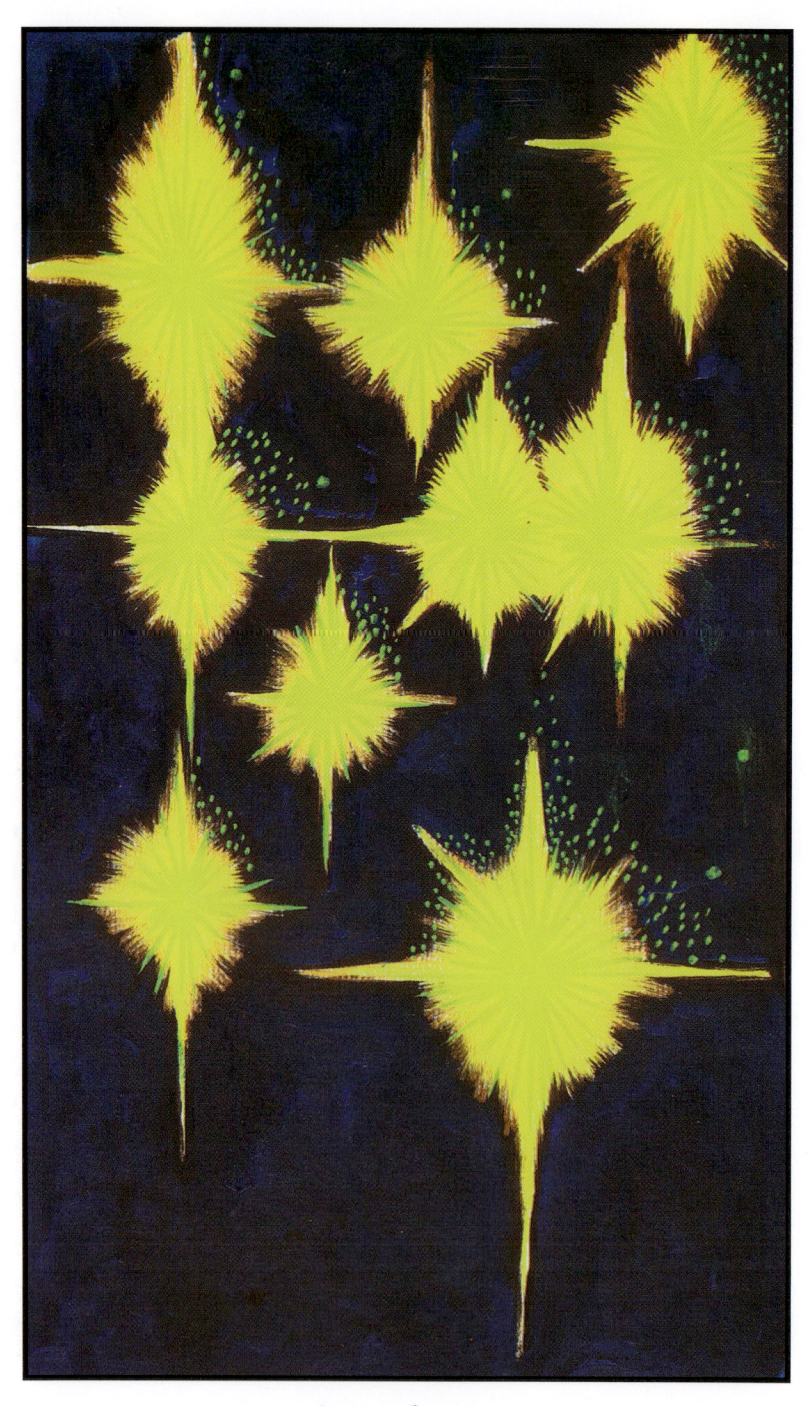

Seres de Luz

São Miguel Arcanjo

Oxóssi

Inspirações para a Nova Era

XIII

Rowena e Seres do Raio Rosa

XIV Inspirações para a Nova Era

Saint Germain

Inspirações para a Nova Era

Oxalá

São Rafael Arcanjo

São Gabriel Arcanjo

Lakshimi

Caboclo Sultão das Matas

Iansã

São Cosme e São Damião

São Francisco

Inspirações para a Nova Era

Pleiadianos

Leitura Recomendada

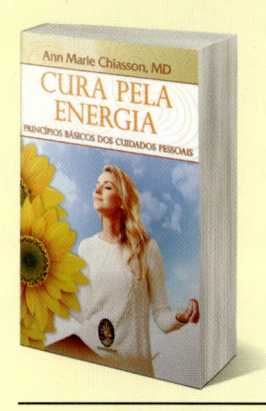

Cura Pela Energia
Princípios Básicos dos Cuidados Pessoais

Ann Marie Chiasson

Onde começa o verdadeiro bem-estar? Por milhares de anos, terapeutas tradicionais têm sido capazes de detectar e corrigir os desequilíbrios no plano energético para curar nossas doenças. Atualmente, essas tradições estão expandindo o conhecimento médico sobre nossa anatomia sutil e seu papel em nosso bem-estar geral.

O Despertar da Consciência
Uma Jornada Sagrada pelos Caminhos de Sintra

Sol de Oliveira

No início dos anos 1990, a autora faz uma viagem à França, Espanha e Portugal levada pela Ordem iniciática à qual pertence. Nessa viagem, entra em contato pela primeira vez, conscientemente, com as energias cátara e templária e com a vila portuguesa de Sintra, por cuja energia peculiar se sente profundamente atraída. Os anos passam e ela continua conectada, energeticamente, àquele lugar, ao qual voltou por diversas vezes.

Mesa Reikiana
Uma Fonte Inesgotável de Energia Vital

Inês Telma Citelli

Essa obra tem o propósito de trazer informações sobre a técnica Reiki e a Mesa Reikiana. Mostra a grande possibilidade de atingir beneficamente um número ilimitado de pessoas que precisam e querem viver mais plenamente suas vidas. Ela proporciona a transmissão da energia Reiki vinte e quatro horas por dia, sete dias por semana, sem interrupção, enquanto a pessoa estiver em terapia.

www.madras.com.br